BESCHERELLE

L'orthographe pour tous

L'orthographe d'usage

L'orthographe grammaticale

Vocabulaire

Tolérances orthographiques

Lexique

HURTUBISE

HMH

Éditions Hurtubise HMH ltée
1815, avenue De Lorimier
Montréal (Québec)
H2K 3W6 Canada
Téléphone: (514) 523-1523
Télécopieur: (514) 523-9969

ISBN 2-89428-900-6
Dépôt légal – 1er trimestre 2006
Bibliothèque nationale du Québec
Bibliothèque nationale du Canada

AVANT-PROPOS

Un *Bescherelle* pour maîtriser l'orthographe

La nouvelle édition du *Bescherelle Orthographe* s'est donné pour mission de répondre en termes simples à toutes les difficultés orthographiques que pose la langue française.

Grâce à de très nombreuses listes pratiques et à des règles simples, le *Bescherelle Orthographe* permet de maîtriser la ponctuation et l'orthographe des mots tels qu'ils apparaissent dans le dictionnaire (l'*Orthographe d'usage*), ainsi que le pluriel des noms et des adjectifs, l'orthographe des verbes, et les accords des mots dans la phrase (l'*Orthographe grammaticale*).

Des listes d'homonymes, illustrées par des exemples, associent orthographe et sens et facilitent la mémorisation de ces mots.

Quelle est la structure du *Bescherelle Orthographe* ?

Le *Bescherelle Orthographe* compte cinq grandes parties.

- L'Orthographe d'usage

En français, un son peut s'écrire de différentes façons ; inversement, une lettre peut se prononcer de plusieurs manières : c'est pourquoi le *Bescherelle Orthographe* part de la prononciation des sons pour amener l'utilisateur aux différentes façons de les écrire.

L'*Orthographe d'usage* (bandeau vert) consacre à chaque son du français un chapitre divisé en deux parties : les graphies et les régularités. Un glossaire placé au début de cette partie vous donne le sens des termes grammaticaux employés.

– Les graphies

Chaque paragraphe propose l'analyse détaillée des orthographes possibles. Celles-ci sont classées en fonction de leur fréquence et de leur complexité (des plus simples ou des plus fréquentes aux plus complexes ou aux plus rares).

Les listes de mots données en exemple sont classées selon la place de la graphie dans le mot (au début, au milieu, à la fin).

– Les régularités

On trouvera dans cette partie toutes les règles qui peuvent guider l'apprentissage de l'orthographe des mots.

- L'Orthographe grammaticale

  Divisée elle aussi en chapitres et en paragraphes, cette partie (bandeau violet) développe, sous forme de tableaux clairs et pratiques, les règles à connaître sur la formation des féminins et des pluriels, sur l'orthographe de la conjugaison, sur l'accord des noms, des adjectifs, des verbes...

- Vocabulaire

  De nombreux mots de la langue française se prononcent de la même façon mais diffèrent par l'orthographe : ce sont les homonymes. La partie *Vocabulaire* (bandeau bleu) comprend une importante liste d'homonymes utilisés dans des phrases, pour que leur sens apparaisse clairement.
  D'autre part, de nombreux mots sont formés à partir des racines grecques ou latines. Les racines les plus fréquentes sont présentées dans des tableaux récapitulatifs, qui donnent également leur sens et un ou deux exemples.

- Tolérances orthographiques

  Cette partie (bandeau brun) résume clairement les rectifications orthographiques recommandées par l'Académie (*Journal officiel, 6 - 12 - 1990).*

- Lexique

  Le lexique (bandeau jaune) répertorie l'orthographe de 23 000 mots (noms, adjectifs, verbes), et renvoie, pour chacun, aux règles développées dans le corps de l'ouvrage ; c'est un outil précieux pour celui qui souhaite systématiser l'apprentissage de l'orthographe.

Comment utiliser le *Bescherelle Orthographe ?*

Les numéros qui figurent dans le *lexique* vous indiquent à quel paragraphe vous devez vous reporter. Ils sont de la couleur de la partie à laquelle ils renvoient.
Vous hésitez sur l'orthographe d'un mot ?
Consultez le lexique final. Vous trouverez le mot suivi d'un nombre en bleu qui vous renvoie à la liste des homonymes.

Exemple :	coq	359	*le coq du poulailler*	*un œuf à la coque*
			un maître-coq	*le coke de la chaufferie*
			la coque du navire	

Sans avoir étudié le latin ni le grec, vous désirez découvrir la composition de certains mots ? Consultez la partie *Étymologie*.

Exemple : kinésithérapeute	*kinési-*	gr.	mouvement
	thérap(eu)-	gr.	soigner

ORTHOGRAPHE D'USAGE

Écrire les sons 1-235
Utiliser le tréma 236-237
Utiliser les signes de ponctuation 238-247
Abréviations 248-251
Mots invariables 252

ORTHOGRAPHE GRAMMATICALE

Le genre des noms 253-256
Le genre des adjectifs 257-273
Le pluriel des noms 274-285
Le pluriel des adjectifs 286-294
L'accord du verbe 295-303
Les homophones grammaticaux 304-321
Le trait d'union 322
La majuscule 323-325
L'orthographe des verbes 326-352
Les homophonies verbales 353-356

VOCABULAIRE

Les homonymes 357-377
L'homonymie entre noms et formes verbales 378-379
Les difficultés liées au découpage des mots 380-381
L'étymologie 382-384

TOLÉRANCES ORTHOGRAPHIQUES

385-393

LEXIQUE

Les numéros renvoient aux numéros des paragraphes.

Symboles utilisés

REM

attire l'attention
sur une nuance importante.

⚠

signale une exception.

⟶

invite à se reporter à un ou plusieurs
autres paragraphes pour
des informations complémentaires
ou plus approfondies.

(??)

signale que la phrase donnée
en exemple n'est pas correcte.

ORTHOGRAPHE D'USAGE

Écrire *a* 1-9
Écrire *è* 10-21
Écrire *é* 22-29
Écrire *i* 30-40
Écrire *o* 41-52
Écrire *eu* 53-57
Écrire *eu* 58-61
Écrire *in* 62-71
Écrire *an* 72-79
Écrire *on* 80-84
Écrire *oi* 85-92
Écrire *oin* 93-96
Écrire *ill* 97-103
Écrire *ch* 104-106
Écrire *p* et *b* 107-114
Écrire *t* et *d* 115-123
Écrire *f* 124-130
Écrire *g* 131-138
Ecrire *gn* 139-141
Écrire *j* 142-146
Écrire *c* 147-158
Écrire *l* 159-162
Écrire *m* et *n* 163-169
Écrire *r* 170-176
Écrire *s* 177-185
Écrire *z* 186-191
Écrire *tiaire* 192-198
Écrire *tiel* 199-203
Écrire *tien* 204-208
Écrire *tieux* 209-213
Écrire *tion* 214-219
Écrire le *e muet* 220-228
Les consonnes muettes 229-235
Utiliser le *tréma* (¨) 236-237
Les signes de ponctuation 238-247
Abréviations 248-251
Mots invariables 252

Les numéros renvoient aux numéros des paragraphes.

GLOSSAIRE DES TERMES GRAMMATICAUX

Sont expliqués ici les termes signalés par un astérisque (*) dans la partie *Orthographe d'usage*, ainsi que d'autres termes moins fréquents employés en raison de leur utilité pratique.

Dérivé

Un mot dérivé est un mot issu d'un autre mot ayant la même racine.
Exemple : Le nom *cyclisme* est dérivé du nom *cycle*.
Les mots dérivés interviennent dans la formation des familles de mots ; les connaître permet souvent de deviner l'orthographe d'un mot apparenté *(lait, laitier)*. On peut, de plus, établir des régularités dans les alternances orthographiques à l'intérieur d'une même famille de mots *(bête, bétail)*.

E muet

On appelle *e* muet le *e* qui ne s'entend pas à l'oral. Il est souvent placé à la fin d'un mot, mais on le trouve aussi au milieu d'un mot. Néanmoins, ce *e* peut se trouver prononcé, notamment dans le Sud de la France.
Exemples : *la chance – il joue – dévouement*

Étymologie

L'étymologie étudie l'origine des mots. Les mots français sont souvent d'origine latine ou grecque, mais ils peuvent aussi venir d'autres langues.
En fonction de leur origine, les mots auront tendance à comprendre certaines lettres ou à se prononcer différemment.
Exemple : *un jean* (mot anglais, le son [i] s'écrit *ea*, le son [dʒ] s'écrit *j*)

Finale ⟶ *Position*

Graphie

La graphie d'un mot ou d'un son est sa représentation écrite, son orthographe.
La première partie de chaque chapitre de l'*Orthographe d'usage* donne les graphies possibles d'un son, c'est-à-dire toutes les façons de l'écrire.
Exemple : Le son [a] peut s'écrire *a*, *à*, *â*, *e* :
a, *à*, *â*, *e* sont les graphies possibles du son [a].

Homonyme

Des mots homonymes se prononcent de la même façon tout en s'écrivant différemment. La deuxième partie de chaque chapitre de l'*Orthographe d'usage* (*Les régularités*) propose des séries d'homonymes pour habituer l'utilisateur à bien les distinguer. Exemple : Les homonymes en [o] : *saut, sceau, seau, sot*

Initiale ⟶ *Position*

Médiane ⟶ *Position*

Position

Les exemples sont classés en fonction de la position de la graphie étudiée dans le mot. Un son et sa représentation écrite peuvent se trouver à l'initiale (en début de mot), en position médiane (à l'intérieur d'un mot, ou devant un *e* muet final), en position finale (complètement à la fin d'un mot). Il arrive en effet qu'un son et sa graphie n'apparaissent qu'au début, à l'intérieur ou à la fin d'un mot. Grâce à ce classement, vous mémoriserez plus facilement leur orthographe.

Exemple : Dans le mot *acteur,* le *a* est en position initiale. Dans le mot *guitare,* le *a* est en position médiane. Dans le mot *cinéma,* le *a* est en position finale.

Régularités

La deuxième partie des chapitres de l'*Orthographe d'usage* propose des règles ou des tendances générales d'écriture des mots : c'est ce que l'on appelle des régularités.

Exemple :

7 Les mots en *-iatre*

Dans le vocabulaire de la médecine, les mots composés du suffixe grec *-iatre* (= *médecin*) ne prennent pas d'accent.

ALPHABET PHONÉTIQUE (A.P.I.)

Il s'agit de la notation adoptée par l'Association Phonétique Internationale pour désigner les sons. L'alphabet phonétique est placé entre crochets.

VOYELLES		SEMI-VOYELLES	CONSONNES	
[a] cinéma	[œ] fleur	[j] lieu	[b] baba	[ʀ] roi
[ɑ] château	[u] chou	[w] oui	[d] déjeuner	[s] sel
[e] dé	[y] illusion		[f] faim	[t] table
[ɛ] mets	[ɑ̃] chanter		[g] gâteau	[v] valise
[ə] petit	[ɛ̃] jardin		[k] cadeau	[z] maison
[i] souris	[ɔ̃] ronfler		[l] lait	[ʃ] chocolat
[o] rose	[œ̃] brun		[m] miel	[ʒ] ange
[ɔ] océan			[n] nappe	[ɲ] ignorer
[ø] jeudi			[p] pain	[ŋ] parking

ÉCRIRE *a* *table*

LES DIFFÉRENTES GRAPHIES

1 *a* comme *panorama*

INITIALE*		MÉDIANE*		FINALE*		
abri	*agile*	*baccara*	*gare*	*acacia*	*cinéma*	*opéra*
absent	*ami*	*bar*	*guitare*	*agenda*	*cobra*	*panorama*
accès	*analyse*	*car*	*mare*	*alinéa*	*colza*	*tapioca*
acteur	*argent*	*cigare*	*phare*	*boa*	*delta*	*tombola*
affaire	*assez*			*camélia*	*extra*	*véranda*
				caméra	*gala*	
				choléra	*mimosa*	

REM Le son [a] s'écrit *ao* dans un seul mot : *paonne*.

2 *â* ou *à* comme *âne* ou *voilà*

On rencontre *â* au début et à l'intérieur d'un mot.

On ne rencontre *à* qu'à la fin des mots.

■ *â*

INITIALE	MÉDIANE				FINALE
âcre	*acariâtre*	*câble*	*gâche*	*râle*	.
âme	*albâtre*	*câpre*	*grâce*	*râteau*	.
âne	*bâbord*	*châssis*	*hâte*	*relâche*	.
âpre	*bâillement*	*châtain*	*infâme*	*saumâtre*	.
âtre	*bâtiment*	*château*	*mâchefer*	*tâche*	.
	bâton	*crâne*	*mâle*	*théâtre*	.
	blâme	*débâcle*	*pâture*		.

■ *à*

INITIALE	MÉDIANE	FINALE			
.	.	*à*	*celui-là*	*holà*	*voilà*
.	.	*au-delà*	*ceux-là*	*là*	
.	.	*celle-là*	*déjà*	*par-delà*	

3 *e* comme f*e*mme ou ard*e*mment

Le son [a] s'écrit *e* dans trois mots isolés :

femme *couenne* *solennel*

Le son [a] s'écrit *e* dans les adverbes en -*emment* dérivés d'un adjectif terminé par -*ent*.

ardent → *ardemment*
conscient → *consciemment*
décent → *décemment*
différent → *différemment*
éminent → *éminemment*
fréquent → *fréquemment*
imprudent → *imprudemment*
indifférent → *indifféremment*
prudent → *prudemment*
récent → *récemment*
violent → *violemment*

REM Les adverbes en -*ment* dérivés d'un adjectif terminé par -*ant* s'écrivent -*amment*.

brillant → *brillamment*
bruyant → *bruyamment*
complaisant → *complaisamment*
constant → *constamment*
courant → *couramment*
galant → *galamment*
incessant → *incessamment*
indépendant → *indépendamment*
savant → *savamment*
suffisant → *suffisamment*
vaillant → *vaillamment*

4 Tableau des graphies du son [a]

Le [a] de *papa*	INITIALE	MÉDIANE	FINALE
a	*anis*	*mare*	*tombola*
â	*âcre*	*bâton*	.
à	.	.	*déjà*
e (nn)	.	*solennel*	.
e (mm)	.	*prudemment*	.

5 Les homophones en *a*

L'accent circonflexe permet de distinguer les homophones.

acre – âcre
age – âge
chasse – châsse
mal – mâle
patte – pâte
tache – tâche

6 *a* ou *â* dans les mots de la même famille

Dans les mots d'une même famille, le *a* peut s'écrire *a* ou *â*.

On écrit *â* quand le *a* est suivi d'une *consonne* + *e muet*.

a	*â*
acrimonie	*âcre*
encablure	*câble*
gracieux	*grâce*
infamie	*infâme*

7 Étymologie : les mots en -*iatre*

Dans le vocabulaire de la médecine, les mots composés du suffixe grec -*iatre* (= *médecin*) ne prennent pas d'accent.

pédiatre　*psychiatre*

8 Les noms en -*as*

On trouve la graphie *as* (comme dans *bras*) dans de très nombreux noms masculins terminés par le son [a].

bras
cabas
canevas
chas
choucas
coutelas
débarras
fatras
fracas
frimas
galetas
lilas
matelas
repas
taffetas
trépas

9 Les noms en -*at*

On trouve la graphie *at* (comme dans *format*) dans de très nombreux noms masculins terminés par le son [a].

achat
candidat
carat
climat
format
lauréat
magistrat
magnat
odorat
plagiat
plat
reliquat
résultat
syndicat
thermostat

ÉCRIRE è *chèvre*

LES DIFFÉRENTES GRAPHIES

10 *è* ou *ê* comme flèche ou pêche

C'est le cas le plus simple. Pour un son entendu, nous n'aurons qu'à écrire une lettre et un accent.

En dehors du mot *être*, les graphies *ê* et *è* n'apparaissent jamais ni à l'initiale ni en finale.

■ *è*

INITIALE*	MÉDIANE*				FINALE*
.	*algèbre*	*crème*	*hygiène*	*poème*	.
.	*anathème*	*dièse*	*liège*	*remède*	.
.	*arène*	*ébène*	*mèche*	*siège*	.
.	*artère*	*emblème*	*mélèze*	*solfège*	.
.	*ascète*	*éphèbe*	*modèle*	*stèle*	.
.	*bibliothèque*	*espèce*	*nièce*	*stratagème*	.
.	*blasphème*	*fève*	*obscène*	*système*	.
.	*brèche*	*fidèle*	*oxygène*	*théorème*	.
.	*cèdre*	*flèche*	*pièce*	*tiède*	.
.	*chèque*	*gangrène*	*piège*	*zèle*	.
.	*clientèle*	*glèbe*	*pinède*		.
.	*crèche*	*homogène*	*plèbe*		.

⚠ *è* peut se trouver dans la dernière syllabe d'un mot :

– devant s final prononcé : *aloès*, *cacatoès*.

– devant s muet final : *abcès*, *accès*, *décès*, *excès*, *procès*, *succès*.

■ *ê*

INITIALE	MÉDIANE				FINALE
.	*alêne*	*champêtre*	*fenêtre*	*honnête*	.
.	*arête*	*chêne*	*fête*	*pêche*	.
.	*baptême*	*conquête*	*frêle*	*rêve*	.
.	*bêche*	*enquête*	*grêle*	*revêche*	.
.	*bête*	*extrême*	*guêpe*	*salpêtre*	.
.	*carême*	*fêlure*	*hêtre*	*trêve*	.

11 *ai* ou *aî* comme *ai*gle ou ch*aî*ne

■ *ai*

INITIALE	MÉDIANE			FINALE
aide	*araignée*	*fraise*	*migraine*	*bai*
aigle	*aubaine*	*gaine*	*mortaise*	*balai*
aigre	*braise*	*glaise*	*raide*	*délai*
aile	*cimaise*	*glaive*	*rengaine*	*essai*
aine	*falaise*	*maigre*	*vingtaine*	*gai*
aise	*fontaine*	*malaise*		*geai*

■ *aî*

INITIALE	MÉDIANE			FINALE
aîné	*chaîne*	*chaînette*	*chaînon*	.

12 *ei* comme p*ei*gne

Cette graphie n'apparaît ni à l'initiale ni en finale.

INITIALE	MÉDIANE				FINALE
.	*baleine*	*haleine*	*peine*	*seize*	.
.	*beige*	*neige*	*reine*	*treize*	.
.	*enseigne*	*peigne*	*seigle*	*veine*	.

⚠ *eider* (initiale).

13 *et* ou *êt* comme bouqu*et* ou for*êt*

On ne rencontre ces graphies qu'à la fin des mots.

■ *et*

INITIALE	MÉDIANE	FINALE			
.	.	*alphabet*	*complet*	*guichet*	*secret*
.	.	*bouquet*	*couplet*	*jet*	*sujet*
.	.	*budget*	*effet*	*juillet*	*volet*
.	.	*cabinet*	*filet*	*muguet*	
.	.	*chevet*	*guet*	*projet*	

⚠ Dans le mot *mets*, *et* est suivi d'un *s* muet.

- *êt*

INITIALE	MÉDIANE	FINALE
.	.	*apprêt*
.	.	*arrêt*
.	.	*benêt*
.	.	*forêt*
.	.	*genêt*
.	.	*intérêt*

14 *e(lle), e(mme), e(nne), e(sse), e(tte)* comme raquette

Non moins fréquente, mais plus complexe, la graphie *e* + *double consonne*: *-e(lle), -e(mme), -e(nne), -e(sse), -e(tte)* peut aussi transcrire le son [ɛ] à la fin des mots.

e(lle)	*e(mme)*	*e(nne)*	*e(sse)*	*e(tte)*
aisselle	*dilemme*	*antenne*	*faiblesse*	*baguette*
chapelle	*flemme*	*benne*	*forteresse*	*brouette*
dentelle	*gemme*	*méditerranéenne*	*princesse*	*raquette*
vaisselle		*parisienne*	*sécheresse*	*squelette*

⚠ *elle*, *ennemi* (initiale).

15 *es, ex, ec, et* comme escargot, examen

Devant une consonne, à l'initiale et en position médiane, le son [ɛ] est souvent obtenu par la seule présence du *e*.

INITIALE		MÉDIANE	FINALE	
eczéma	*ethnie*	*dessert*	*abdomen*	*mer*
escabeau	*examen*	*sexe*	*actuel*	*nef*
escalier	*excellent*	*texte*	*auquel*	*ouest*
escargot	*excessif*	*zeste*	*bief*	*requiem*
esclave	*excursion*		*cancer*	*sec*
escrime	*exemple*		*cep*	*sept*
espace	*exercice*		*chef*	*spécimen*
			ciel	*teck*
			concert	*test*
			est	*totem*
			hôtel	

REM Certains noms propres se terminent par *-ez* : *Rodez, Suez.*

16 *ey* ou *ay* comme pon*ey* ou Paragu*ay*

La graphie *ey* (empruntée à l'anglais) apparaît à la fin de quelques mots.

- *ey*

INITIALE	MÉDIANE	FINALE	
.	.	*hockey*	*poney*
.	.	*jockey*	*volley*

REM La graphie *ay* est employée dans de nombreux noms propres.

Bombay *Épernay* *Tokay* *Du Bellay* *Paraguay* *Uruguay*

17 Tableau des graphies du son [ɛ]

Le [ɛ] de *mère*	INITIALE	MÉDIANE	FINALE
è	.	*mèche*	.
ès	.	.	*abcès*
ê	.	*extrême*	.
ai	*aide*	*araignée*	*balai*
aî	*aîné*	*chaîne*	.
ei	.	*reine*	.
et	.	.	*juillet*
êt	.	.	*arrêt*
e (ll, mm, nn, ss, tt)e	.	.	*belle*
e (s, x, c, t, p, r, m, l)	.	*espace*	*mer*
ey	.	.	*poney*

LES RÉGULARITÉS*

18 Les noms et adjectifs en *-enne*

On utilise la finale *-enne* pour obtenir le féminin des noms et adjectifs désignant les habitants d'un pays ou d'une ville.

algérienne *parisienne* *ukrainienne*

19 é ou ê dans les mots d'une même famille

Dans les mots d'une même famille, le son [ɛ] s'écrit parfois *é*, parfois *ê*.
On écrit *ê* quand la voyelle *e* est suivie d'une *consonne* + *e muet*.

é	ê
bétail	*bête*
conquérant	*conquête*
crépu	*crêpe*
extrémité	*extrême*
mélange	*mêlée*
tempétueux	*tempête*

20 Les mots en -*ais*

On trouve la graphie *ais* (comme dans *anglais*) dans la grande majorité des mots masculins terminés par le son [ɛ].

anglais	*jais*
biais	*laquais*
bordelais	*marais*
charentais	*niais*
engrais	*rabais*
irlandais	*relais*

21 Les graphies *aie, aid, ait, aix*

Outre les conjugaisons, où ces graphies apparaissent très souvent, on rencontre la graphie *ai* + *lettre muette* dans quelques mots.

ait	aie	aix	aid
bienfait	*baie*	*faix*	*plaid*
lait	*futaie*	*paix*	
parfait	*haie*	*Roubaix*	
souhait	*pagaie*		

REM On se reportera au *Bescherelle conjugaison* pour les terminaisons verbales en -*ai*, -*ais*, -*ait*, -*aient*, -*aie*, -*et*, -*ets* :
je chanterai, tu chantais, elles allaient, que j'aie, je mets, il met…

ÉCRIRE *é* *été*

LES DIFFÉRENTES GRAPHIES

22 *é* comme *é*mission

La graphie simple *é* se trouve en toute position.

INITIALE*		MÉDIANE*		FINALE*	
écho	*épreuve*	*célébrité*	*récépissé*	*acidité*	*pâté*
éclat	*équipe*	*déréglé*	*téléspectateur*	*beauté*	*pavé*
éclipse	*été*	*désespéré*	*témérité*	*comité*	*pré*
électrique	*éveil*	*déshérité*	*véracité*	*côté*	*quantité*
émission				*faculté*	*thé*
				gaieté	*traité*

23 *ecc, eff, ell, ess* comme *eff*acer

Au début des mots, le son [e] peut s'écrire *e* + *double consonne* (*cc, ff, ll, ss*).

INITIALE				MÉDIANE	FINALE
ecchymose	*effet*	*effusion*	*essaim*	.	.
ecclésiastique	*efficace*	*ellébore*	*essence*	.	.
effacer	*effort*	*ellipse*	*essentiel*	.	.
effarant	*effroi*	*essai*	*essor*	.	.

24 *er* comme chant*er*, voili*er*

En position finale, le son [e] est très souvent rendu par -*er*, aussi bien pour l'infinitif des verbes (*chanter*, *aller*), pour le masculin de certains adjectifs (*dernier*, *premier*), que pour un grand nombre de noms (notamment de métiers).

INITIALE	MÉDIANE	FINALE			
.	.	*acier*	*charcutier*	*escalier*	*plâtrier*
.	.	*atelier*	*charpentier*	*février*	*premier*
.	.	*banquier*	*chevalier*	*infirmier*	*singulier*
.	.	*boulanger*	*coucher*	*luthier*	*sommier*
.	.	*cahier*	*déjeuner*	*mobilier*	*souper*
.	.	*calendrier*	*dîner*	*ouvrier*	*voilier*
.	.	*cendrier*	*droitier*	*palier*	
.	.	*chantier*	*entier*	*passager*	

25 *ed, ez, ef* ou *œ* comme pi*ed* ou ph*œ*nix

Ce sont quelques graphies rares et plus complexes.

ed	*ez*	*ef*	*œ*
pied	*assez*	*clef* (ou *clé*)	*Œdipe*
	chez		*œnologue*
	nez		*œsophage*
			phœnix

26 Tableau des graphies du son [e]

Le [e] de *bébé*	INITIALE	MÉDIANE	FINALE
é	*écho*	*généreux*	*beauté*
e (cc, ff, ll, ss)	*essence*	.	.
er	.	.	*chantier*
ed, ez, ef	.	.	*pied*
œ	*œnologie*	*phœnix*	.

LES RÉGULARITÉS*

27 Les noms en *-ée*

Un certain nombre de noms (le plus souvent féminins) se terminent par *-ée*.

FÉMININ

bouchée	*chaussée*	*fée*	*marée*	*plongée*
bouée	*durée*	*fusée*	*orchidée*	*risée*
buée	*épée*	*idée*	*pâtée*	*traversée*

Les dix noms suivants sont du masculin :

apogée, caducée, coryphée, lycée, mausolée, musée, périgée, périnée, pygmée, scarabée.

28 Les noms en *-té* ou *-tié*

On trouve *é* en finale dans les noms féminins terminés par *té* ou *tié* qui indiquent une qualité.

absurdité	*antiquité*	*loyauté*
activité	*autorité*	*moitié*
adversité	*bonté*	*pitié*
agilité	*difficulté*	*sûreté*
amabilité	*fidélité*	*vanité*
amitié	*inimitié*	

29 *é* ou *è* dans les mots d'une même famille

Dans les mots d'une même famille, le son [e] peut s'écrire parfois *é* et parfois *è*. On écrit *è* quand la voyelle *e* est suivie d'une *consonne + e muet*.

è	*é*	*è*	*é*
algèbre	*algébrique*	*mèche*	*éméché*
allègre	*allégrement*	*modèle*	*modélisation*
artère	*artériel*	*mystère*	*mystérieux*
ascète	*ascétique*	*obèse*	*obésité*
athlète	*athlétique*	*obscène*	*obscénité*
bibliothèque	*bibliothécaire*	*oxygène*	*oxygéné*
brèche	*ébréché*	*phénomène*	*phénoménal*
célèbre	*célébrité*	*pièce*	*rapiécé*
chèque	*chéquier*	*plèbe*	*plébéien*
chimère	*chimérique*	*poème*	*poésie*
crème	*écrémé*	*poète*	*poétesse*
diabète	*diabétique*	*prophète*	*prophétique*
fidèle	*fidélité*	*règle*	*réglage*
fièvre	*fiévreux*	*scène*	*scénique*
gène	*génétique*	*sèche*	*sécheresse*
grève	*gréviste*	*siècle*	*séculier*
homogène	*homogénéité*	*sincère*	*sincérité*
hygiène	*hygiénique*	*synthèse*	*synthétique*
intègre	*intégrité*	*système*	*systématique*
lèpre	*lépreux*	*zèbre*	*zébré*
lièvre	*lévrier*	*zèle*	*zélé*

REM *Lièvre* et *lévrier* sont bien de la même famille : le *lévrier* est un chien employé pour chasser le *lièvre*.

De même, *siècle* et *séculier* sont de la même famille : le mot *séculier* caractérise le clergé vivant dans le *siècle* (dans le monde).

ÉCRIRE i *idée*

LES DIFFÉRENTES GRAPHIES

30 *i* comme fourm*i*

Le son [i] s'écrit *i* en toutes positions.

INITIALE*	MÉDIANE*			FINALE*	
ici	*actrice*	*biche*	*fils*	*abri*	*jeudi*
icône	*alpiniste*	*cantine*	*girafe*	*ainsi*	*oui*
idéal	*arithmétique*	*cime*	*humide*	*apprenti*	*parmi*
idée	*auditif*	*comestible*	*liste*	*canari*	*qui*
illettré	*banquise*	*épique*		*épi*	*tri*
ironique				*étui*	*voici*

31 *i*(lle) comme v*i*lle

Dans quelques mots comportant la graphie *ille*, le *i* se prononce [i].

bacille	*Lille*	*pupille (de la nation)*	*ville* (et ses composés)
codicille	*mille*	*tranquille*	

32 *î* comme d*î*ner

On rencontre la graphie *î* le plus souvent à l'intérieur du mot.

INITIALE	MÉDIANE				FINALE
.	*abîme*	*dîner*	*gîte*	*presqu'île*	.
.	*dîme*	*épître*	*huître*	*puîné*	.

⚠ *île, îlien* (initiale).

33 *ï* comme ma*ï*s

On rencontre la graphie *ï* le plus souvent à l'intérieur du mot.

INITIALE	MÉDIANE				FINALE
.	*alcaloïde*	*exiguïté*	*maïs*	*ouïe*	.
.	*cycloïde*	*héroïque*	*naïf*	*stoïque*	.

⚠ *inouï* (finale).

34 *y* comme st*y*le

La graphie *y* se trouve le plus souvent dans des mots d'origine grecque, en position médiane. On rencontre *y* aussi en position finale, dans des mots le plus souvent d'origine anglaise.

INITIALE	MÉDIANE				FINALE
.	*ankylose*	*ecchymose*	*lycée*	*polygone*	*abbaye*
.	*apocalypse*	*gypse*	*martyr*	*pseudonyme*	*derby*
.	*apocryphe*	*hydravion*	*myrrhe*	*psychose*	*hobby*
.	*bombyx*	*hydrogène*	*mythe*	*style*	*pays*
.	*cataclysme*	*hyperbole*	*onyx*	*xylophone*	*penalty*
.	*collyre*	*hypoténuse*	*oxyde*		*puy*
.	*cycle*	*hypothèque*	*paroxysme*		*rugby*

35 *ie, is, it, il* comme loter*ie*, perm*is*, l*it*, out*il*

On rencontre la graphie *i* + *lettre muette* à la fin des mots.

- *ie*

INITIALE	MÉDIANE	FINALE			
.	.	*accalmie*	*biopsie*	*inertie*	*phobie*
.	.	*aciérie*	*bougie*	*jalousie*	*plaidoirie*
.	.	*agonie*	*bureaucratie*	*librairie*	*poulie*
.	.	*allergie*	*calvitie*	*loterie*	*prairie*
.	.	*amnésie*	*catalepsie*	*lubie*	*superficie*
.	.	*apoplexie*	*chiromancie*	*minutie*	*tautologie*
.	.	*aporie*	*éclaircie*	*modestie*	*théorie*
.	.	*argutie*	*écurie*	*névralgie*	*toupie*
.	.	*asepsie*	*effigie*	*nostalgie*	*tuerie*
.	.	*autarcie*	*euphorie*	*ortie*	*vigie*
.	.	*autocratie*	*facétie*	*panoplie*	*zizanie*
.	.	*autopsie*	*galaxie*	*pénurie*	
.	.	*avanie*	*ineptie*	*pharmacie*	

- *is*

INITIALE	MÉDIANE	FINALE			
.	.	*appentis*	*coulis*	*logis*	*roulis*
.	.	*avis*	*devis*	*mépris*	*rubis*
.	.	*buis*	*éboulis*	*paradis*	*semis*
.	.	*cambouis*	*frottis*	*parvis*	*sursis*
.	.	*colis*	*hachis*	*permis*	
.	.	*coloris*	*huis*	*pilotis*	
.	.	*compromis*	*lavis*	*radis*	

■ *it*

INITIALE	MÉDIANE	FINALE			
.	.	*acabit*	*crédit*	*fortuit*	*produit*
.	.	*appétit*	*débit*	*fruit*	*profit*
.	.	*circuit*	*délit*	*gabarit*	
.	.	*conflit*	*édit*	*lit*	

REM On trouve la graphie *il* dans quelques noms masculins seulement : *coutil, fusil, outil.*

36 *ea* ou *ee* comme j*ea*n ou yank*ee*

Les graphies *ea* ou *ee*, beaucoup plus rares, indiquent une origine anglaise, parfois même allemande, des mots les comportant.

ea	*ee*
jean	*green*
leader	*sweepstake*
sweater	*tweed*
	yankee

REM Dans le mot allemand *lieder*, le son [i] s'écrit *ie*.

37 Tableau des graphies du son [i]

Le [i] de *nid*	INITIALE	MÉDIANE	FINALE
i	*idée*	*aliment*	*abri*
î	*île*	*gîte*	.
ï	.	*héroïque*	.
y	.	*polygone*	*penalty*
ie	.	.	*inertie*
is	.	.	*coulis*
it	.	.	*produit*
ea, ee	.	*jean*	*yankee*

38 Les noms en *-ie*

On trouve la graphie *ie* dans la plupart des noms féminins terminés par le son [i].

accalmie *bougie* *galaxie* *librairie* *toupie*

⚠ *fourmi, brebis, souris, nuit, perdrix.*

39 Les mots en *-is*

On trouve la graphie *is* dans la plupart des noms masculins terminés par le son [i].

devis *hachis* *paradis* *radis*

⚠ – *un nid, un puits*
– *brebis, souris* **sont du féminin.**

REM La graphie *is* appparaît aussi très souvent dans la conjugaison des verbes des 2e et 3e groupes : *je finis, tu compris, ils se sont assis.*

40 Les mots en *-it*

On trouve la graphie *it* dans la plupart des noms masculins terminés par le son [i], et dans quelques adjectifs au masculin.

confit *fortuit* *fruit* *profit*

⚠ *nuit* **est du féminin.**

ÉCRIRE O *opéra, loto*

LES DIFFÉRENTES GRAPHIES

41 *o* (o ouvert) comme *océan*

Le son [ɔ] s'écrit toujours *o*.

INITIALE*		MÉDIANE*			FINALE*
oasis	*opéra*	*abord*	*coca*	*mort*	.
obéissance	*ordre*	*accord*	*drogue*	*politique*	.
objet	*oxygène*	*amorce*	*forêt*	*poterie*	.
océan		*azote*	*gorge*	*tort*	.
odeur		*bord*	*loterie*	*tortue*	.
officiel		*cloche*	*moderne*	*vaporisation*	.

⚠ Le son [ɔ] peut s'écrire

– *au* : *Paul, saur.*

– *um*, dans quelques mots d'origine latine (*album, aquarium, maximum, opium*) ou anglaise (*rhum*).

– *oo*, dans un mot d'origine arabe : *alcool.*

42 *o* (o fermé) comme *chose*

Le son [o] s'écrit *o* à l'intérieur des mots terminés par -*ose* et des mots composés. Il marque alors la fin du préfixe (*mono-*, *pseudo-*) ou du premier mot d'une composition (*socio-*, *psycho-*, *thermo-*).

INITIALE	MÉDIANE		FINALE	
.	*agro-alimentaire*	*monologue*	*cargo*	*lavabo*
.	*audiovisuel*	*neurochirurgie*	*casino*	*loto*
.	*cellulose*	*oxydo-réduction*	*domino*	*piano*
.	*chose*	*pose*	*duo*	*scénario*
.	*dose*	*psychothérapie*	*écho*	
.	*ecchymose*	*rose*		
.	*glose*	*sociolinguistique*		
.	*glucose*	*vidéocassette*		

43 *au* comme j*au*ne

Le son [o] s'écrit souvent *au*.

INITIALE		MÉDIANE		FINALE	
aubade	*auprès*	*astronaute*	*gaufre*	*boyau*	*landau*
aube	*autocollant*	*chaude*	*jaune*	*étau*	*sarrau*
audace	*autonome*	*émeraude*	*pause*	*joyau*	*tuyau*
audiovisuel	*autoroute*	*épaule*	*taupe*		
		faute			

44 *eau* comme bat*eau*

La graphie *eau* apparaît surtout en finale.

INITIALE	MÉDIANE	FINALE			
.	.	*anneau*	*ciseau*	*lionceau*	*trousseau*
.	.	*bateau*	*eau*	*pinceau*	*vaisseau*
.	.	*caniveau*	*escabeau*	*rideau*	
.	.	*cerceau*	*hameau*	*traîneau*	

45 *ô* ou *ôt* comme ar*ô*me ou bient*ôt*

On trouve *ô* essentiellement en position médiane ; *ôt* apparaît à la fin de quelques mots.

- *ô*

INITIALE	MÉDIANE				FINALE
.	*apôtre*	*côte*	*môle*	*rôti*	.
.	*arôme*	*enjôleur*	*monôme*	*symptôme*	.
.	*chômage*	*fantôme*	*pôle*	*tôle*	.
.	*clôture*	*geôle*	*pylône*		.
.	*cône*	*hôte*	*rôdeur*		.
.	*contrôle*	*icône*	*rôle*		.

⚠ *allô !*

- *ôt*

INITIALE	MÉDIANE	FINALE			
.	.	*aussitôt*	*entrepôt*	*sitôt*	*tôt*
.	.	*bientôt*	*impôt*	*suppôt*	
.	.	*dépôt*	*plutôt*	*tantôt*	

46 *ot* comme escarg*ot*

Le son [o] peut se transcrire *ot* en position finale.

INITIALE	MÉDIANE	FINALE			
.	.	*argot*	*escargot*	*lingot*	*tricot*
.	.	*chariot*	*goulot*	*matelot*	*trot*
.	.	*complot*	*haricot*	*pavot*	
.	.	*coquelicot*	*hublot*	*rabot*	
.	.	*ergot*	*javelot*	*sabot*	

47 *oc*, *op* ou *os* comme cr*oc*, gal*op* ou d*os*

À la fin de certains mots, le son [o] peut s'écrire *o* + *consonne muette* (*c*, *p*, *s*).

oc	*op*	*os*	
accroc	*galop*	*dos*	*propos*
croc	*sirop*	*enclos*	*repos*
	trop	*héros*	*tournedos*
		os (pluriel)	

REM On entend le son [s] au singulier dans le mot *os*.

48 *aut*, *aud* ou *aux* comme artich*aut*, réch*aud* ou f*aux*

Les graphies *aut*, *aud*, *aux* se trouvent uniquement en position finale.

aut		*aud*	*aux*
artichaut	*saut*	*badaud*	*chaux*
assaut	*soubresaut*	*crapaud*	*faux*
défaut	*sursaut*	*réchaud*	*taux*
héraut			

49 *aw*, *a(ll)* ou *oa* comme cr*aw*l, footb*a*ll ou g*oa*l

Les graphies *aw*, *a(ll)* et *oa* (qui transcrivent le son [o]) sont très rares et apparaissent dans des mots d'origine étrangère.

50 Tableau des graphies du son [ɔ]

Le [ɔ] de *sol*	INITIALE	MÉDIANE	FINALE
o	*objet*	*cloche*	.
au	.	*saur*	.
um	.	.	*album*

51 Tableau des graphies du son [o]

Le [o] de *saule*	INITIALE	MÉDIANE	FINALE
o	.	*diplomacie*	*piano*
au	*audace*	*jaune*	*tuyau*
eau	.	.	*râteau*
ô	.	*fantôme*	.
ôt	.	.	*bientôt*
oc, op, os	.	.	*croc*
aut, aud, aux	.	.	*artichaut*

LES RÉGULARITÉS*

52 *o* ou *ô* dans les mots d'une même famille

Dans les mots d'une même famille, le son [o] peut s'écrire parfois *o* et parfois *ô*. On écrit *ô* quand la voyelle *o* est suivie d'une *consonne(s) + e muet.*

ô	*o*
arôme	*aromatique*
cône	*conique*
côte	*coteau*
diplôme	*diplomatique*
drôle	*drolatique*
fantôme	*fantomatique*
pôle	*polaire*
symptôme	*symptomatique*
trône	*intronisation*

ÉCRIRE *eu* *danseuse*

Nous ne traiterons pas ici le cas du *e muet* [ə] du français, qui s'écrit *e*.
On le trouve dans des mots aussi fréquents que : *je*, *me*, *te*, *le*, *ce*, *se* et dans de nombreux noms (*cheval*, *regard*). À l'oral, il peut être supprimé sans gêner la compréhension : *boul(e)vard*, *lot(e)rie*, *bib(e)ron*.
Il est prononcé plus « ouvert » que le son [ø], ce qui permet d'opposer : *je* et *jeu*
→ paragraphes 220 à 228.

LES DIFFÉRENTES GRAPHIES

53 *eu* comme *eu*ropéen

On écrit *eu* en toutes positions.

INITIALE*		MÉDIANE*		FINALE*	
eucalyptus	*eurasien*	*baladeuse*	*morveuse*	*adieu*	*épieu*
eucharistie	*euristique*	*berceuse*	*nerveuse*	*aveu*	*feu*
euclidien	*européen*	*chanteuse*	*placeuse*	*bleu*	*hébreu*
eunuque	*euthanasie*	*chauffeuse*	*pulpeuse*	*cheveu*	*jeu*
euphémisme	*eux*	*danseuse*	*religieuse*	*désaveu*	*milieu*
euphonie		*lessiveuse*		*dieu*	*neveu*
euphorique		*monstrueuse*		*enjeu*	*peu*

54 *eux* comme chev*eux*

Le son [ø] peut se transcrire *eux* en finale. Cette graphie sert à former de nombreux adjectifs masculins qui se terminent par -*eux* au singulier et au pluriel.

INITIALE	MÉDIANE	FINALE			
.	.	*ambitieux*	*fougueux*	*majestueux*	*rigoureux*
.	.	*belliqueux*	*glorieux*	*merveilleux*	*rugueux*
.	.	*boiteux*	*grincheux*	*moelleux*	*sinueux*
.	.	*chanceux*	*hasardeux*	*nerveux*	*veineux*
.	.	*courageux*	*herbeux*	*nuageux*	*vieux*
.	.	*douloureux*	*honteux*	*paresseux*	

REM Quelques noms ont un pluriel particulier en -*eux*.
ciel → *cieux* *œil* → *yeux*

55 *eue*, *œu* ou *ö* comme li*eue*, n*œu*ds ou maelstr*ö*m

Le son [ø] s'écrit *eue* à la fin de quelques mots.

banlieue *lieue* *queue*

Le son [ø] s'écrit *œu* ; cette graphie est souvent suivie d'une ou plusieurs consonnes muettes.

bœufs *nœuds* *œufs* *vœux*

REM – Au singulier, on prononce la consonne finale de *bœuf*, d'*œuf*.
La graphie *œ* transcrit alors un son plus ouvert [œ] ⟶ paragraphe 59.
– Le son [ø] s'écrit *ö* dans des mots (rares) d'origine étrangère : *angström*, *maelström*.

56 Tableau des graphies du son [ø]

Le [ø] de *feu*	INITIALE	MÉDIANE	FINALE
eu	*euphorie*	*chanteuse*	*feu*
eux	.	.	*délicieux*
eue	.	.	*banlieue*
œu	.	.	*nœud*
ö	.	*maelström*	.

LES RÉGULARITÉS*

57 *eu* ou *eû* dans les mots d'une même famille

Dans les mots d'une même famille, le son [ø] peut parfois s'écrire *eu*, parfois *eû*. On écrit *eû* quand *eu* est suivi d'une consonne et d'un *e muet*.

eû	*eu*
jeûne	*déjeuner*

ÉCRIRE *eu* *tilleul*

LES DIFFÉRENTES GRAPHIES

58 *eu* comme m*eu*ble

Le son [œ] (ouvert) s'écrit le plus souvent *eu*. Il n'apparaît jamais à l'initiale ni en finale. On le rencontre surtout devant *r*, mais aussi devant *l*, *f*, *v*, ainsi que devant les groupes *bl*, *gl*, *pl* et *vr*.

eu(ble)	*eu(gle)*	*eu(ple)*	*eu(r)*	
immeuble	*aveugle*	*peuple*	*admirateur*	*compositeur*
meuble			*auditeur*	*éditeur*
			chanteur	*imitateur*

eu(ve)	*eu(vre)*	*eu(f)*	*eu(l)*	
épreuve	*couleuvre*	*neuf*	*aïeul*	*linceul*
fleuve	*pieuvre*	*veuf*	*filleul*	*seul*
preuve			*glaïeul*	*tilleul*

59 *œ*, *œu* ou *ue* comme *œ*illet, b*œu*f ou acc*ue*il

On rencontre la graphie *œ* dans *œillet* et dans les mots de la même famille (*œillère*, *œillade*).

On trouve la graphie *œu* dans quelques mots :

bœuf
chœur
cœur (et ses composés : *écœurer…*)
mœurs
œuf
œufrier
œuvre (et ses composés : *chef-d'œuvre, hors-d'œuvre, main-d'œuvre, œuvrer…*)
rancœur

Un certain nombre de mots ont une graphie très particulière (*ue*) en raison de la consonne qui précède et qui impose la présence d'un *u*.

accueil (et les mots de la même famille : *cueillir…*)
cercueil
écueil
orgueil
recueil

60 *e*, *u* ou *i* comme flipp*e*r, tr*u*st ou fl*i*rt

Le son [œ] s'écrit *e*, *u* ou *i* dans quelques mots empruntés à l'anglais.

e(r)	*u*	*i*
bookmaker	*bluff*	*flirt*
clipper	*trust*	*tee-shirt*
computer		
flipper		
manager		
quaker		
speaker		

61 Tableau des graphies du son [œ]

Le [œ] de *beurre*	INITIALE*	MÉDIANE*	FINALE*
eu	.	*fleuve*	.
œ	.	*œillet*	.
œu	.	*cœur*	.
ue	.	*orgueil*	.
e(r)	.	*manager*	.
u	.	*bluff*	.
i	.	*tee-shirt*	.

ÉCRIRE *in* *raisin, lundi*

LES DIFFÉRENTES GRAPHIES

62 *in* ou *im* comme but*in* ou t*im*bale

La graphie *in* est la graphie la plus fréquente du son [ɛ̃].

INITIALE*		MÉDIANE*	FINALE*		
incorrect	*insecte*	*cinq*	*brin*	*engin*	*vilebrequin*
indigne	*intérêt*	*dinde*	*butin*	*jardin*	
individuel	*intervalle*	*linge*	*colin*	*matin*	
infinitif	*inventeur*	*pintade*	*déclin*	*raisin*	
influence		*singe*	*enfin*	*ravin*	

Devant les consonnes *b* et *p*, *in* devient *im*.
Pour le cas de *imm* → paragraphe 164.

INITIALE			MÉDIANE		FINALE
imbattable	*imparfait*	*impôt*	*limpide*	*timbale*	.
imbécile	*impatient*	*imprudent*	*pimpant*	*timbre*	.
impact	*impérial*		*simple*		.
impair	*important*		*simplicité*		.

63 *en* comme musici*en*

Le son [ɛ̃] s'écrit *en* uniquement en finale.

INITIALE	MÉDIANE	FINALE			
.	.	*académicien*	*chrétien*	*européen*	*musicien*
.	.	*aérien*	*citoyen*	*lien*	*norvégien*
.	.	*ancien*	*collégien*	*luthérien*	*parisien*
.	.	*aryen*	*combien*	*lycéen*	*physicien*
.	.	*bien*	*doyen*	*magicien*	*pyrénéen*
.	.	*chien*	*égyptien*	*mitoyen*	*rien*
.	.	*chirurgien*	*électricien*	*moyen*	*vendéen*

⚠ *benjamin* (médiane).

64 *ain* ou *aint* comme b*ain* ou s*aint*

Le son [ɛ̃] peut s'écrire *ain* en position médiane et finale ; la graphie *aint* ne se trouve qu'en finale.

- *ain*

INITIALE	MÉDIANE	FINALE			
.	*contrainte*	*airain*	*levain*	*pain*	*souterrain*
.	*maintenant*	*bain*	*main*	*quatrain*	*terrain*
.	*plainte*	*gain*	*nain*	*sain*	*train*

⚠ *ainsi* (initiale).

- *aint*

INITIALE	MÉDIANE	FINALE		
.	.	*contraint*	*maint*	*saint*

65 *ein* ou *eint* comme fr*ein* ou p*eint*

Le son [ɛ̃] peut s'écrire *ein* en position médiane ou finale ; la graphie *eint* n'apparaît qu'à la fin des mots.

- *ein*

INITIALE	MÉDIANE		FINALE			
.	*peinture*	*teinture*	*frein*	*plein*	*rein*	*sein*

- *eint*

INITIALE	MÉDIANE	FINALE		
.	.	*éteint*	*peint*	*teint*

66 *ym*, *yn*, *inct*, *aim* comme s*ym*phonie, l*yn*x, inst*inct*, f*aim*

Ce sont les graphies du son [ɛ̃] les plus rares.

ym	*yn*	*inct*	*aim*
cymbale	*larynx*	*distinct*	*daim*
lymphe	*lynchage*	*indistinct*	*essaim*
symphonie	*lynx*	*instinct*	*faim*
thym	*pharynx*		

67 Le son [œ̃] s'écrit *un* comme embr*un*

Les sons [ɛ̃] (de *brin*) et [œ̃] (de *brun*) sont de moins en moins différenciés.
On peut cependant opposer encore quelques mots :

[ɛ̃]	[œ̃]
brin	*brun*
empreinte	*emprunte*

Le son [œ̃] s'écrit le plus souvent *un*.

INITIALE	MÉDIANE	FINALE	
.	*emprunter*	*aucun*	*jeun (à)*
.	*junte*	*brun*	*opportun*
.	*lundi*	*chacun*	*quelqu'un*
.	*munster*	*commun*	*tribun*
.		*embrun*	*un*

68 *unt* ou *um* comme déf*unt* ou parf*um*

Le son [œ̃] s'écrit aussi, mais très rarement, *unt* ou *um*, à la fin des mots.

unt	*um*
défunt	*parfum*
emprunt	

69 Tableau des graphies du son [ɛ̃]

Le [ɛ̃] de *fin*	INITIALE	MÉDIANE	FINALE
in	*infinitif*	*linge*	*matin*
im	*impatient*	*simple*	.
en	.	.	*magicien*
ain	.	*maintenant*	*train*
aint	.	.	*contraint*
ein	.	*teinture*	*plein*
eint	.	.	*éteint*
yn	.	*lynx*	.
ym	.	.	*thym*
inct	.	.	*distinct*
aim	.	.	*faim*

70 Tableau des graphies du son [œ̃]

Le [œ̃] de *un*	INITIALE	MÉDIANE	FINALE
un	.	*emprunter*	*brun*
um	.	.	*parfum*
unt	.	.	*défunt*

LES RÉGULARITÉS*

71 Emploi de *en*

La graphie *en* est très utilisée pour produire des noms de métiers et d'habitants (ville, région ou pays).

musicien *alsacien*

Par ailleurs, *en* se trouve toujours après les voyelles *i* et *é*.

ancien *lycéen*

⚠ *examen, minoen.*

ÉCRIRE *an* *ancien*

LES DIFFÉRENTES GRAPHIES

72 *an* ou *en* comme am*an*de ou m*en*the

Les deux graphies les plus simples du son [ɑ̃] sont *an* et *en*.
La graphie *en* n'apparaît jamais en position finale.

- *an*

INITIALE*	MÉDIANE*	FINALE*
ancien	*avalanche*	*artisan*
ancre	*banque*	*cadran*
anglais	*langage*	*cardan*
angle	*manche*	*divan*
angoisse	*manque*	*écran*
antenne	*rançon*	*océan*
antérieur	*scaphandre*	*ruban*
antique	*tranquille*	*slogan*
		volcan

- *en*

INITIALE	MÉDIANE	FINALE
enchanteur	*attention*	.
encre	*calendrier*	.
endroit	*cendre*	.
enfant	*centre*	.
enfin	*commentaire*	.
enjeu	*menthe*	.
ennui	*tendre*	.
enquête	*tension*	.

Devant les consonnes *b*, *p* et *m*, les graphies *an* et *en* deviennent *am* et *em*.

amb : ambre, alambic.

amp : ample, camp.

emb : embarquer, ensemble.

emm : emmuré.

emp : tempe, temps.

Il n'existe pas de règle permettant de prévoir la graphie du son [ɑ̃] devant une consonne prononcée. Les graphies *an* et *en* apparaissent souvent dans les finales -*ance* et -*ence*, -*ande* et -*ende*, -*anse* et -*ense*, -*ante* et -*ente*. Voici la liste de quelques-uns de ces mots.

ance	*ence*	*ande*	*ende*
abondance	*absence*	*commande*	*commende*
alliance	*adhérence*	*contrebande*	*dividende*
ambiance	*affluence*	*demande*	*légende*
assistance	*concurrence*	*guirlande*	*prébende*
circonstance	*contingence*	*offrande*	*provende*
croissance	*décence*		
distance	*différence*		
finance	*évidence*		
nuance	*influence*		
tolérance	*urgence*		

anse	*ense*	*ante*	*ente*
danse	*dense*	*amiante*	*attente*
ganse	*dépense*	*brocante*	*charpente*
panse	*immense*	*dilettante*	*descente*
transe	*intense*	*épouvante*	*entente*
		soixante	*trente*

73 *ant* ou *ent* comme croiss*ant* ou d*ent*

On trouve, en position finale, d'autres graphies fréquentes du son [ɑ̃].

- *ant*

INITIALE	MÉDIANE	FINALE		
.	.	*aimant*	*croissant*	*piquant*
.	.	*auparavant*	*fabricant*	*stimulant*
.	.	*carburant*	*flamant*	*volant*

- *ent*

INITIALE	MÉDIANE	FINALE			
.	.	*absent*	*dent*	*licenciement*	*vêtement*
.	.	*aliment*	*divergent*	*régiment*	*violent*
.	.	*argent*	*équivalent*	*sentiment*	
.	.	*arpent*	*expédient*	*supplément*	
.	.	*bâtiment*	*insolent*	*urgent*	

74 *and, ang, anc* ou *aon* comme march*and*

Ces graphies sont rares.

-and : chaland, flamand, goéland, marchand.

-ang : étang, rang, sang.

-anc : banc, blanc, flanc.

-aon : faon, paon, taon.

⚠ Certains homonymes de la même famille mais de nature différente n'ont pas la même orthographe ⟶ Homonymes, paragraphes 357 à 381.

différend (nom) – *différent* (adjectif) – *différant* (participe présent)
résident (nom) – *résidant* (participe présent)

75 Tableau des graphies du son [ɑ̃]

Le [ɑ̃] de *enfant*	INITIALE	MÉDIANE	FINALE
an	*ancien*	*avalanche*	*artisan*
am	*ambre*	.	*camp*
en	*encre*	*attention*	.
em	*embarquer*	*temps*	.
ant	.	.	*carburant*
ent	.	.	*absent*
and, ang, anc	.	.	*flamand*
aon	.	.	*paon*

RÉGULARITÉS*

76 Les adverbes en *-ment*

Dans les adverbes en *-ment*, le son [ɑ̃] s'écrit toujours *-ent*.

gentiment *modérément* *précisément* *spontanément*

77 Les participes présents

Les participes présents (ainsi que les gérondifs) se terminent toujours par *-ant*.

aimant – en aimant
comprenant – en comprenant
dormant – en dormant
finissant – en finissant

78 Les adjectifs verbaux en *-ent*

Les adjectifs verbaux sont des participes présents employés comme adjectifs, mais leur orthographe peut différer de celle des participes présents.

PARTICIPE PRÉSENT	ADJECTIF VERBAL
adhérant	*adhérent*
affluant	*affluent*
convergeant	*convergent*
différant	*différent*
divergeant	*divergent*
émergeant	*émergent*
équivalant	*équivalent*
excellant	*excellent*
influant	*influent*
négligeant	*négligent*
précédant	*précédent*
résidant	*résident*
somnolant	*somnolent*

79 Les mots en *-and* et en *-ang*

Pour déterminer s'il y a une consonne muette à la fin d'un mot, et laquelle, on peut souvent avoir recours à un mot de la même famille dans lequel la consonne s'entend.

marchand → *marchander, marchandise*

rang → *ranger, rangement*

sang → *sanglant, sanguin*

ÉCRIRE *on* *jambon*

LES DIFFÉRENTES GRAPHIES

80 *on* comme c*on*fiserie

En règle générale, le son [ɔ̃] s'écrit *on*.

INITIALE*	MÉDIANE*	FINALE*
oncle	*bonjour*	*accordéon*
onde	*bonsoir*	*balcon*
ondée	*bonté*	*béton*
ondulatoire	*concert*	*carton*
ongle	*concurrent*	*faucon*
ontogenèse	*condition*	*jambon*
onze	*confiserie*	*nourrisson*
	congrès	*saucisson*
	conseil	*torchon*
	contraire	

81 *om* comme c*om*pagnie

Le son [ɔ̃] s'écrit *om* devant les consonnes *b* ou *p*. En position finale, *om* se trouve devant une consonne muette (*plomb*).

INITIALE	MÉDIANE		FINALE
ombre	*bombe*	*complet*	*aplomb*
	combat	*complice*	*coulomb*
	combien	*comptabilité*	*plomb*
	comble	*comptable*	*prompt*
	compact	*comptant*	*surplomb*
	compagnie	*compte*	
	compagnon	*compteur*	
	compétition	*comptine*	

⚠ *bonbon, bonbonne, bonbonnière* et *embonpoint.*

On écrit également *om* dans les noms suivants :

– devant t : *comte, comté, comtesse.*

– à la fin du mot : *nom, prénom, pronom, renom, surnom.*

82 *ond, ont, onc* ou *ons* comme *gond, pont, jonc*

On trouve enfin la graphie *on* devant certaines consonnes muettes : *d, t, c*.

■ *ond*

INITIALE	MÉDIANE	FINALE			
.	.	*bas-fond*	*gond*	*plafond*	*vagabond*
.	.	*bond*	*haut-fond*	*profond*	
.	.	*fécond*	*moribond*	*pudibond*	
.	.	*fond*	*nauséabond*	*second*	

■ *ont*

INITIALE	MÉDIANE	FINALE
.	.	*dont*
.	.	*entrepont*
.	.	*pont*

■ *onc*

INITIALE	MÉDIANE	FINALE
.	.	*ajonc*
.	.	*jonc*

Le son [ɔ̃] s'écrit souvent *ons* dans la conjugaison à la 1re personne du pluriel.

nous aimons *nous finirons* *nous étions*

REM Certains mots présentent une orthographe particulière :

fonts *long* *punch* *tréfonds*

83 Tableau des graphies du son [ɔ̃]

Le [ɔ̃] de *bonbon*	INITIALE	MÉDIANE	FINALE
on	*oncle*	*bonjour*	*accordéon*
om	*ombre*	*combat*	*aplomb*
ond	.	.	*bond*
ont	.	.	*pont*
onc	.	.	*ajonc*

LES RÉGULARITÉS*

84 Les mots en *-ond*

Pour savoir s'il faut écrire une consonne muette à la fin d'un mot, et laquelle, on peut parfois s'aider d'un autre mot de la même famille dans lequel la consonne se prononce.

bond → *bondir*
fécond → *fécondation*
fond → *fondation*
profond → *profondeur*
second → *secondaire*
vagabond → *vagabonder*

ÉCRIRE *oi* *noix*

LES DIFFÉRENTES GRAPHIES

85 *oi* ou *oî* comme b*oi*sson ou b*oî*te

Le son [wa] s'écrit le plus souvent *oi*.

INITIALE*		MÉDIANE*		FINALE*	
oiseau	*oisif*	*boisson*	*soirée*	*loi*	*quoi*
oiseleur	*oisillon*	*poignée*	*toit*	*moi*	*toi*

RÉM – À l'initiale, on ne trouve la graphie *oi* que dans *oiseau, oisiveté* et les mots de ces familles (*oisillon, oisif*...).
– On rencontre la graphie *oî* dans quelques mots : *boîte, cloître, croître*. Mais depuis 1993, on tolère : *boite, boitier*... → paragraphe 385.

86 *ois, oit, oix, oie, oid* comme p*ois*, étr*oit*, n*oix*, f*oie*, fr*oid*

En finale, le son [wa] est souvent écrit *oi* + *e* ou *oi* + *consonne muette* (*d, s, t, x*).

ois	*oit*	*oix*	*oie*	*oid*	*oids*
autrefois	*adroit*	*croix*	*foie*	*froid*	*contrepoids*
bois	*détroit*	*noix*	*joie*		*poids*
chamois	*endroit*	*poix*	*oie*		
fois	*étroit*	*voix*	*voie*		
mois	*exploit*				
quelquefois	*toit*				

87 *oy* comme n*oy*au

À l'intérieur d'un mot, le son [wa] peut s'écrire *oy* (toujours suivi d'une voyelle).

INITIALE	MÉDIANE				FINALE
.	*dénoyauter*	*moyen*	*royal*	*voyage*	.
.	*mitoyen*	*noyade*	*royauté*	*voyageur*	.

REM La graphie *oy* transcrit en réalité un double son : [wa] + [ʒ].

88 *ua, oua* comme aq*ua*rium

Les graphies *ua* et *oua* sont des graphies particulières du son [wa] ; elles n'apparaissent que dans quelques mots.

ua	*oua*
aquarium	*douane*
équateur	*ouaille*
square	*ouate*
	pouah
	zouave

REM Il existe deux autres graphies exceptionnelles : *moelle, poêle.*

89 *wa* comme *wa*piti

Le son [wa] s'écrit *wa* au début de quelques mots d'origine étrangère. En voici les principaux.

walé (africain)	*warning* (anglais)
wali (arabe)	*water-polo* (anglais)
wallaby (australien)	*waterproof* (anglais)
wallon (francique)	*waters* (anglais)
wapiti (américain)	*watt* (anglais)

REM *walkman* (baladeur) se prononce [wokman].

90 Tableau des graphies du son [wa]

Le [wa] de *loi*	INITIALE	MÉDIANE	FINALE
oi	*oiseau*	*soirée*	*quoi*
oid	.	.	*froid*
oie	.	.	*joie*
ois	.	.	*mois*
oit	.	.	*toit*
oix	.	.	*poix*
oy	.	*voyage*	.
oua	.	*douane*	.
ua	.	*square*	.

91 Les noms et les adjectifs en *-ois*

Le son [wa] est souvent écrit *oi* + *s* à la fin des mots. Cette finale *-ois* est très « productive » dans les noms et les adjectifs dérivés d'une localité ou d'une région.

gallois
lillois
luxembourgeois

92 Les mots en *-oit*

Pour s'assurer de la présence du *t* muet dans les mots en *-oit*, on peut s'aider de mots de la même famille où le *t* s'entend.

adroit → *adroite*
étroit → *étroite*
exploit → *exploiter*
toit → *toiture*

ÉCRIRE *oin* *foin*

LES DIFFÉRENTES GRAPHIES

93 *oin* comme gr*oin*

Il existe plusieurs façons d'écrire le son complexe [wɛ̃]. La graphie *oin* est la graphie la plus simple pour transcrire le son [wɛ̃].

INITIALE*	MÉDIANE*		FINALE*	
oindre	*amoindrir*	*moindre*	*besoin*	*groin*
	joindre	*pointer*	*coin*	*loin*
			foin	*témoin*

94 *oing*, *oins* ou *oint* comme c*oing* ou embonp*oint*

En finale, le son [wɛ̃] est souvent écrit *oin* + *consonne muette* (*oing*, *oins*, *oint*).

oing	*oint*			
coing	*adjoint*	*conjoint*	*disjoint*	*joint*
poing	*appoint*	*contrepoint*	*embonpoint*	*point*

REM

– La graphie *ouen* est très rare : *Saint-Ouen*.
– À ces listes, il faut ajouter les trois premières personnes des verbes en *-oindre* : *je joins*, *tu joins*, *il joint*, ainsi que le participe passé : *disjoint*.

95 *ouin* comme mars*ouin*

On rencontre *ouin* à la fin de quelques mots seulement.

baragouin *bédouin* *marsouin* *pingouin*

96 Tableau des graphies du son [wɛ̃]

Le [wɛ̃] de *foin*	INITIALE	MÉDIANE	FINALE
oin	*oindre*	*pointer*	*loin*
oing	.	.	*coing*
oint	.	.	*point*
ouin	.	.	*pingouin*

ÉCRIRE *ill* *groseille*

LES DIFFÉRENTES GRAPHIES

97 *y* ou *i* comme *y*aourt ou pap*i*er

Les deux graphies les plus simples du son [j] sont : *y* et *i*. Elles sont très rares en début de mot et elles n'apparaissent jamais en finale pour traduire le son [j].

■ *y*

INITIALE*		MÉDIANE*		FINALE*
yacht	*yeux*	*attrayant*	*mareyeur*	.
yack	*yiddish*	*balayeur*	*maya*	.
yankee	*yoga*	*bruyant*	*moyen*	.
yaourt	*yog(h)ourt*	*clairvoyant*	*moyeu*	.
yéti	*yougoslave*	*crayon*	*nettoyage*	.
		débrayage	*nettoyeur*	.
		doyen	*non-voyant*	.
		effrayant	*payant*	.
		employeur	*payeur*	.
		ennuyeux	*rayon*	.
		essayage	*seyant*	.
		frayeur	*soyeux*	.
		joyeux	*voyage*	.

■ *i*

INITIALE	MÉDIANE		FINALE
iode	*alliance*	*inférieur*	.
ion	*antérieur*	*ingénieur*	.
ionien	*bijoutier*	*insouciance*	.
ionique	*cahier*	*luthier*	.
iota	*cellier*	*méfiance*	.
	commercial	*papier*	.
	confiance	*social*	.
	extérieur	*spécial*	.
	glacial	*supérieur*	.

98 *il* ou *ill* comme b*ill*e ou millefeu*ill*e

Complexes, mais fréquentes, les graphies *il* et *ill* transcrivent elles aussi le son [j].

- *ill*

INITIALE	MÉDIANE		DEVANT E FINAL*		FINALE
.	*aiguillage*	*feuillage*	*abeille*	*faucille*	.
.	*bataillon*	*grillage*	*aiguille*	*feuille*	.
.	*brouillon*	*oreillons*	*bataille*	*fille*	.
.	*carillon*	*outillage*	*bille*	*groseille*	.
.	*conseiller*	*pillage*	*brindille*	*millefeuille*	.
.	*coquillage*	*quincaillier*	*chenille*	*oreille*	.
.	*échantillon*	*réveillon*	*chèvrefeuille*	*pupille (de l'œil)*	.
.			*corneille*		.
.			*faille*	*taille*	.
.			*famille*	*volaille*	.

- *il*

INITIALE	MÉDIANE	FINALE			
.	.	*accueil*	*cercueil*	*fauteuil*	*recueil*
.	.	*ail*	*cerfeuil*	*œil*	*seuil*
.	.	*appareil*	*chevreuil*	*orgueil*	*soupirail*
.	.	*bail*	*écueil*	*orteil*	*treuil*
.	.	*bétail*	*éveil*	*pareil*	

⚠ Quelques mots comportant la même graphie *ille* se prononcent [il].

bacille
codicille
Lille
mille
pupille (de la nation)
tranquille
ville (et ses composés)

99 Tableau des graphies du son [j]

Le [j] de *feuille*	INITIALE	MÉDIANE	DEVANT E FINAL	FINALE
y	*yoga*	*rayon*	.	.
i	*iode*	*confiance*	.	.
ill	.	*réveillon*	*fille*	.
il	.	.	.	*ail*

100 Les mots en *-iller* et *-illier*

On écrit *ill* dans les verbes en *-ailler*, *-eiller*, *-iller*.

écailler	*conseiller*	*fourmiller*
travailler	*réveiller*	*sautiller*

La graphie *ill* apparaît aussi dans les noms en *-ailler*, *-aillier*, *-eiller* ou *-eillier*.

ailler	*aillier*	*eiller*	*eillier*
poulailler	*joaillier*	*conseiller* (nom)	*groseillier*
	quincaillier		*marguillier*

101 Les mots en *-ail* ou *-aille*

Le son [aj] s'écrit *-ail* à la fin des noms masculins et *-aille* à la fin des noms féminins.

MASCULIN	FÉMININ
ail	*maille*
gouvernail	*paille*

102 Les noms en *-eil* ou *-eille*

Le son [ej] s'écrit *-eil* à la fin des noms masculins et *-eille* à la fin des noms féminins.

MASCULIN	FÉMININ
conseil	*abeille*
soleil	*groseille*

103 Les noms en *-euil*, *-euille* et *-ueil*

Le son [œj] s'écrit toujours *-euille* à la fin des noms féminins, et *-ueil* après les consonnes *c* et *g*.

feuille	*accueil*	*orgueil*

Le son [œj] s'écrit en général *-euil* à la fin des noms masculins.

fauteuil	*seuil*

⚠ – Les noms masculins formés sur *-feuille* : *chèvrefeuille*, *millefeuille*, *portefeuille*.
– *œil* (et les mots composés avec *œil*).

ÉCRIRE ch *chocolat*

LES DIFFÉRENTES GRAPHIES

104 *ch* comme quiche

Le son [ʃ] est le plus souvent écrit *ch*.

INITIALE*	MÉDIANE*	DEVANT E FINAL*		FINALE*
chacun	*achat*	*bâche*	*hache*	*lunch*
chagrin	*acheteur*	*biche*	*louche*	*match*
chaîne	*achèvement*	*bouche*	*mèche*	*ranch*
chaise	*bachelier*	*branche*	*miche*	*sandwich*
chambre	*bouchon*	*broche*	*moche*	
champion	*colchique*	*bûche*	*moustache*	
chaud	*couchette*	*crèche*	*panache*	
chef	*déchet*	*embûche*	*pêche*	
cher	*fâcheux*	*flèche*	*quiche*	
chez	*jachère*	*fraîche*	*reproche*	
chiffon	*machine*	*friche*	*sèche*	
chirurgie	*mâchoire*	*gouache*	*tâche*	
chocolat	*méchant*			
chuintement	*sécheresse*			

REM – Devant les lettres *l* et *r*, on prononce le plus souvent [k] : *chlore*, *chrome*.
⟶ également le paragraphe 151, pour les mots d'origine grecque, où le *ch* se prononce [k] : *chœur*, *chorale*, *orchestre*.
– On rencontre également la graphie *ch* dans des noms propres : *Foch*, *Marrakech*, *Charles*…

105 *sch* ou *sh* comme kirsch ou shilling

Le son [ʃ] peut être écrit au moyen de deux autres graphies complexes :
– *sch* indique une origine grecque (*schéma*) ou allemande (*schnaps*) ;
– *sh* indique une origine anglaise (*shérif*).

■ *sch*

INITIALE				MÉDIANE	FINALE
schéma	*schilling*	*schiste*	*schlitte*	.	*haschisch*
schème	*schisme*	*schisteux*	*schuss*	.	*kirsch*

- *sh*

INITIALE	MÉDIANE	FINALE
shampooing	.	*flash*
shérif	.	*flush*
sherpa	.	*rush*
shetland	.	*smash*
shilling	.	
shoot	.	
shop (sex-)	.	

106 Tableau des graphies du son [ʃ]

Le [ʃ] de *cheminée*	INITIALE	MÉDIANE	DEVANT E FINAL	FINALE
ch	*cher*	*achat*	*miche*	*match*
sch	*schéma*	.	.	*putsch*
sh	*shampooing*	.	.	*flash*

ÉCRIRE *p* et *b* — *poulpe, bison*

LES DIFFÉRENTES GRAPHIES

107 *p* comme *pain*

La graphie *p* apparaît en toutes positions. Le son [p] s'écrit toujours *p* au début d'un mot, après les voyelles *é* et *i*, et après *am* et *im*.

INITIALE*	MÉDIANE*		DEVANT E FINAL*	FINALE*
page	*amplificateur*	*impact*	*antilope*	*cap*
pain	*ampoule*	*impair*	*cape*	*cep*
pape	*apanage*	*imparfait*	*coupe*	*clip*
parachute	*apéritif*	*imperméable*	*dupe*	*croup*
pipe	*apiculture*	*lapin*	*écope*	*handicap*
poule	*apothéose*	*lapon*	*étape*	*ketchup*
précis	*épargne*	*opaque*	*principe*	*scalp*
preuve	*épée*	*opéra*	*soupe*	*vamp*
province	*épi*	*opinion*	*syncope*	
publicité	*épineux*	*superbe*	*type*	

REM Devant des mots commençant par une voyelle ou un *h*, le *p* final de *trop* et *beaucoup* s'entend dans la liaison : *trop‿heureux* – *beaucoup‿appris*. Dans les autres cas, ce *p* ne se prononce pas.

108 *pp* comme *grappe*

La graphie *pp* n'apparaît ni à l'initiale ni en finale. Le choix entre *p* et *pp* est souvent facilité par la connaissance de l'étymologie. On se reportera aux paragraphes 382 à 384, qui lui sont entièrement consacrés.

INITIALE	MÉDIANE		DEVANT E FINAL		FINALE
.	*appareil*	*hippique*	*échoppe*	*lippe*	.
.	*appartement*	*hippodrome*	*enveloppe*	*nappe*	.
.	*appât*	*hippopotame*	*frappe*	*nippe*	.
.	*appétit*	*mappemonde*	*grappe*	*steppe*	.
.	*apport*	*opposition*	*grippe*	*trappe*	.
.	*apprenti*	*oppression*	*houppe*		.
.	*approbation*	*supplice*			.
.	*approche*	*uppercut*			.
.	*appui*				.

109 *b* comme o*b*server

Parfois, le son [p] s'écrit *b* : en effet, dans certains cas, on écrit *b*, mais la consonne qui suit nous conduit à prononcer [p] (au lieu de [b]).

absent	*absoudre*	*observer*	*obtenir*
abside	*abstrait*	*obsession*	*obtention*
absolu	*absurde*	*obsidienne*	*obtus*
absorber	*obscur*	*obstiner*	*s'abstenir*

110 *b* ou *bb* comme *b*aguette ou a*bb*é

La graphie du son [b] pose moins de problèmes : on écrit en général *b* ; *bb* est en effet très rare. Cette graphie n'apparaît ni à l'initiale ni en finale et elle concerne essentiellement quelques termes religieux.

bb

abbaye
abbé
rabbin
sabbat
sabbatique

Le *b* est très rare en finale : il dénote le plus souvent des mots d'origine étrangère.

b

club
job
nabab
snob
toubib
tub

111 Tableau des graphies du son [p]

Le [p] de *papa*	INITIALE	MÉDIANE	DEVANT E FINAL	FINALE
p	*page*	*épée*	*antilope*	*vamp*
pp	.	*appétit*	*nappe*	.
b	.	*absurde*	.	.

112 Tableau des graphies du son [b]

Le [b] de *bébé*	INITIALE	MÉDIANE	FINALE
b	*bon*	*table*	*club*
bb	.	*rabbin*	.

LES RÉGULARITÉS*

113 Les mots en -*p*

Souvent, le *p* ne se prononce pas quand il se trouve à la fin d'un mot. Il est possible de recourir à des mots de la même famille où le *p* s'entend pour déterminer l'orthographe correcte d'un mot.

champ → *champagne, champêtre*
coup → *couper, coupure*
drap → *draperie, drapier*

114 *app* au début des verbes

Tous les verbes qui commencent par le son [ap] s'écrivent *app*.

appeler
apprécier
appréhender
apprendre

⚠ *apaiser, apercevoir, apeurer, apitoyer, aplanir, aplatir, apostropher.*

ÉCRIRE t et d *tarte, dorade*

LES DIFFÉRENTES GRAPHIES

115 *t* comme pâ*t*é

Le son [t] est le plus souvent transcrit par la graphie simple *t*.
Elle est employée en toutes positions.

Pour les autres prononciations possibles de la lettre *t*, dans des mots comme *nation, partiel* ⟶ paragraphe 181.

INITIALE*	MÉDIANE*	DEVANT E FINAL*	FINALE*
tabac	*atavisme*	*acolyte*	*accessit*
table	*atelier*	*aromate*	*août*
technique	*atonal*	*culbute*	*azimut*
téléphone	*butoir*	*dispute*	*bit*
terrain	*étanche*	*faillite*	*but*
tissu	*étymologie*	*gargote*	*coït*
trésor	*italique*	*note*	*déficit*
type	*itinéraire*	*otite*	*granit*
tzigane	*otage*	*pelote*	*mat*
	utopie	*savate*	*mazout*
		strate	*scorbut*
			scout
			transit

Le *t* en position finale est souvent associé à une autre consonne (*c, p* ou *s*).

abject	*compost*	*direct*	*impact*	*rapt*	*transept*
abrupt	*concept*	*distinct*	*intact*	*strict*	*trust*
ballast	*contact*	*est*	*intellect*	*test*	
compact	*correct*	*exact*	*ouest*	*toast*	

REM Le *t* final est très fréquemment muet.

agent	*debout*	*exempt*	*il mangeait*	*odorat*	*respect*
aspect	*écart*	*filet*	*irrespect*	*prompt*	*succinct*

⟶ aussi adverbes en -*ment*, paragraphes 76 à 122.

116 *tt* comme omele*tt*e

La graphie complexe *tt* transcrit aussi le son [t]. Elle se trouve généralement entre deux voyelles.

INITIALE	MÉDIANE		DEVANT E FINAL		FINALE
.	*acquittement*	*flatterie*	*assiette*	*crotte*	.
.	*attachant*	*flottaison*	*baguette*	*cueillette*	.
.	*attaque*	*guetteur*	*banquette*	*culotte*	.
.	*atteinte*	*guttural*	*biscotte*	*flotte*	.
.	*attente*	*lettre*	*butte*	*galette*	.
.	*attitude*	*littéral*	*carotte*	*natte*	.
.	*attraction*	*lutteur*	*chatte*	*omelette*	.
.	*attribut*	*netteté*	*clarinette*	*toilette*	.
.	*ballottage*	*nettoyage*			.
.	*buttoir*	*pittoresque*			.
.	*confetti*	*quittance*			.
.	*égouttoir*	*sottise*			.

⚠ *watt* (finale).

117 *th* comme *th*on

La graphie *th* est souvent l'indice d'un mot d'origine grecque où apparaissait la lettre θ (thêta). Elle peut se trouver à l'initiale, en position médiane, plus rarement en finale.

INITIALE	MÉDIANE	FINALE
thalamus	*antipathie*	*bismuth*
thalassothérapie	*arithmétique*	*luth*
théâtre	*arthrite*	*math(s)*
thème	*athée*	*zénith*
théologie	*authentique*	
théorème	*esthétique*	
théorie	*kinésithérapie*	
thérapeute	*mathématique*	
thermal	*méthode*	
thermique	*mythique*	
thermomètre	*mythologie*	
thèse	*orthographe*	
thorax	*synthétique*	
thym		
thymus		
thyroïde		

118 *d* comme *d*orer

En ce qui concerne le son [d], la graphie *d* est de très loin la plus fréquente. Elle apparaît en toutes positions mais elle est relativement rare en finale absolue (*stand*). Le plus souvent, dans ce cas, elle est suivie d'un *e muet* (*aide*...).

INITIALE		MÉDIANE	DEVANT E FINAL	FINALE
danse	*distraction*	*attendre*	*acide*	*barmaid*
dater	*doigt*	*gladiateur*	*aide*	*caïd*
débit	*don*	*moderne*	*ambassade*	*celluloïd*
débuter	*dormir*	*ordonnance*	*bipède*	*fjord*
découper	*dresser*	*producteur*	*cascade*	*lad*
demander	*droite*	*radio*	*cupide*	*raid*
dictée	*dupliquer*	*ridicule*	*glande*	*rhodoïd*
		studieux	*humide*	*stand*
		troubadour	*raide*	*tweed*
		verdoyant	*valide*	
		vidéo		
		vider		

REM On rencontre aussi la graphie *d* à la fin de certains noms propres d'origine étrangère : *Bagdad, Conrad, Mohamed, Carlsbad*...

119 *dd* ou *ddh* comme pu*dd*ing ou Bou*ddh*a

La graphie *dd* est rare en français.

addition	*additif*	*paddock*
addenda	*adduction*	*pudding*
additionner	*haddock*	*reddition*

Le son [d] s'écrit *ddh* uniquement dans quelques mots d'origine étrangère.

Bouddha	*bouddhisme*

120 Tableau des graphies du son [t]

Le [t] de *tante*	INITIALE	MÉDIANE	DEVANT E FINAL	FINALE
t	*tabac*	*otage*	*hâte*	*granit*
tt	.	*attente*	*chatte*	.
th	*thème*	*athée*	.	*zénith*

121 Tableau des graphies du son [d]

Le [d] de *dodu*	INITIALE	MÉDIANE	DEVANT E FINAL	FINALE
d	*dans*	*radeau*	*soude*	*polaroïd*
dd	.	*addition*	.	.
ddh	.	*Bouddha*	.	.

LES RÉGULARITÉS*

122 Les mots en *-t*

On trouve un grand nombre de noms masculins ayant un *t* muet en finale, ainsi que des adjectifs et des adverbes. Les mots de la même famille peuvent être utiles pour détecter la présence d'un *t* muet.

achat → *acheter*
adroit → *adroite*
affront → *affronter*
amont → *monter*
argot → *argotique*
candidat → *candidature*
chahut → *chahuter*
circuit → *court-circuiter*
climat → *climatisation*
complot → *comploter*
conflit → *conflictuel*
crédit → *créditer, créditeur*
débit → *débiter, débiteur*
début → *débuter*
défaut → *défectueux*
égout → *égoutter*
emprunt → *emprunter*
exploit → *exploiter*
format → *formation*
front → *frontal*
institut → *institution*
lauréat → *lauréate*
lit → *literie*
magistrat → *magistrature*
nuit → *nocturne*
plat → *plate*
profit → *profiter*
rabot → *raboter*
saut → *sauter*
toit → *toiture*
tout → *toute*
tricot → *tricoter*

Lorsque les mots de la même famille ou la forme du féminin ne donnent pas d'indication, il faut se reporter au dictionnaire.

REM
– La *nuit*, la *mort* sont des noms féminins terminés par *t*.
– Tous les adverbes en *-ment*, les participes présents, les gérondifs sont terminés par *t* : *assurément, carrément, couramment, mangeant, plaçant, en riant, en réfléchissant*…

123 Les mots en -*d*

Bien que ce soit moins fréquent, on trouve cependant un *d* muet en finale, aussi bien après une voyelle qu'après les consonnes *n* et *r*.

voyelle + d	*nd*	*rd*	
crapaud	*bond*	*accord*	*hasard*
nid	*différend*	*bord*	*lézard*
nœud	*friand*	*brouillard*	*lourd*
pied	*gond*	*canard*	*record*
réchaud		*dossard*	*sourd*
		épinard	*standard*

Il est également possible, dans ce cas, d'avoir recours à un mot de la même famille pour s'assurer de la présence du *d* muet final.

accord → *accorder*
bond → *bondir*
hasard → *hasarder*
nid → *nidation*

ÉCRIRE *f* *filet*

LES DIFFÉRENTES GRAPHIES

124 *f* comme gau*f*re

La graphie simple *f* peut se trouver en toutes positions.

INITIALE*	MÉDIANE*	DEVANT E FINAL*	FINALE*
fantassin	*africain*	*agrafe*	*apéritif*
fantastique	*balafre*	*carafe*	*bœuf*
fantôme	*défaite*	*esbroufe*	*chef*
farine	*défunt*	*girafe*	*massif*
félin	*gaufre*	*parafe*	*neuf*
femme	*gifle*		*œuf*
fifre	*infâme*		*relief*
filtre	*plafond*		*soif*
fin	*profond*		*tarif*
fou	*rafle*		*veuf*

REM La graphie *f* apparaît à la fin des nombreux adjectifs en -*tif* : *auditif, définitif, fugitif, positif*…

125 *ff* comme tru*ff*e

La graphie double *ff* n'apparaît jamais à l'initiale, et très rarement en finale (dans quelques mots d'origine anglaise ou allemande).

INITIALE	MÉDIANE		DEVANT E FINAL		FINALE
.	*affaire*	*diffus*	*bouffe*	*gaffe*	*bluff*
.	*affection*	*effacement*	*chauffe*	*griffe*	*skiff*
.	*affluent*	*effet*	*coiffe*	*touffe*	*staff*
.	*affreux*	*effort*	*étoffe*	*truffe*	
.	*affût*	*gouffre*			
.	*buffle*	*offense*			
.	*chauffage*	*office*			
.	*chiffon*	*souffle*			
.	*chiffre*	*souffrance*			
.	*coffre*	*suffisant*			

REM On peut écrire *skif* ou *skiff*.

126 *ph* comme am*ph*ore

La graphie *ph* provient de l'alphabet grec, et apparaît dans de nombreux mots d'origine savante. ⟶ Racines grecques et latines, paragraphe 382.

INITIALE	MÉDIANE	DEVANT E FINAL	FINALE
phalange	*amphibie*	*amorphe*	.
pharmacie	*amphore*	*apocryphe*	.
phase	*aphone*	*catastrophe*	.
phénomène	*bibliographie*	*géographe*	.
philanthrope	*doryphore*	*orthographe*	.
philatélie	*emphase*	*paragraphe*	.
philosophie	*morphologie*	*paraphe*	.
phonétique	*ophtalmie*	*strophe*	.
phrase	*siphon*	*triomphe*	.
physique	*typhon*		.

REM On admet deux orthographes : *fantasme* ou *phantasme*, *parafe* ou *paraphe*.

127 Tableau des graphies du son [f]

Le [f] de *faim*	INITIALE	MÉDIANE	DEVANT E FINAL	FINALE
f	*fantassin*	*profond*	*agrafe*	*œuf*
ff	.	*affaire*	*étoffe*	*bluff*
ph	*pharmacie*	*aphone*	*triomphe*	.

LES RÉGULARITÉS*

128 *aff* au début des mots

Tous les mots qui commencent par le son [af] s'écrivent *aff*.

affamer
affectation
afficher
affluer
affront
affût

⚠ *afghan*
afin
aflatoxine (vocabulaire spécialisé)
afocal (vocabulaire spécialisé)
Afrique (et les mots de la même famille)

129 *eff* au début des mots

Tous les mots qui commencent par le son [ef] s'écrivent *eff*.

effacer
effet
effilé
efflanqué
effleurer
effrayer

⚠ *éfaufiler* (rare), *éfrit*.

130 *off* au début des mots

Tous les mots qui commencent par le son [of] s'écrivent *off*.

offense
officiel
offrir
offset

ÉCRIRE *g* *régal*

LES DIFFÉRENTES GRAPHIES

131 *g* comme *glace*

Le son [g] peut s'écrire avec la seule lettre *g* devant *a, o, u, l, r.*

INITIALE*	MÉDIANE*	FINALE*
gadget	*agrandir*	*camping*
gai	*agrégat*	*caravaning*
galop	*agrégé*	*gag*
ganglion	*agression*	*gang*
garage	*agrume*	*gong*
glace	*bagage*	*grog*
glaive	*bagarre*	*iceberg*
glu	*cargo*	*legs*
goal	*congrès*	*parking*
gond	*dégoûter*	*ping-pong*
goût	*lagon*	*smog*
gouverner	*légume*	*zigzag*
gras	*magot*	
grave	*onglet*	
grotte	*ragoût*	
guttural	*régal*	
	règlement	
	régulier	

REM On rencontre aussi *g* devant *m* ou *n* dans quelques mots.

augmenter
diagnostic
magma
segment
stagner

Le son [g] ne s'écrit jamais *g* devant *e* ou *i*. Il s'écrit alors *gue, gui* : *guérir, guignol.*

132 *gu* comme fi*gu*e

La graphie complexe *gu* apparaît devant *e, ê, é, è, i, y*. Alors que *g* seul est rare en finale, on trouve fréquemment *-gue* dans cette position. Le *e* est alors rarement prononcé : *bague* [bag], *algue* [alg].

INITIALE		MÉDIANE	DEVANT E FINAL*	FINALE
gué	*gui*	*aiguiser*	*analogue*	.
guenille	*guichet*	*baguette*	*bègue*	.
guépard	*guide*	*figuier*	*dingue*	.
guêpe	*guidon*		*drague*	.
guère	*guignol*		*drogue*	.
guérilla	*guimbarde*		*fatigue*	.
guérison	*guingois*		*figue*	.
guerre	*guirlande*		*langue*	.
gueule	*guise*		*ligue*	.
gueux	*guitare*		*seringue*	.
			sociologue	.
			vague	.

133 *gg* comme jo*gg*ing

La graphie double *gg* est fort rare.

agglomération (et les mots de la même famille)
agglutiné (et les mots de la même famille)
aggravation (et les mots de la même famille)
buggy (origine anglaise, prononcé [bygi] ou [bœgi])

134 *gh* comme spa*gh*etti

Dans quelques mots d'origine étrangère, on rencontre la graphie *gh*.

ghesha ou geisha (japonais)
ghetto (italien)
spaghetti (italien)

135 *c* comme se*c*ond

Dans certains mots, il arrive que le *c* se prononce [g].

eczéma
second
secondaire

136 Tableau des graphies du son [g]

Le [g] de *gant*	INITIALE	MÉDIANE	DEVANT E FINAL	FINALE
g	*gai*	*agrandir*	.	*gag*
gu	*gué*	*aiguiser*	*vague*	.
gg	.	*aggraver*	.	.
gh	*ghetto*	*spaghetti*	.	.
c	.	*second*	.	.

LES RÉGULARITÉS*

137 Le féminin des adjectifs terminés par -*gu*

Les adjectifs terminés par -*gu* au masculin s'écrivent *guë* au féminin.
La présence du tréma (¨) empêche la fusion de *gu* et *e* en *gue*.

aigu → *aiguë*
ambigu → *ambiguë*
contigu → *contiguë*
exigu → *exiguë*

138 Les participes présents en -*guant* et les adjectifs verbaux en -*gant*

Les adjectifs verbaux sont des participes présents employés comme adjectifs, mais leur orthographe peut différer. Ainsi, les verbes en -*guer* ont des participes présents en -*guant* et des adjectifs verbaux en -*gant*.

PARTICIPE PRÉSENT	ADJECTIF VERBAL
extravaguant	*extravagant*
fatiguant	*fatigant*
naviguant	*navigant*

ÉCRIRE *gn* *agneau*

LES DIFFÉRENTES GRAPHIES

139 *gn* comme champi*gn*on

Cette graphie n'apparaît que rarement à l'initiale et jamais en finale. C'est en position médiane qu'on la rencontre le plus souvent. Devant *e muet* final, seule cette graphie *gn* peut transcrire le son [ɲ].

INITIALE*	MÉDIANE*		DEVANT E FINAL*	FINALE*
gnangnan	*agneau*	*égratignure*	*campagne*	.
gnocchi	*araignée*	*espagnol*	*champagne*	.
gnon	*assignable*	*gagnant*	*compagne*	.
	baigneur	*montagnard*	*montagne*	.
	campagnard	*poignée*	*pagne*	.
	champignon	*rognure*		.
	cognac	*seigneur*		.
	compagnie	*signal*		.
	compagnon	*vignoble*		.
	dédaigneux			.

⚠ Le son [ɲ] s'écrit *gni* dans *châtaignier*.

REM

– À cette liste, il faut ajouter la conjugaison :

- des verbes en *-gner*
  j'accompagne
  nous accompagnions
  ils ont accompagné
- des verbes en *-eindre*
  ils feignirent
  feignant
- des verbes en *-aindre*
  vous craignez
  craignant
- des verbes en *-oindre*
  nous joignions
  vous joignez
  joignant

– On rencontre également la graphie *gn* dans certains noms propres : *Perpignan*, *Espagne*.

140 *ni* comme bana*ni*er

Cette graphie n'apparaît que rarement à l'initiale et jamais en finale. C'est en position médiane qu'on la rencontre le plus souvent.

INITIALE	MÉDIANE				FINALE
niais	*aluminium*	*colonial*	*harmonieux*	*opiniâtre*	.
nièce	*ammoniac*	*communiant*	*inconvénient*	*opinion*	.
nielle	*arménien*	*dernière*	*magasinier*	*panier*	.
	bananier	*douanier*	*manioc*	*pécuniaire*	.
	bannière	*grenier*	*millionième*	*réunion*	.

REM À cette liste, il faut ajouter la conjugaison des verbes en -*nier* (*communier*) : *ils communiaient, j'ai communié...*

141 Tableau des graphies du son [ɲ]

Le [ɲ] de *montagne*	INITIALE	MÉDIANE	DEVANT E FINAL	FINALE
gn	*gnon*	*araignée*	*champagne*	.
ni	*nièce*	*opinion*	.	.

ÉCRIRE j *jambon*

LES DIFFÉRENTES GRAPHIES

142 *j* comme *j*us

Le son [ʒ] peut être écrit *j* devant toutes les voyelles. On trouve néanmoins rarement *j* devant *i*.

INITIALE*			MÉDIANE*			FINALE*
jade	*japonais*	*jeune*	*abject*	*conjonction*	*injure*	.
jadis	*jaune*	*jockey*	*adjectif*	*conjuration*	*objet*	.
jaloux	*jésuite*	*joie*	*adjoint*	*enjeu*	*sujet*	.
jambon	*jeu*	*jurer*	*bijou*	*injection*		.

REM – Dans la plupart des mots d'origine anglaise, *j* se prononce souvent [dʒ].

jack	*jean*	*jerk*	*jingle*	*jumping*
jazz	*jeep*	*jet*	*jogging*	

– La consonne *g* se prononce [dʒ] dans *gin*.

– La double consonne *gg* se prononce [gʒ] : *suggestif, suggestion, suggestivité.*

143 *g* comme fran*g*ipane

Le son [ʒ] peut s'écrire *g* devant *e*, *i* et *y*. Cette graphie est aussi employée pour transcrire le son [ʒ] que la graphie *j*.

INITIALE	MÉDIANE		DEVANT E FINAL*		FINALE
géant	*aborigène*	*indigène*	*arpège*	*manège*	.
gendarme	*angine*	*misogyne*	*badinage*	*personnage*	.
gêne	*aubergine*	*origine*	*beige*	*piège*	.
gentil	*engelure*	*oxygène*	*carnage*	*prestige*	.
gibet	*frangine*	*pathogène*	*chasse-neige*	*privilège*	.
gibier	*hétérogène*	*sans-gêne*	*collège*	*siège*	.
gifle	*homogène*	*surgeler*	*cortège*	*solfège*	.
gigot	*hydrogène*		*dépannage*	*stratège*	.
gilet			*espionnage*	*tige*	.
gitan			*lainage*	*vertige*	.
gîte			*litige*	*voisinage*	.
givre					.

144 *ge* comme estur*ge*on

Pour obtenir le son [ʒ] devant les voyelles *a*, *o*, *u*, la lettre *g* doit être suivie de *e*.

INITIALE	MÉDIANE				FINALE
geai	*bougeoir*	*esturgeon*	*geôle*	*plongeon*	.
geôlier	*bourgeon*	*gageure*	*pigeon*		.

145 Tableau des graphies du son [ʒ]

Le [ʒ] de *jeu*	INITIALE	MÉDIANE	DEVANT E FINAL	FINALE
j	*jade*	*objet*	.	.
g	*géant*	*origine*	*âge*	.
ge	*geai*	*pigeon*	.	.

LES RÉGULARITÉS*

146 Les participes présents en *-geant* et les adjectifs verbaux en *-gent*

Les participes présents des verbes en *-ger* se terminent par *-geant* ; les adjectifs verbaux (participes présents employés comme adjectifs) se terminent par *-gent*.

PARTICIPE PRÉSENT	ADJECTIF VERBAL
convergeant	*convergent*
divergeant	*divergent*
négligeant	*négligent*

ÉCRIRE C *cacao*

son [ks] ⟶ paragraphes 184.

LES DIFFÉRENTES GRAPHIES

147 *c* comme *c*arotte

Le son [k] s'écrit *c* en toutes positions.

INITIALE*	MÉDIANE*	FINALE*
cabine	*acabit*	*avec*
cacao	*acacia*	*chic*
cadeau	*acajou*	*choc*
capitale	*acoustique*	*fisc*
coca	*bicorne*	*foc*
colère	*écorce*	*lac*
combat	*oculaire*	*pic*
cube	*sacoche*	*plastic*
culotte	*vacarme*	*trafic*

REM Le son [k] ne s'écrit jamais *c* devant *e* et *i*. Il peut s'écrire *qu* ou *cu* : *quelqu'un*, *cueillir*.

148 *qu* comme *qu*alité

Très fréquemment, le son [k] s'écrit *qu*.

INITIALE	MÉDIANE	DEVANT E FINAL*	FINALE
quai	*antiquaire*	*bibliothèque*	.
qualité	*attaquant*	*coque*	.
quand	*briquet*	*discothèque*	.
quelque	*délinquant*	*disque*	.
question	*mousquetaire*	*évêque*	.
qui	*paquet*	*laque*	.
quoi	*piquant*	*phoque*	.
quotidien	*remarquable*	*pique*	.
quotient	*trafiquant*	*plastique*	.

REM La lettre *q* est toujours suivie de *u*, sauf en finale : *cinq*, *coq*.

149 *cc* comme su*cc*ursale

La double consonne *cc* n'apparaît qu'à l'intérieur des mots. Elle peut être suivie de *a*, *o*, *u*, *l*, *r*.

accablement
accord
accrocher
baccalauréat
occasion
occlusive
saccade
succursale

REM Les graphies *cce* et *cci* se prononcent [ksə] et [ksi].

accent
accès
coccinelle
succédané
succès
succinct
succion
vaccin

150 *k* comme mo*k*a

On trouve la lettre *k* dans un nombre restreint de mots d'origine étrangère.

INITIALE		MÉDIANE	FINALE
kaki	*kilo*	*ankylose*	*anorak*
kangourou	*kimono*	*moka*	*batik*
képi	*kiosque*		*look*
kermesse	*kyste*		*souk*

151 *ch* comme or*ch*idée

La graphie *ch* est souvent l'indice de l'origine étrangère d'un mot (grecque le plus souvent).

INITIALE		MÉDIANE	FINALE
chaos	*chorale*	*archange*	*krach* (allemand)
chlore	*chrome*	*écho*	*loch* (écossais)
choléra	*chrysalide*	*orchestre*	*mach* (autrichien)
cholestérol	*chrysanthème*	*orchidée*	
		psychiatre	

152 *cqu* ou *cch* comme a*cqu*itter ou ba*cch*anale

Ce sont des graphies très rares.

cqu

acquérir (et les mots de la même famille :
acquisition, acquis)
acquêt
acquitter (et les mots de la même famille :
acquittement, acquit…)
becqueter
grecque
jacquard
socquette

cch

bacchanale
bacchante

153 *ck* comme bifte*ck*

Le groupe *ck* caractérise des mots d'origine étrangère, souvent anglaise, mais aussi russe, allemande, suédoise, asiatique…

INITIALE	MÉDIANE	FINALE
.	*cocker*	*bifteck*
.	*cockpit*	*bock* (allemand)
.	*cocktail*	*brick* (arabe)
.	*jockey*	*kopeck* (russe)
.	*nickel* (suédois)	*stick*
.	*teckel* (allemand)	*stock*
.	*ticket*	*teck* (malabar)

154 Tableau des graphies du son [k]

Le [k] de *kaki*	INITIALE	MÉDIANE	DEVANT E FINAL	FINALE
c	*cabine*	*sacoche*	.	*lac*
cc	.	*occasion*	.	.
qu	*quand*	*briquet*	*coque*	.
k	*kilo*	*moka*	.	*anorak*
ch	*cholestérol*	*archange*	.	*krach*
cqu	.	*becqueter*	.	.
ck	.	*cocktail*	.	*brick*

155 *acc* ou *ac* au début des mots

Les mots qui commencent par les sons [ak] ou [aks] s'écrivent souvent *acc*.

accabler	*accessible*	*accommoder*	*accoutumance*
accalmie	*accession*	*accompagner*	*accoutumer*
accaparer	*accessit*	*accompli*	*accroc*
accastillage	*accessoire*	*accord*	*accroire*
accélérer	*accident*	*accort*	*accroître*
accent	*acclamation*	*accostage*	*accroupi*
accepter	*acclimatation*	*accoster*	*accueil*
acception	*accointance*	*accouchement*	*accumuler*
accès	*accolade*	*accoudoir*	*accuser*

⚠ Il y a un certain nombre d'exceptions. En voici quelques-unes :

acabit	*acompte*
acacia	*acoustique*
académie	*acre*
acajou	*acrimonie*
acanthe	*acrobate*
acariâtre	*acuité*
acolyte	*acuponcture*

156 *occ* ou *oc* au début des mots

Le plus souvent, les mots qui commencent par les sons [ɔk] ou [ɔks] s'écrivent *occ*.

occasion (et les mots de la même famille)
occident (et les mots de la même famille)
occipital
occiput
occitan
occlusion (et les mots de la même famille)
occulter (et les mots de la même famille)
occuper (et les mots de la même famille)
occurrence (et les mots de la même famille)

⚠ *ocarina*
*octave (*et les mots de la famille de huit *: octobre, octet, octane, octogénaire…)*
octroi
*oculaire (*et les mots de la famille d'œil *: oculiste, oculus, ocularisté…)*

157 *ec* ou *ecc* au début des mots

La plupart des mots qui commencent par le son [ek] s'écrivent *ec*.

écaille
écarlate
écarquiller
écarter

⚠ *ecchymose, ecclésiastique.*

158 Les participes présents en *-quant* et les adjectifs verbaux en *-cant*

Les adjectifs verbaux sont des participes présents employés comme adjectifs ; toutefois leur orthographe peut être différente. Ainsi, les verbes en *-quer* ont des participes présents en *-quant* et des adjectifs verbaux en *-cant*.

PARTICIPE PRÉSENT	ADJECTIF VERBAL
communiquant	*communicant*
provoquant	*provocant*
suffoquant	*suffocant*
vaquant	*vacant*

REM Il faut ajouter à cette liste le verbe *convaincre* : *convainquant, convaincant.*

ÉCRIRE 1 *lait*

LES DIFFÉRENTES GRAPHIES

159 *l* comme o*l*ive

On trouve la graphie simple *l* en toutes positions.

INITIALE*		MÉDIANE*		DEVANT E FINAL*		FINALE*	
là-bas	*légal*	*balai*	*olive*	*alvéole*	*pétale*	*alcool*	*cumul*
laine	*léger*	*coloris*	*palier*	*cymbale*	*rafale*	*bol*	*égal*
lait	*lettre*	*couleur*	*palissade*	*domicile*	*stérile*	*calcul*	*journal*
langage	*liberté*	*douleur*	*pelure*	*fiole*	*timbale*	*cil*	*naturel*
langue	*lieu*	*hélas*	*relation*	*fossile*	*ustensile*	*civil*	*pluriel*
lecture	*ligne*	*molaire*		*gaule*			

REM La consonne *l* ne se prononce pas à la fin de quelques mots : *fusil, gentil, outil.*

160 *ll* comme co*ll*ation

La graphie double *ll* n'apparaît qu'à l'intérieur des mots et en finale, dans de rares mots d'origine étrangère.

INITIALE	MÉDIANE		DEVANT E FINAL		FINALE
.	*alliance*	*colloque*	*balle*	*malle*	*atoll*
.	*allitération*	*fallacieux*	*bulle*	*pupille (de*	*basket-ball*
.	*allô !*	*pellicule*	*colle*	*la nation)*	*football*
.	*belliqueux*	*pollution*	*corolle*	*stalle*	*hall*
.	*cellier*	*sollicitation*	*dalle*	*tranquille*	*music-hall*
.	*cellule*	*tellurique*	*halle*	*vaudeville*	*pull*
.	*collation*		*idylle*	*ville*	*troll*
.			*intervalle*		*volley-ball*

REM – La graphie *ll* est très rare à l'initiale : *lloyd* (origine galloise).
– La plupart des mots en *-ille* se prononcent [iʒ] : *ville*. Seuls quelques mots se prononcent [il] : *bacille, mille, tranquille, ville* ⟶ paragraphe 98.

161 Tableau des graphies du son [l]

Le [l] de *loup*	INITIALE	MÉDIANE	DEVANT E FINAL	FINALE
l	*lune*	*hélas*	*pétale*	*nul*
ll	*lloyd*	*alliance*	*folle*	*pull*

LES RÉGULARITÉS*

162 Les mots en *-ule* ou *-ul*

Presque tous les noms terminés par le son [yl] s'écrivent avec la graphie *ule*.

cellule
crépuscule
libellule
scrupule

⚠ *calcul, consul, recul*
bulle, tulle
pull

ÉCRIRE m et n *comestible, navet*

LES DIFFÉRENTES GRAPHIES

163 *m* comme *m*ystère

Le son [m] s'écrit *m* en toute position. Cependant, on rencontre rarement un *m* en finale absolue.

INITIALE*	MÉDIANE*	DEVANT E FINAL*	FINALE*
magasin	*amertume*	*axiome*	*album*
mai	*ami*	*brume*	*idem*
maillot	*coma*	*centime*	*islam*
main	*comestible*	*costume*	*item*
malheur	*comité*	*crime*	*macadam*
mélange	*émanation*	*drame*	*pogrom*
miracle	*hématie*	*écume*	*requiem*
modèle	*hémisphère*	*escrime*	*tandem*
musique	*image*	*madame*	*ultimatum*
mystère	*imitation*		
	séminaire		

164 *mm* comme po*mm*e

La consonne double *mm* est fréquente à l'intérieur des mots et devant un *e muet* final. Elle n'apparaît jamais à l'initiale, et rarement en finale.

INITIALE	MÉDIANE		DEVANT E FINAL	FINALE
.	*commandement*	*hammam*	*bonhomme*	.
.	*commentaire*	*immanence*	*dilemme*	.
.	*commère*	*immédiat*	*gemme*	.
.	*commis*	*immergé*	*gentilhomme*	.
.	*commissaire*	*immeuble*	*gramme*	.
.	*commission*	*immigration*	*homme*	.
.	*commissure*	*immobile*	*pomme*	.
.	*commode*	*mammaire*	*prud'homme*	.
.	*dommage*	*mammifère*	*somme*	.
.	*emménagement*			.

REM Dans le mot *automne*, le *m* n'est pas prononcé, alors qu'on l'entend dans l'adjectif *automnal*.

165 *n* comme ba*n*a*n*e

Le son [n] s'écrit *n* en toute position, mais il est rare de le rencontrer en finale absolue.

INITIALE	MÉDIANE	DEVANT E FINAL	FINALE
nage	*anodin*	*angine*	*abdomen*
naïf	*anomalie*	*arcane*	*amen*
naissance	*banal*	*avoine*	*dolmen*
nappe	*canal*	*cabine*	*epsilon*
natif	*énergie*	*carbone*	*foehn*
néant	*énormité*	*douane*	*hymen*
négociant	*finance*	*fortune*	*omicron*
neuf	*romanesque*	*prune*	*spécimen*
nid	*volcanique*	*trombone*	*upsilon*
nouveau	*zénith*	*zone*	

166 *nn* comme ma*nn*e

La consonne double *nn* est fréquente à l'intérieur des mots et devant un *e muet* final. Elle n'apparaît jamais à l'initiale, ni en finale.

INITIALE	MÉDIANE		DEVANT E FINAL	FINALE
.	*abonnement*	*connivence*	*antenne*	.
.	*anneau*	*ennemi*	*antienne*	.
.	*année*	*fennec*	*bonne*	.
.	*annexe*	*finnois*	*canne*	.
.	*anniversaire*	*honni*	*colonne*	.
.	*annonce*	*inné*	*donne*	.
.	*annulation*	*innocent*	*maldonne*	.
.	*bonnet*	*innombrable*	*panne*	.
.	*connaissance*	*mannequin*	*penne*	.
.	*connexion*	*tennis*		.

REM On ajoutera à cette liste les féminins des adjectifs et des noms en -*enne* (*parisienne*) et en -*onne* (*patronne*).

167 Tableau des graphies du son [m]

Le [m] de *main*	INITIALE	MÉDIANE	DEVANT E FINAL	FINALE
m	*mai*	*ami*	*rame*	*album*
mm	.	*commenter*	*gramme*	.

168 Tableau des graphies du son [n]

Le [n] de *navarin*	INITIALE	MÉDIANE	DEVANT E FINAL	FINALE
n	*naïf*	*animal*	*fortune*	*dolmen*
nn	.	*mannequin*	*antenne*	.

LES RÉGULARITÉS*

169 *m / mm, n / nn* dans les mots de la même famille

Dans certains mots de la même famille, on observe une alternance des deux graphies *m* ou *mm* et *n* ou *nn*.

m / mm

bonhomie – bonhomme
féminin – femme
homicide – homme
nomination – renommée

n / nn

cantonal – cantonnier
consonance – consonne
donation – donneur
honorable – honnête
honoraire – honneur
millionième – millionnaire
monétaire – monnaie
patronat – patronnesse
rationalité – rationnel
sonore – sonnerie

REM On admet *bonhommie.*

ÉCRIRE *r* *récolte*

LES DIFFÉRENTES GRAPHIES

170 *r* comme caviar

On trouve la graphie simple *r* en toutes positions.

INITIALE*	MÉDIANE*	DEVANT E FINAL*	FINALE*		
rabais	*béret*	*anaphore*	*amer*	*enfer*	*obscur*
racine	*carotte*	*augure*	*autour*	*essor*	*pair*
radio	*direct*	*avare*	*avatar*	*éther*	*plaisir*
rail	*féroce*	*bordure*	*azur*	*fémur*	*porter*
rang	*hérédité*	*carnivore*	*bar*	*fier*	*pourtour*
récit	*intérêt*	*empire*	*bazar*	*flair*	*quatuor*
récolte	*ironie*	*heure*	*butor*	*four*	*revolver*
risque	*parole*	*sourire*	*cancer*	*futur*	*saur*
rivage	*zéro*		*car*	*hangar*	*séjour*
roue			*castor*	*hier*	*soupir*
rue			*cauchemar*	*hiver*	*stentor*
rythme			*caviar*	*impair*	*sur*
			chair	*labour*	*sûr*
			cher	*loisir*	*tambour*
			clair	*major*	*ténor*
			contour	*mer*	*tir*
			corridor	*millibar*	*toréador*
			décor	*mur*	*trésor*
			désir	*mûr*	*vair*
			détour	*nectar*	*vautour*
			éclair	*nénuphar*	*ver*

Pour les mots en *-re*, *-aire*, *-oire* ⟶ paragraphes 221 et 222.

171 *rr* comme beu*rr*e

La graphie *rr* apparaît à l'intérieur des mots et devant un *e muet* final.

INITIALE	MÉDIANE		DEVANT E FINAL	FINALE
.	*amarrage*	*fourrure*	*amarre*	.
.	*arrangement*	*horrible*	*bagarre*	.
.	*arrière*	*irrespect*	*beurre*	.
.	*arrosoir*	*irritable*	*bizarre*	.
.	*carrière*	*lorrain*	*bourre*	.
.	*correct*	*narration*	*escarre*	.
.	*corrélatif*	*perruche*	*leurre*	.
.	*corrida*	*sierra*	*serre*	.
.	*débarras*	*surrénal*	*tintamarre*	.
.	*derrière*	*terrible*		.
.	*embarras*	*torrent*		.
.	*erreur*	*torride*		.
.	*ferraille*	*verrou*		.
.	*fourré*			.

172 *rh* ou *rrh* comme *rh*ubarbe ou ci*rrh*ose

Les graphies *rh* et *rrh*, fort rares, apparaissent dans des mots d'origine grecque.

INITIALE		MÉDIANE	DEVANT E FINAL	FINALE
rhapsodie	*rhizome*	*cirrhose*	*catarrhe*	.
rhénan	*rhodanien*			.
rhéostat	*rhododendron*			.
rhésus	*rhubarbe*			.
rhétorique	*rhum*			.
rhinite	*rhumatisme*			.
rhinocéros	*rhume*			.

173 Tableau des graphies du son [R]

Le [R] de *roue*	INITIALE	MÉDIANE	DEVANT E FINAL	FINALE
r	*radis*	*truite*	*carnivore*	*four*
rr	.	*fourré*	*beurre*	.
rh, rrh	*rhum*	*cirrhose*	*catarrhe*	.

LES RÉGULARITÉS*

174 Les mots en *-eur*

La majorité des noms (masculins ou féminins) terminés par le son [øʀ] s'écrivent *-eur*.

MASCULIN		FÉMININ	
ajusteur	*percepteur*	*fraîcheur*	*odeur*
assureur	*radiateur*	*frayeur*	*pesanteur*
auteur	*remorqueur*	*fureur*	*peur*
bonheur	*sauveur*	*grosseur*	*primeur*
compteur	*sculpteur*	*horreur*	*rigueur*
échangeur	*tailleur*	*lenteur*	*stupeur*
écouteur	*tourneur*	*lueur*	*vigueur*
malheur	*vecteur*		

⚠ – *Chœur, cœur, rancœur, sœur.*
– *Beurre, leurre, heure, demeure* et *prieure.*

Il existe également des adjectifs en *-eur* (*antérieur, majeur, mineur, postérieur, supérieur...*) ; leur féminin s'écrit en *-eure* (*antérieure, supérieure...*).
On consultera le *Bescherelle conjugaison* à propos des verbes en *-eurer*, *-eurrer* (*je pleure, il demeure, ils se leurrent*) ⟶ aussi le verbe *mourir* (*je meurs, qu'il meure*).

175 Les noms masculins en *-oir* et en *-oire*

La plupart des noms masculins terminés par le son [waʀ] s'écrivent *-oir*.

arrosoir	*espoir*
couloir	*miroir*
dépotoir	*peignoir*
entonnoir	*trottoir*

Attention cependant à la finale *-(t)oire*, qu'on trouve aussi pour des noms masculins. ⟶ paragraphes 221 et 222, consacrés au *e muet* final.

auditoire	*purgatoire*
conservatoire	*réfectoire*
laboratoire	*répertoire*
observatoire	*territoire*

176 Les mots en *-rd*, *-rt*, *-rs*

Un certain nombre de mots se terminent par *r* + *consonne muette* (que l'on n'entend pas).

rd	*rt*	*rs*
accord	*art*	*alors*
brouillard	*concert*	*discours*
lourd	*confort*	*divers*

Des mots de la même famille peuvent être utiles pour détecter la présence d'une lettre muette.

accord → *accorder*
art → *artiste*
concert → *concertiste*
confort → *confortable*
divers → *diversifier*
lourd → *alourdir*

ÉCRIRE S *saucisse*

LES DIFFÉRENTES GRAPHIES

177 *s* comme maï*s*

On rencontre *s* à l'initiale, en médiane, devant *e muet* final, après une consonne (*n, l, r, b*), ou en finale.

INITIALE*	MÉDIANE*	DEVANT E FINAL*	FINALE*	
salade	*absolu*	*bourse*	*bus*	*myosotis*
sale	*aseptique*	*course*	*cactus*	*oasis*
soleil	*boursier*	*dépense*	*campus*	*palmarès*
soupçon	*chanson*	*offense*	*contresens*	*processus*
sourd	*obstacle*	*panse*	*cosinus*	*pubis*
	parasol	*réponse*	*fœtus*	*sens*
	vraisemblable		*maïs*	*sinus*
			métis	*stimulus*

REM – *s* à la fin d'un mot se prononce toujours [s].
– *s* entre deux voyelles transcrit le son [z], sauf dans le cas de certains mots composés où *s* se prononce [s] (*parasol, polysémie*).

178 *ss* comme écrevi*ss*e

Le son [s] peut également s'écrire *ss*. On trouve cette graphie en position médiane, entre deux voyelles (*boisson*), mais rarement en finale.

INITIALE	MÉDIANE	DEVANT E FINAL			FINALE
.	*boisson*	*adresse*	*crevasse*	*impasse*	*gauss*
.	*esseulé*	*baisse*	*détresse*	*liasse*	*loess* (all.)
.	*essor*	*bécasse*	*écrevisse*	*pelisse*	*schlass* (all., ang.)
.	*issue*	*bonasse*	*encaisse*	*pousse*	*schuss* (all.)
.	*osseux*	*brasse*	*esquisse*	*russe*	*stress*
.	*tissu*	*brosse*	*fausse*	*saucisse*	
.		*brousse*	*gentillesse*	*secousse*	
.		*colosse*	*graisse*	*trousse*	

REM La graphie *sse* à la fin des mots alterne avec la graphie *ce* → paragraphe 179.

179 *c* ou *ç* comme vora*c*e ou gla*ç*on

On rencontre la graphie *c* devant les voyelles *e*, *i* et *y* et la graphie *ç* devant les voyelles *a*, *o*, *u*, à l'intérieur des mots uniquement.
Une seule exception : *ç*a.

- *c*

INITIALE	MÉDIANE	DEVANT E FINAL			FINALE
ceci	*concert*	*appendice*	*Grèce*	*pouce*	.
cédille	*farci*	*astuce*	*indice*	*précoce*	.
cigare	*merci*	*atroce*	*Lucrèce*	*préface*	.
cycle	*océan*	*audace*	*négoce*	*préjudice*	.
cygne	*social*	*bénéfice*	*nièce*	*puce*	.
cymbale		*caprice*	*notice*	*race*	.
		douce	*once*	*sagace*	.
		efficace	*pince*	*sauce*	.
		féroce	*ponce*	*vorace*	.

- *ç*

INITIALE	MÉDIANE			FINALE
ça	*façade*	*leçon*	*tronçon*	.
	façon	*maçon*		.

180 *sc* comme pi*sc*ine

Le son [s] peut également s'écrire *sc*, devant les voyelles *e*, *i* et *y*.

INITIALE		MÉDIANE		FINALE
scélérat	*science*	*adolescent*	*faisceau*	.
sceller	*scier*	*conscient*	*fascicule*	.
scène	*scinder*	*convalescent*	*irascible*	.
sceptique	*scintiller*	*descendance*	*piscine*	.
sceptre	*sciure*	*discipline*	*plébiscite*	.
sciatique	*scythe*			.

181 *t* comme démocra*t*ie

Le son [s] peut également s'écrire *t*, devant la voyelle *i* uniquement.

INITIALE	MÉDIANE			FINALE
.	*action*	*confidentiel*	*inertie*	.
.	*argutie*	*démocratie*	*minutie*	.
.	*aristocratie*	*diplomatie*	*péripétie*	.
.	*attention*	*facétie*	*tertiaire*	.
.	*calvitie*	*idiotie*	*vénitien*	.

182 *cc*, *xc* ou *x* comme su*cc*ès, e*xc*ellent ou gala*x*ie

La combinaison [ks] peut s'écrire *cc*, *xc*, *x* et, rarement, *cs*.

cc	*xc*
accès	*excellent*
buccin	*excès*
succès	
succinct	
vaccin	

x	*cs*
apoplexie	*tocsin*
axe	
galaxie	
orthodoxie	
prophylaxie	
saxon	
vexant	

REM Le **x** se prononce [s] dans *dix* et *six*, s'ils ne sont pas suivis d'un mot.
Mais s'ils sont suivis d'un mot commençant par une voyelle, **x** se prononce [z].
dix enfants (prononcé [z])
six œufs (prononcé [z])

183 Tableau des graphies du son [s]

Le [s] de *seau*	INITIALE	MÉDIANE	DEVANT E FINAL	FINALE
s	*soleil*	*chanson*	*dépense*	*iris*
ss	.	*boisson*	*presse*	*schuss*
c	*cil*	*concert*	*délice*	.
ç	*ça*	*glaçon*	.	.
sc	*science*	*adolescent*	.	.
t	.	*portion*	.	.

184 Tableau des graphies du son [ks]

Le [ks] de *saxon*	INITIALE	MÉDIANE	FINALE
cc	.	*accès*	.
xc	.	*excellent*	.
x	.	*apoplexie*	.
cs	.	*tocsin*	.

185 *â* ou *as*, *ê* ou *es*, *î* ou *is*, *ô* ou *os* dans les mots d'une même famille

Certains mots appartenant à la même famille peuvent présenter une alternance de voyelle + accent circonflexe et de voyelle + *s*.
On peut ainsi rencontrer, dans une même famille de mots, des mots avec *â* (*bâton*) et des mots avec *as* (*bastonner*), avec *ê* (*ancêtre*) et *es* (*ancestral*), avec *î* (*épître*) et *is* (*épistolaire*), avec *ô* (*hôtel*) et *os* (*hostellerie*).
En voici quelques exemples :

arrêt – arrestation
bête – bestial
fenêtre – défenestration
fête – festivité
forêt – forestier
hôpital – hospitalité
tête – détester
vêtement – vestimentaire

REM – Cette alternance se traduit parfois par un changement de voyelle : *goût*, *gustatif*.
– L'accent circonflexe marque un *s* qui a disparu de la prononciation dans la plupart des cas. Le *s* est donc la trace de cet ancien état de la langue.

ÉCRIRE Z *rizière*

LES DIFFÉRENTES GRAPHIES

186 *z* comme lu*z*erne

Au son [z] correspond la graphie *z* en toutes positions.

INITIALE*	MÉDIANE*		DEVANT E FINAL*	FINALE*
zèbre	*alizé*	*dizaine*	*bronze*	*Berlioz*
zénith	*amazone*	*gazelle*	*douze*	*Booz*
zéro	*azote*	*gazon*	*gaze*	*Fez*
zone	*azur*	*horizon*	*onze*	*gaz*
zoo	*bazar*	*lézard*	*quatorze*	*Suez*
zoom	*bizarre*	*luzerne*	*quinze*	*raz*
	byzantin	*ozone*	*seize*	
	colza	*rizière*		

187 *s* comme rai*s*in

Le son [z] s'écrit *s* entre deux voyelles, en médiane ou devant *e muet* final.

INITIALE	MÉDIANE			DEVANT E FINAL	FINALE
.	*blasé*	*disette*	*raisin*	*bise*	.
.	*busard*	*musée*	*risible*	*buse*	.
.	*cousette*	*paysage*	*saison*	*ruse*	.
.	*cousin*	*poison*	*visage*		.

REM La graphie *s* est beaucoup plus employée pour transcrire le son [z] que la graphie *z*, mais on la rencontre essentiellement entre deux voyelles.

188 *x* comme di*x*ième

Le son [z] peut parfois être rendu par *x*, à l'intérieur des mots, ou devant des mots commençant par une voyelle.

deuxième *dix-huit* *dix-neuf* *dixième* *sixième*
deux hommes *dix ans*

REM La graphie *x* se prononce [z] dans *deux*, *six*, *dix* s'ils sont suivis d'un mot commençant par une voyelle.

189 *zz* comme pi*zz*a

La consonne double *zz* est très rare.

INITIALE	MÉDIANE		FINALE
.	*blizzard*	*pizza*	*jazz*
.	*grizzli*	*razzia*	
.	*lazzi*		

190 Tableau des graphies du son [z]

Le [z] de *zoo*	INITIALE	MÉDIANE	DEVANT E FINAL	FINALE
z	*zèbre*	*amazone*	*douze*	*gaz*
s	.	*raison*	*savoureuse*	.
x	.	*deuxième*	.	.
zz	.	*pizza*	.	*jazz*

LES RÉGULARITÉS*

191 Les mots en *-euse*

Il faut noter la grande fréquence d'apparition de cette graphie dans les féminins des noms et des adjectifs terminés par *-eux* et *-eur*.

eux / euse	*eur / euse*
amoureuse	*chanteuse*
belliqueuse	*moqueuse*
courageuse	*prometteuse*
heureuse	*trieuse*
juteuse	*trompeuse*
laiteuse	*vendeuse*
piteuse	
pulpeuse	

ÉCRIRE *tiaire* *tertiaire*

LES DIFFÉRENTES GRAPHIES

192 *ciaire* comme bénéfi*ciaire*

Le son complexe [sjɛʀ] peut s'écrire *ciaire* ; on le rencontre à la fin des mots.

bénéficiaire
fiduciaire
glaciaire
judiciaire

193 *cière* comme nourri*cière*

Le son complexe [sjɛʀ] peut s'écrire *cière* à la fin des mots.

épicière
financière
gibecière
glacière
mercière
nourricière
policière
romancière
saucière
sorcière
souricière
tenancière

⚠ Dans le mot *cierge*, le son [sjɛʀ] s'écrit *cier* et se trouve au début du mot.

194 *(s)sière* comme pâti*ssière*

Le son [sjɛʀ] peut s'écrire *(r)sière* ou *ssière*, à la fin des mots.

boursière
brassière
cache-poussière
caissière
glissière
pâtissière
poussière
traversière

195 *tiaire* comme ter*tiaire*

Le son [sjɛʀ] peut s'écrire *tiaire,* à la fin de quelques mots.

pénitentiaire
plénipotentiaire
rétiaire
tertiaire

REM La forme est identique au masculin et au féminin : *le système pénitentiaire, la condition pénitentiaire.*

196 Tableau des graphies du son [sjɛʀ]

Le [sjɛʀ] de *gibecière*	INITIALE*	MÉDIANE*	FINALE*
ciaire	.	.	*judiciaire*
cière	.	.	*saucière*
sière	.	.	*boursière*
ssière	.	.	*brassière*
tiaire	.	.	*tertiaire*

LES RÉGULARITÉS*

197 Les noms et les adjectifs en -*ciaire*

Le son [sjɛʀ] ne s'écrit jamais *ciaire* après les voyelles *é* et *e*.

On rencontre la graphie *ciaire* après les voyelles *a*, *i*, *u*, mais on rencontre aussi la graphie *ssière* dans ce cas.

ciaire	*ssière*
fiduciaire	*brassière*
glaciaire	*glissière*
judiciaire	

198 Les noms et adjectifs en -*tiaire*

Le son [sjɛʀ] ne s'écrit jamais *tiaire* après les voyelles *a*, *i*, *o*, *u*.

On rencontre la graphie *tiaire* seulement après *é*, *en*, *er*, mais on rencontre également la graphie *cière* dans ce cas.

tiaire	*cière*
rétiaire	*mercière*
pénitentiaire	
tertiaire	

ÉCRIRE *tiel* *providentiel*

LES DIFFÉRENTES GRAPHIES

199 *tiel* comme essen*tiel*

INITIALE*	MÉDIANE*	FINALE*			
.	.	*concurrentiel*	*essentiel*	*interstitiel*	*préférentiel*
.	.	*confidentiel*	*existentiel*	*partiel*	*présidentiel*
.	.	*démentiel*	*exponentiel*	*pestilentiel*	*providentiel*
.	.	*différentiel*	*fréquentiel*	*potentiel*	*séquentiel*

200 *ciel* comme logi*ciel*

Le son complexe [sjɛl] peut s'écrire *ciel*, à la fin des mots.

INITIALE	MÉDIANE	FINALE			
.	.	*ciel*	*didacticiel*	*logiciel*	*progiciel*
.	.	*actanciel*	*indiciel*	*ludiciel*	*superficiel*

201 Tableau des graphies du son [sjɛl]

Le [sjɛl] de *ciel*	INITIALE	MÉDIANE	FINALE
tiel	.	.	*confidentiel*
ciel	.	.	*logiciel*

LES RÉGULARITÉS*

202 Les mots en *-tiel*

Le son [sjɛl] s'écrit toujours *tiel* après *en*.

essentiel *potentiel* *présidentiel*

203 Les mots en *-ciel*

Le son [sjɛl] s'écrit toujours *ciel* après *i* et *an*.

circonstanciel *logiciel* *superficiel*

⚠ *interstitiel, substantiel.*

ÉCRIRE *tien* *martien*

LES DIFFÉRENTES GRAPHIES

204 *cien* comme batra*cien*

Le son [sjɛ̃] s'écrit le plus souvent *cien*.

INITIALE*	MÉDIANE*	FINALE*		
.	.	*académicien*	*mathématicien*	*platonicien*
.	.	*alsacien*	*mécanicien*	*politicien*
.	.	*ancien*	*métaphysicien*	*polytechnicien*
.	.	*batracien*	*milicien*	*praticien*
.	.	*cistercien*	*musicien*	*rhétoricien*
.	.	*dialecticien*	*opticien*	*statisticien*
.	.	*électricien*	*patricien*	*stoïcien*
.	.	*languedocien*	*pharmacien*	*technicien*
.	.	*logicien*	*phénicien*	*théoricien*
.	.	*magicien*	*physicien*	

205 *tien* comme véni*tien*

Le son [sjɛ̃] s'écrit *tien* à la fin de quelques adjectifs.

INITIALE	MÉDIANE	FINALE	
.	.	*capétien*	*martien*
.	.	*égyptien*	*tahitien*
.	.	*haïtien*	*vénitien*
.	.	*lilliputien*	

206 *(s)sien* comme paroi*ssien*

Le son [sjɛ̃] peut s'écrire *(s)sien* dans quelques mots.

(s)sien

parnassien
paroissien
prussien

sien

sien
métatarsien
tarsien

207 Tableau des graphies du son [sjɛ̃]

Le [sjɛ̃] de *musicien*	INITIALE	MÉDIANE	FINALE
cien	.	.	*alsacien*
tien	.	.	*égyptien*
ssien	.	.	*prussien*
sien	.	.	*tarsien*

LES RÉGULARITÉS*

208 Les adjectifs de nationalité en *-tien*

Les adjectifs en *-tien* sont issus de noms dont la racine comporte un *t*.

Capet → *capétien*
Égypte → *égyptien*
Haïti → *haïtien*
Lilliput → *lilliputien*
Tahiti → *tahitien*
Vénétie → *vénitien*

ÉCRIRE *tieux* *superstitieux*

LES DIFFÉRENTES GRAPHIES

209 *cieux* comme astu*cieux*

Le son complexe [sjø] s'écrit souvent *cieux*.

INITIALE*	MÉDIANE*	FINALE*			
.	.	*astucieux*	*délicieux*	*officieux*	*silencieux*
.	.	*audacieux*	*disgracieux*	*pernicieux*	*soucieux*
.	.	*avaricieux*	*judicieux*	*précieux*	*spacieux*
.	.	*cieux*	*licencieux*	*révérencieux*	*vicieux*
.	.	*consciencieux*	*malicieux*	*sentencieux*	

210 *tieux* comme facé*tieux*

Le son [sjø] peut aussi s'écrire *tieux*, le plus souvent dans des adjectifs.

INITIALE	MÉDIANE	FINALE		
.	.	*ambitieux*	*factieux*	*prétentieux*
.	.	*contentieux*	*infectieux*	*séditieux*
.	.	*facétieux*	*minutieux*	*superstitieux*

211 *ssieu*, *xieux* comme e*ssieu*, an*xieux*

Les graphies *ssieu*, *xieux* se rencontrent rarement.

ssieu	*ssieux*	*sieur*	*xieux*
essieu	*chassieux*	*monsieur*	*anxieux*

212 Tableau des graphies du son [sjø]

Le [sjø] de *audacieux*	INITIALE	MÉDIANE	FINALE
cieux	.	.	*astucieux*
tieux	.	.	*superstitieux*
ssieu	.	.	*essieu*
ssieux	.	.	*chassieux*
sieur	.	.	*monsieur*
xieux	.	.	*anxieux*

LES RÉGULARITÉS*

213 Les adjectifs en -*cieux*

La graphie *cieux* sert à former des adjectifs à partir de noms se terminant par -*ce* ou -*ci* (rare).

astuce → *astucieux*
audace → *audacieux*
avarice → *avaricieux*
conscience → *consciencieux*
délice → *délicieux*
disgrâce → *disgracieux*
espace → *spacieux*
licence → *licencieux*
malice → *malicieux*
office → *officieux*
révérence → *révérencieux*
sentence → *sentencieux*
silence → *silencieux*
souci → *soucieux*
vice → *vicieux*

Les autres adjectifs terminés par le son [sjø] s'écrivent en général *tieux*.

ÉCRIRE *tion* *alimentation*

LES DIFFÉRENTES GRAPHIES

214 *tion* comme por*tion*

Le son complexe [sjɔ̃] s'écrit *tion* à la fin des mots. Cette graphie *tion* est dix fois plus fréquente que *(s)sion*.

(a)tion	*(é)tion*	*(i)tion*
aération	*concrétion*	*addition*
alimentation	*discrétion*	*condition*
argumentation	*indiscrétion*	*position*
éducation	*sécrétion*	*punition*
explication		*supposition*
fondation		*tradition*
imagination		
libération		
ségrégation		

(u)tion	*(en)tion*	*(r)tion*
destitution	*attention*	*assertion*
diminution	*convention*	*désertion*
exécution	*intention*	*insertion*
locution	*mention*	*portion*
solution	*prétention*	*proportion*

215 *ssion* ou *sion* comme pa*ssion* ou émul*sion*

Le son [sjɔ̃] peut aussi s'écrire *sion*, après une consonne, ou *ssion*, après une voyelle.

- *ssion*

(a)ssion	*(e)ssion*	*(i)ssion*	*(u)ssion*
compassion	*agression*	*admission*	*concussion*
passion	*digression*	*commission*	*discussion*
	impression	*émission*	*percussion*
	obsession	*mission*	*répercussion*
	procession	*scission*	
	sécession	*soumission*	

- *sion*

(en)sion	*(r)sion*
ascension	*aversion*
dimension	*contorsion*
extension	*conversion*
pension	*excursion*
recension	*inversion*
tension	*version*

216 *xion* ou *cion* comme fle*xion* ou suspi*cion*

Le son [sjɔ̃] peut enfin s'écrire *xion* ou *cion(s)*, mais cela arrive beaucoup plus rarement.

xion

annexion
connexion
flexion
fluxion
inflexion
réflexion

cion

suspicion

À ces listes, il convient d'ajouter la première personne du pluriel des verbes en *-cier* : *nous remercions, nous apprécions…*

217 Tableau des graphies du son [sjɔ̃]

Le [sjɔ̃] de *attention*	INITIALE*	MÉDIANE*	FINALE*
tion	.	.	*proportion*
ssion	.	.	*impression*
sion	.	.	*pulsion*
xion	.	.	*réflexion*
cion	.	.	*suspicion*

218 Les noms en -*tion*

On écrit toujours *tion* pour transcrire le son [sjɔ̃] après *au*, *o* et après les consonnes *c* et *p*.

aution	*otion*	*ction*	*ption*
caution	*émotion*	*action*	*absorption*
précaution	*lotion*	*inaction*	*inscription*
	notion	*perfection*	*option*
		section	*perception*

219 Les noms en -*sion*

On écrit toujours *sion* pour transcrire le son [sjɔ̃] après la consonne *l*.

convulsion *émulsion* *expulsion* *pulsion*

LES RÉGULARITÉS*

220 Le *e muet* à la fin des noms féminins

- *ie*

C'est la finale *ie* qui fournit la plus grande quantité de noms féminins terminés par *e muet*.

accalmie	*autarcie*	*chiromancie*	*jalousie*	*panoplie*	*théorie*
aciérie	*autocratie*	*éclaircie*	*librairie*	*pénurie*	*toupie*
agonie	*autopsie*	*écurie*	*loterie*	*pharmacie*	*vigie*
allergie	*avanie*	*effigie*	*lubie*	*phobie*	*zizanie*
amnésie	*biopsie*	*euphorie*	*minutie*	*plaidoirie*	
apoplexie	*bougie*	*facétie*	*modestie*	*poulie*	
aporie	*bureaucratie*	*galaxie*	*névralgie*	*prairie*	
argutie	*calvitie*	*ineptie*	*nostalgie*	*superficie*	
asepsie	*catalepsie*	*inertie*	*ortie*	*tautologie*	

REM Seuls quelques noms féminins terminés par le son [i] ne s'écrivent pas *ie* : *brebis, fourmi, nuit, perdrix, souris.*

- *ée*

Le son [e] (et non [te] ou [tje]) s'écrit *ée* à la fin des noms féminins.

année *matinée* *pensée*

⚠ *clé* (ou *clef*).

REM Quelques noms masculins se terminent également par *ée* : *lycée, pygmée, scarabée.*

- *tée*

Les noms féminins terminés par le son [te] s'écrivent le plus souvent *té*.

longévité *précocité* *qualité* *spécialité*

Mais les noms féminins terminés par le son [te] et désignant un contenu s'écrivent *tée*.

brouettée
pelletée
portée

De même, les noms suivants : *dictée*, *jetée*, *montée*, *pâtée*, s'écrivent en *tée*.

- *ue*

Tous les noms féminins terminés par le son [y] s'écrivent *ue*.

avenue	*déconvenue*	*retenue*
berlue	*étendue*	*tenue*
bienvenue	*fondue*	*verrue*
cohue	*mue*	

- *aie, eue, oie, oue*

Les autres noms féminins terminés par une voyelle ont souvent un *e muet* final.

aie	*eue*	*oie*	*oue*
baie	*banlieue*	*courroie*	*bajoue*
craie	*lieue*	*joie*	*gadoue*
futaie	*queue*	*oie*	*houe*
ivraie		*proie*	*joue*
monnaie		*soie*	*moue*
pagaie		*voie*	*proue*
plaie			
raie			
roseraie			
sagaie			
taie			

221 Le *e muet* à la fin de noms masculins et féminins

Les noms terminés en *re* sont aussi bien féminins que masculins.

MASCULIN			FÉMININ	
anniversaire	*exutoire*	*lapidaire*	*baignoire*	*molaire*
auditoire	*faussaire*	*ovaire*	*balançoire*	*nageoire*
déboire	*grimoire*	*pourboire*	*échappatoire*	*préhistoire*
directoire	*interrogatoire*	*réfectoire*	*écritoire*	*victoire*
émissaire	*ivoire*	*salaire*		
estuaire	*laboratoire*	*territoire*		

222 Le *e muet* à la fin des adjectifs en *-oire* et en *-aire*

Les adjectifs terminés par *oire* et *aire* s'écrivent de la même façon, au masculin et au féminin.

un combat illusoire — *un essai nucléaire*
une défense illusoire — *une centrale nucléaire*

oire	*aire*
illusoire	*alimentaire*
libératoire	*anniversaire*
méritoire	*dentaire*
opératoire	*nucléaire*
ostentatoire	*pénitentiaire*
probatoire	*polaire*
provisoire	*solaire*
respiratoire	*volontaire*

223 Le *e muet* à la fin des noms en *-ure*

La plupart des noms en *-ure* (ou en *-ûre*) ont un *e muet* final, qu'ils soient masculins ou féminins.

(u)re

augure	*murmure*
aventure	*nervure*
bordure	*nourriture*
brûlure	*ordure*
capture	*parjure*
carbure	*pelure*
chlorure	*piqûre*
coiffure	*rognure*
engelure	*saumure*
épure	*sciure*
éraflure	*sculpture*
gerçure	*sinécure*
levure	*soudure*
mercure	*sulfure*
mesure	*tenture*

⚠ *azur, fémur, futur, mur.*

REM Il existe naturellement d'autres mots en *-re* : *carnivore, guitare, navire, dinosaure*… Mais on ne peut pas dégager de règles générales quant à leur orthographe.

224 Le *e muet* à l'intérieur des mots

On rencontre un *e muet* à l'intérieur de noms dérivés d'un verbe en -*ier*, en -*ouer*, en -*uer* et en -*yer*.

ier / ie	*ouer / oue*	*uer / ue*	*yer / ie*
balbutiement	*dénouement*	*dénuement*	*aboiement*
licenciement	*dévouement*	*éternuement*	*bégaiement*
ralliement	*engouement*	*remuement*	*déblaiement*
remerciement	*rouerie*	*tuerie*	*déploiement*
scierie			*paiement*
			rudoiement

De nombreuses formes verbales des verbes en -*ier*, -*ouer*, -*uer* et -*yer* présentent des *e muets* : *j'envoie, nous nierons, tu ne tueras pas, ils jouent...*

225 Les mots terminés obligatoirement par un *e muet*

Certains groupes de lettres ne peuvent apparaître en fin de mot qu'avec un *e muet* final.

-ble : aimable, possible, table.
-bre : arbre, octobre, sobre.
-che : affiche, fiche, moche, tache.
-cle : boucle, socle, spectacle.
-cre : âcre, ocre, nacre.
-dre : ordre, cèdre, cidre.
-gle : aigle, ongle, sigle.
-gre : ogre, pègre.
-gue : bague, figue, psychologue.
-phe : apocryphe, autographe, strophe.
-ple : ample, souple.
-pre : câpre, lèpre.
-que : brique, géométrique, phonothèque.
-rre : amarre, bagarre, beurre, bizarre, serre.
-tre : chapitre, huître, plâtre.

REM Précisons que, s'il semble raisonnable de parler de *e muet* en finale, il n'en reste pas moins vrai que, dans des domaines comme la poésie, le théâtre ou la chanson, ils peuvent fort bien être prononcés.

226 Le *e muet* final et le sens des mots

Dans de nombreux cas, le *e muet* final joue un rôle de « révélateur de consonne ». On pourra ainsi opposer phonétiquement :

chant – chante *frais – fraise* *rein – reine*

Le *e muet* final est également la marque du féminin des adjectifs **→ paragraphe 257.**

japonais → japonaise *premier → première*

227 Le *e muet* et la prononciation des mots

La présence d'un *e muet* final peut entraîner une prononciation différente de la consonne.

fac – face *lac – lace*
suc – suce *trac – trace*

⟶ les finales en *-ge* : *barrage, garage, page, virage*, paragraphe 143.

En revanche, on ne prononce pas toujours le *e muet* en position médiane, entre consonnes.

boul(e)vard *dur(e)té* *sûr(e)té*

228 Le *e muet* à l'intérieur de noms

Il s'agit de noms dérivés d'un verbe terminé par :

-ier : licencier ⟶ licenciement.
-uer : tuer ⟶ tuerie.
-yer : aboyer ⟶ aboiement.
-ouer : dénouer ⟶ dénouement.

ÉCRIRE *les consonnes muettes* *fruit*

LES RÉGULARITÉS*

229 Le *s muet* à la fin des mots

La grande majorité des mots terminés par un *s muet* sont des noms ou des adjectifs masculins.

NOM			ADJECTIF
abus	*dos*	*mois*	*anglais*
anchois	*éboulis*	*obus*	*niais*
appentis	*enclos*	*paradis*	*obtus*
avis	*engrais*	*parvis*	
biais	*fatras*	*permis*	
bourgeois	*fracas*	*pilotis*	
bras	*frimas*	*propos*	
buis	*frottis*	*rabais*	
cabas	*galetas*	*radis*	
cambouis	*hachis*	*refus*	
canevas	*héros*	*relais*	
chamois	*intrus*	*repas*	
chas	*jais*	*repos*	
choucas	*jus*	*roulis*	
colis	*laquais*	*rubis*	
coloris	*lavis*	*semis*	
compromis	*lilas*	*sursis*	
coulis	*logis*	*taffetas*	
coutelas	*marais*	*talus*	
dais	*matelas*	*tournedos*	
débarras	*mépris*	*trépas*	
devis	*minois*		

⚠ *brebis, fois, souris* **sont des noms féminins.**

REM

– La conjonction de coordination *mais* se termine aussi par *s*.

– De nombreux adverbes se terminent par *s* : *autrefois, désormais, jamais, néanmoins, puis, quelquefois, toujours, toutefois*…

– Dans un petit nombre de mots, le ***s muet*** final peut apparaître après une autre consonne : *aurochs, corps, divers, fonds, legs, poids, temps, velours.*

230 Le *t muet* à la fin des mots

On trouve également un grand nombre de noms masculins ayant un *t muet* en finale ainsi que des adjectifs et des adverbes.

acabit	*chahut*	*détroit*	*front*	*partout*	*statut*
achat	*circuit*	*édit*	*fruit*	*plagiat*	*sursaut*
adroit	*climat*	*égout*	*gabarit*	*plat*	*surtout*
affront	*complot*	*embout*	*institut*	*produit*	*syndicat*
amont	*conflit*	*emprunt*	*lauréat*	*profit*	*thermostat*
appétit	*crédit*	*endroit*	*lingot*	*rabot*	*toit*
argot	*débit*	*entrepont*	*lit*	*raffut*	*tout*
artichaut	*debout*	*escargot*	*magistrat*	*reliquat*	*tribut*
assaut	*début*	*exploit*	*magnat*	*résultat*	*tricot*
bout	*défaut*	*faitout*	*matelot*	*sabot*	
candidat	*défunt*	*format*	*nuit*	*saut*	
carat	*délit*	*fortuit*	*odorat*	*soubresaut*	

⚠ *la nuit*, *la mort* sont des noms féminins.

REM Mettre un adjectif au féminin permet de savoir si le mot comporte un *t muet* final.
étroit → *étroite*

Le *t muet* apparaît à la fin de tous les adverbes en *-ment* et des participes présents.

ADVERBE	PARTICIPE PRÉSENT
assurément	*comprenant*
carrément	*finissant*
couramment	*mangeant*
gentiment	*plaçant*

Le *t* peut également suivre une autre consonne muette (*c*, *p* et *s*).

aspect	*exempt*
irrespect	*prompt*
respect	
suspect	

Enfin, on peut le trouver après *r*.

art	*dessert*	*support*
concert	*écart*	*tort*
confort	*effort*	*transfert*
départ	*plupart*	
désert	*rempart*	

231 Le *x muet* à la fin des mots

Généralement, le *x* en finale ne se prononce pas, sauf dans quelques mots : *index, latex.*

NOM			ADJECTIF
afflux	*influx*	*queux*	*deux*
choix	*noix*	*redoux*	*faux*
croix	*paix*	*saindoux*	
époux	*perdrix*	*taux*	
flux	*poix*	*toux*	
houx	*prix*	*voix*	

REM – Tous ces mots terminés par *x* au singulier sont invariables ⟶ paragraphe 275.

un époux ⟶ *les époux*
une noix ⟶ *les noix*

– On se reportera également aux pluriels en *-aux* ⟶ paragraphe 276.

un animal ⟶ *des animaux*
un vitrail ⟶ *des vitraux*

232 Le *r muet* à la fin des mots

Tous les noms masculins terminés par le son [tje] s'écrivent *-tier*, avec un *r muet* final.

bijoutier
charcutier
quartier
sentier

REM Les noms féminins terminés par ce même son [tje] s'écrivent *-tié* : *amitié, moitié…*

233 Les autres consonnes muettes à la fin des mots

Bien que moins fréquemment, on trouve aussi *d* en finale, aussi bien après voyelle qu'après consonne (*n* et *r*).

voyelle + d	*nd*	*rd*	
crapaud	*bond*	*accord*	*lézard*
nid	*différend*	*bord*	*lourd*
nœud	*friand*	*brouillard*	*record*
pied	*gond*	*canard*	*sourd*
réchaud		*dossard*	*standard*
		épinard	
		hasard	

Un *p muet* final apparaît dans les mots suivants :

beaucoup	*loup*
champ	*sirop*
coup	*trop*
drap	

REM On notera que *beaucoup* et *trop* suivis d'un mot commençant par une voyelle retrouvent un *p* sonore dans la liaison :
J'ai beaucoup‿appris. – Nous avions trop‿aimé son premier film.

On trouve également quelques mots se terminant par un *c muet*.

banc
blanc
flanc
franc

Enfin, *g*, *b* et *l* sont fort rares en finale.

coing	*aplomb*	*fusil*
poing	*plomb*	*outil*
	surplomb	

REM À l'écrit, les consonnes muettes *s*, *t*, *d*, *nt* jouent un rôle important dans la conjugaison des verbes : *tu chantes*, *il finit* ⟶ paragraphe 326.

234 Le *h muet* au début des mots

On le rencontre à l'initiale.

habitude
haricot
héritage
homme

Il oblige parfois à ne pas faire de liaison avec le mot précédent : *des hangars.*

On le rencontre aussi dans les mots d'origine grecque.
⟶ Racines grecques et latines, paragraphes 382 à 383.

hématome	*hydraulique*
hétérogène	*hypnose*
hippodrome	*hypothèse*
homologue	*hystérique*

235 Le *h muet* à l'intérieur d'un mot

Le *h* apparaît également en position médiane dans les mots d'origine grecque (*th*).

⟶ aussi *th*, paragraphe 117.

bibliothèque	*sympathique*
épithète	*théâtre*
hypothèse	*thèse*

La présence d'un *h* intérieur est souvent l'indice d'une coupe dans le mot. On trouve en général un adjectif ou un préfixe en composition avec un nom (ou un adjectif) commençant par *h* : *dés-honneur*, *in-habituel*, *mal-habile*…

bonheur	*inhabité*	*inhumain*	*posthume*
exhalaison	*inhabituel*	*malhabile*	*préhistoire*
exhibition	*inhérent*	*malheur*	*prohibition*
exhortation	*inhibition*	*malhonnête*	*réhabilitation*
gentilhomme	*inhospitalier*	*menhir*	*transhumance*

REM *Silhouette* est à l'origine un nom propre (ministre de Louis XV).
Dahlia est également à l'origine un nom propre (botaniste suédois).

Pour éviter la rencontre de deux voyelles, le français dispose de deux procédés qui permettent d'empêcher cette « coagulation » : l'emploi d'un *h* ou l'emploi d'un *tréma* (¨) ⟶ aussi paragraphes 236 et 237.

Ahuri, sans *h*, serait prononcé : « auri ».
Trahison, sans *h*, serait prononcé : « traison ».

Dans les mots suivants, la présence du *h* entre deux voyelles oblige à prononcer ces deux voyelles séparément.

ahan	*déhiscent*
ahuri	*ébahi*
appréhension	*envahi*
bohème	*méhari*
cahot	*préhensible*
cahute	*préhistoire*
cohérent	*répréhensible*
cohorte	*trahison*
cohue	*véhément*
déhancher	*véhicule*

UTILISER *le tréma* *maïs*

236 Définition du *tréma*

Le tréma est constitué de deux points placés horizontalement sur la dernière voyelle d'un groupe de deux voyelles.

On utilise le tréma pour indiquer que deux voyelles voisines se prononcent séparément.

Maïs (risque de confusion avec « mais »).

Naïf (risque d'être prononcé : « naif »).

237 Rôle du *tréma*

La présence du tréma empêche la fusion :

de a et i en ai

aïeul, *faïence*, *glaïeul*, *haïssable*, *laïcité*, *maïs*, *mosaïque*, *naïf*, *païen*

de o et i en oi

coïncidence, *cycloïde*, *héroïque*, *stoïque*

de gu et e en gue et de gu et i en gui

ambiguïté *ciguë* *exiguïté*

de a + u

capharnaüm

de o + e

Noël

de ou + i

inouï
ouïe

Le tréma permet de marquer le féminin de quelques adjectifs.

aigu → *aiguë*
ambigu → *ambiguë*
contigu → *contiguë*
exigu → *exiguë*

REM Certaines associations de voyelles (*u+a*, *a+o*, *é+o*...) ne donnent pas lieu à des fusions et on n'emploie donc pas de tréma.

accordéon *cruel* *immuable*
cacao *fluide* *truand*

238 La *virgule*

La virgule indique une pause dans la phrase, moins marquée que celle indiquée par le point.

Émilie arriva au bord de l'eau, admira le paysage et s'allongea.

La virgule sépare des éléments semblables (même fonction, même registre) dans la phrase.

Olivier acheta des fruits, un canard et le journal.

239 Le *point*

Le point se place à la fin de la phrase.

Sophie prépara des crêpes.

On peut utiliser le point après un numéro de chapitre.

I. Étude météorologique
II. Étude géologique
III. Étude sociologique

Le point signale la fin d'une abréviation.

M. (Monsieur) *id. (idem)*
S.M. (Sa Majesté) *ap. J.-C. (après Jésus-Christ)*

REM On ne met pas de point lorsque des lettres sont supprimées à l'intérieur du mot.
Dr (Docteur) *Mgr (Monseigneur)* *n^o^ (numéro)*
St (Saint) *bd (boulevard)*

Une ligne de points peut servir à guider le regard pour faire établir un rapport entre deux éléments de la page.
Ces points alignés sont appelés « points de conduite ».

La glace . . . . .15 F

240 Le *point-virgule*

Le point-virgule s'utilise à l'intérieur d'une phrase. La valeur de pause du point-virgule se situe entre celle du point et celle de la virgule. On ne met pas de majuscule après le point-virgule.

Les saules commençaient à bourgeonner ; on sentait le printemps.

241 Le *point d'exclamation*

Il s'utilise après une interjection ou une phrase exclamative.

Aah !... Tu m'as fait peur !
interjection phrase exclamative

Dans les locutions interjectives *eh bien ! oh là là !* le point d'exclamation se met après le dernier mot.

242 Le *point d'interrogation*

Le point d'interrogation se place à la fin d'une question.

Que voulez-vous au juste ?

On peut marquer le doute par un point d'interrogation entre parenthèses *(?)*.

Rabelais naquit en 1494 (?) à Chinon.

243 Les *points de suspension*

On les appelle aussi « les petits points » ou « trois petits points ».
On les utilise pour marquer l'inachèvement dans l'expression d'une idée, d'une énumération.

On apercevait des veaux, des vaches, des cochons...

On peut les utiliser avant ou après un point d'exclamation ou d'interrogation.

Hep !... vous là-bas !...
Où allez-vous ?...
Vous disiez...?

On les emploie aussi après l'initiale d'un nom qu'on veut dissimuler.

Monsieur de G.M... entra.

Les points de suspension placés entre crochets indiquent une coupure dans un texte :

« Pour moi donc, j'aime la vie [...] telle qu'il a plu à Dieu nous l'octroyer. » MONTAIGNE

Les points de suspension, enfin, marquent une pause, une attente, une surprise dans un texte.

Et alors..., et alors..., Zorro est arrivé.

244 Les *deux-points*

Les deux-points annoncent une énumération, une citation, des propos.

Tout l'émerveillait : les foulards, les robes, les écharpes.
Elle s'exclama : « Comme c'est joli ! »

Les deux-points annoncent parfois une explication, une justification :

Frédéric retourna chez Rosanette : il y avait oublié son portefeuille.

245 Les *parenthèses* et les *crochets*

Les parenthèses servent à mettre à part un mot, une remarque ou un passage.

Un loup survient à jeûn (c'est La Fontaine qui le dit)
Qui cherchait aventure...

Nous partîmes en bateau (nous l'avions loué le matin même) pour aller sur l'île.

Les crochets signalent une coupure dans un texte que l'on cite, à l'exclusion des parenthèses.

Les médecins et quelques-uns de ces dervis, qu'on appelle confesseurs, sont toujours ici ou trop estimés, ou trop méprisés : cependant on dit que les héritiers s'accommodent mieux des médecins [...]

Lettres persanes

246 Les *guillemets*

Ils ont été imaginés par l'imprimeur Guillaume, dit Guillemet.
On les marque à la française : « … » ou à l'anglaise : "…"
Les guillemets encadrent une citation.

La Fontaine écrit : « Amants, heureux amants,
Voulez-vous voyager… »

On utilise les guillemets pour mettre en évidence un titre d'article, un nom de véhicule, une expression étrangère, un mot familier.

Le « Napoléon Bonaparte » arriva dans le port d'Ajaccio.

Il venait de mettre ses nouvelles « godasses » pour aller dans un « fast-food ».

On utilise les guillemets pour rapporter des paroles prononcées.

En arrivant devant la maison, il appela ses amis :
« Vous venez ? Nous partons bientôt.
– Oui, nous descendons. »

247 Le *tiret*

Dans un dialogue, le tiret annonce un nouvel interlocuteur.

« Voulez-vous jouer avec moi ?
– Oui, bien sûr. »

Les tirets peuvent remplacer des parenthèses. Dans le traitement de texte, le tiret est précédé d'une espace. Le second tiret n'est pas indispensable devant un point ou un point-virgule.

Quand un orage passe sur la région – ici, la Picardie – la terre est détrempée.
La brume matinale s'était levée et l'on pouvait voir la terre – la Corse.

Le tiret peut se mettre entre un numéro et un titre.

IV – Le corps humain

Abréviations

248 Procédés d'*abréviation*

L'abréviation consiste à réduire un mot à une ou quelques lettres.
Certaines abréviations sont formées des premières lettres du mot, la dernière lettre de l'abréviation étant le plus souvent une consonne suivie d'un point.

Adjectif → *Adj.* *Paragraphe* → *Paragr.*

Philippe (prénoms commençant par plusieurs consonnes) → *Ph.*

Certaines abréviations ne sont formées que de la première lettre du mot suivie d'un point.

Daniel (prénoms commençant par une seule consonne) → *D.*

Monsieur → *M.* *Nord* → *N.*

Certaines abréviations sont formées de la première et de la ou des dernières lettres du mot et ne sont pas suivies d'un point.

Madame → *Mme*

REM Dans certains cas, les lettres suivant la première peuvent être mises en exposant.

Mademoiselle → *Mlle* *Madame* → *Mme* *Numéro* → *n^{o}*

Dans une abréviation, le pluriel est marqué
– soit par un « *s* »
– soit par une répétition de la lettre pour les abréviations formées d'une seule lettre.

Mesdames → *Mmes* *Messieurs* → *MM.*

⚠ Les abréviations des symboles scientifiques ne prennent pas la marque du pluriel → paragraphe 250.

249 *Abréviations* courantes

adj.	*adjectif*
adv.	*adverbe*
apr J.-C.	*après Jésus-Christ*
art.	*article*
av. J.-C.	*avant Jésus-Christ*
boul. bd	*boulevard*
bur.	*bureau*
c-à-d	*c'est-à-dire*
cap.	*capitale*
cf. conf.	*confer (comparer avec)*
chap.	*chapitre*
Cie	*compagnie*
dép.	*département*
Dr	*docteur*
éd.	*édition(s)*
édit.	*éditeur(s)*
env.	*environ*
etc.	*et caetera (et cétéra)*
étym.	*étymologie*
E.V.	*en ville*
ex.	*exemple ou exercice*
fasc.	*fascicule*
hab.	*habitant*
H.T.	*hors taxes*
id.	*idem (le même)*
i. e.	*id est (c'est-à-dire)*
ital.	*italique*
loc. cit.	*loco citato (à l'endroit cité)*
M.	*Monsieur*
MM.	*Messieurs*
math.	*mathématique*
M^{e}	*Maître*
M^{es}	*Maîtres*
Mgr	*Monseigneur*
Mgrs	*Messeigneurs*
Mlle	*Mademoiselle*
Mlles	*Mesdemoiselles*
Mme	*Madame*
Mmes	*Mesdames*
ms.	*manuscrit*
N.	*nord*
N.B.	*nota bene (notez bien)*

N.-D.	*Notre-Dame*
N.D.A.	*note de l'auteur*
N.D.E.	*note de l'éditeur*
N.D.L.R.	*note de la rédaction*
n°	*numéro*
O.	*ouest*
P.C.C.	*pour copie conforme*
p. ex.	*par exemple*
p.	*page*
pp.	*pages*
paragr.	*paragraphe*
P.-S.	*post-scriptum*
Q.G.	*quartier général*
r°	*recto*
S.	*sud*
S.A.	*société anonyme*
S.A.R.L.	*société anonyme à responsabilité limitée*
subst.	*substantif*
suiv.	*suivant*
sup.	*supérieur*
suppl.	*supplément*
S.V. P.	*s'il vous plaît*
t.	*tome*
tél.	*téléphone*
T.T.C.	*toutes taxes comprises*
T.V.A.	*taxe à la valeur ajoutée*
v.	*verbe, vers* (en poésie), *vers* (devant une date = *environ*) ou *voir* *(= se reporter à)*
v°	*verso (envers)*
vol.	*volume*

250 *Abréviations* des symboles scientifiques

Les abréviations des symboles scientifiques sont formées en général :
– par la première lettre du mot,
– ou par les premières lettres du préfixe et du radical.

⚠ *min, dam, dal, dag.*

Elles ne sont pas suivies de point. Elles ne prennent pas la marque du pluriel.

franc → *F*
millimètre → *mm*
cent francs → *100 F*

251 *Abréviations* scientifiques les plus courantes

longueur

mm	*millimètre*	m	*mètre*	km	*kilomètre*
cm	*centimètre*	dam	*décamètre*		
dm	*décimètre*	hm	*hectomètre*		

superficie

mm^2	*millimètre carré*	hm^2	*hectomètre carré*
cm^2	*centimètre carré*	km^2	*kilomètre carré*
dm^2	*décimètre carré*	ca	*centiare*
m^2	*mètre carré*	a	*are*
dam^2	*décamètre carré*	ha	*hectare*

volume

mm^3	*millimètre cube*	hm^3	*hectomètre cube*	l	*litre*
cm^3	*centimètre cube*	km^3	*kilomètre cube*	dal	*décalitre*
dm^3	*décimètre cube*	ml	*millilitre*	hl	*hectolitre*
m^3	*mètre cube*	cl	*centilitre*		
dam^3	*décamètre cube*	dl	*décilitre*		

temps

s	*seconde*	h	*heure*
min	*minute*	j	*jour*

masse

mg	*milligramme*	g	*gramme*	kg	*kilogramme*
cg	*centigramme*	dag	*décagramme*	q	*quintal*
dg	*décigramme*	hg	*hectogramme*	t	*tonne*

Mots invariables

252 Liste des mots les plus courants

– *afin*
– *ailleurs*
– *ainsi*
– *alors, dès lors,* lors, *lorsque*
– *après, auprès, exprès,* près, *presque*
– *arrière, derrière*
– *assez*
– *au-dessous, dessous,* sous
– *au-dessus, dessus, par-dessus,* sus
– *aujourd'hui*
– *auparavant,* avant, *devant, davantage, dorénavant*
– *aussi*
– *aussitôt, bientôt, plutôt, sitôt, tantôt,* tôt
– *autant, pourtant,* tant, *tant pis*
– *autrefois,* fois, *parfois, quelquefois, toutefois*
– *avec*
– *beaucoup*
– *cependant, pendant*
– *certes*
– *chez*
– *comme, comment*
– *d'abord*
– dans, *dedans*
– *debout*
– *dehors,* hors
– *déjà*
– *demain*
– *depuis,* puis, *puisque*
– dès, *dès que*
– *désormais, jamais,* mais
– *donc*
– *durant*
– *entre*
– *envers, par devers,(à) travers,* vers
– *environ*
– gré, *malgré*
– guère, *naguère*
– *hier*
– *hormis*
– *ici*
– *jadis*
– *jusque*
– *loin*
– *longtemps*
– *mieux, tant mieux*
– moins, *néanmoins*
– *parmi*
– *partout*
– plus, *plusieurs*
– *quand*
– *sans*
– *selon*
– *surtout*
– *tandis que*
– *toujours*
– *trop*
– *volontiers*

ORTHOGRAPHE GRAMMATICALE

Le genre des noms 253-256
Le genre des adjectifs 257-273
Le pluriel des noms 274-285
Le pluriel des adjectifs 286-294
L'accord du verbe 295-303
Les homophones grammaticaux 304-321
Le trait d'union 322
La majuscule 323-325
L'orthographe des verbes 326-352
Les homophonies verbales 353-356

Les numéros renvoient aux numéros des paragraphes.

253 Genre des noms animés : un pêcheur, une truite

Pour le nom des êtres animés, le genre dépend du sexe de l'être désigné.

Le genre est marqué par :

- un changement de la fin du nom

MASCULIN	FÉMININ
un chat	*une chatte*
un chien	*une chienne*
un cousin	*une cousine*
un chameau	*une chamelle*
un loup	*une louve*
un ours	*une ourse*

- un changement de forme

MASCULIN	FÉMININ
un cerf	*une biche*
un frère	*une sœur*
un garçon	*une fille*
un gendre	*une bru*
un père	*une mère*

- aucun changement

MASCULIN	FÉMININ
un collègue	*une collègue*
un concierge	*une concierge*
un élève	*une élève*
un enfant	*une enfant*
un professeur	*une professeur*

254 Genre des noms de choses : un gâteau, une tarte

Pour les noms désignant des êtres inanimés (idées, objets, sentiments...), il n'y a pas de règle qui puisse en déterminer le genre. Pour vous assurer du genre d'un nom ⟶ Lexique, paragraphe 394 et suivants.

un accident	*un avion*	*un lit*
une colère	*une journée*	*une promenade*

255 Genre des noms et changement de sens : un moule, une moule

Le changement de genre peut parfois changer le sens d'un nom.

MASCULIN	FÉMININ
un livre	*une livre*
un poste	*une poste*
un tour	*une tour*

256 Genre des noms de profession : un inspecteur, une inspectrice, un ingénieur (homme ou femme)

La plupart des noms de profession changent au féminin.

un boulanger → *une boulangère*
un docteur → *une doctoresse*
un instituteur → *une institutrice*

Certains noms de profession ou de fonction ne changent pas au féminin.

un ministre *un professeur* *un proviseur*

257 Féminin des adjectifs : salé, salé*e*

On forme le plus souvent le féminin des adjectifs en ajoutant simplement à la forme du masculin un « *e* » :

- qui s'entend

MASCULIN	FÉMININ
abondant	*abondante*
brun	*brune*
français	*française*
grand	*grande*
lourd	*lourde*
petit	*petite*
plein	*pleine*

- qui ne s'entend pas

MASCULIN	FÉMININ
épicé	*épicée*
gai	*gaie*
joli	*jolie*
nu	*nue*
pointu	*pointue*
poli	*polie*
vrai	*vraie*

258 Féminin des adjectifs en -*c* : blan*c*, blan*che*, publi*c*, publi*que*

Les adjectifs se terminant par -*c* au masculin ont leur féminin :

- en -*che*

MASCULIN	FÉMININ
blanc	*blanche*
franc	*franche*
sec	*sèche*

- ou en -*que*

MASCULIN	FÉMININ
caduc	*caduque*
laïc	*laïque*
turc	*turque*

259 Féminin des adjectifs en -*e* : un climat rud*e*, une pente rud*e*

Les adjectifs se terminant par -*e* au masculin ne changent pas au féminin.

MASCULIN	FÉMININ
aimable	*aimable*
calme	*calme*
élémentaire	*élémentaire*
nucléaire	*nucléaire*
pâle	*pâle*
rude	*rude*

260 Féminin des adjectifs en *-el* : cru*el*, cru*elle*

Les adjectifs se terminant par *-el* au masculin ont un féminin en *-elle* (doublement de la consonne finale).

MASCULIN	FÉMININ
annuel	*annuelle*
bel	*belle*
cruel	*cruelle*
tel	*telle*

261 Féminin des adjectifs en *-eil* : par*eil*, par*eille*

Les adjectifs se terminant par *-eil* au masculin ont un féminin en *-eille* (doublement de la consonne finale).

MASCULIN	FÉMININ
pareil	*pareille*
vermeil	*vermeille*
vieil	*vieille*

262 Féminin des adjectifs en *-er* : fi*er*, fi*ère*

Les adjectifs se terminant par *-er* au masculin ont un féminin en *-ère*.

MASCULIN	FÉMININ
altier	*altière*
dernier	*dernière*
étranger	*étrangère*
léger	*légère*

263 Féminin des adjectifs en *-et* : coqu*et*, coqu*ette*, compl*et*, compl*ète*

Les adjectifs se terminant par *-et* au masculin ont un féminin :

- en *-ette* (doublement de la consonne finale)

MASCULIN	FÉMININ
blet	*blette*
coquet	*coquette*
fluet	*fluette*
muet	*muette*
net	*nette*
simplet	*simplette*

- ou en *-ète*

MASCULIN	FÉMININ
complet	*complète*
désuet	*désuète*
discret	*discrète*
inquiet	*inquiète*
replet	*replète*
secret	*secrète*

264 Féminin des adjectifs en *-eur* : vol*eur*, vol*euse*, élévat*eur*, élévat*rice*, enchant*eur*, enchant*eresse*

Les adjectifs se terminant par *-eur* au masculin ont un féminin :

- **en *-euse***

MASCULIN	FÉMININ
menteur	*menteuse*
trompeur	*trompeuse*
voleur	*voleuse*

- **ou en *-rice***

MASCULIN	FÉMININ
élévateur	*élévatrice*
novateur	*novatrice*
réducteur	*réductrice*
séducteur	*séductrice*

- **ou en *-eresse***

MASCULIN	FÉMININ
enchanteur	*enchanteresse*
vengeur	*vengeresse*

265 Féminin des adjectifs en *-f* : neu*f*, neu*ve*

Les adjectifs se terminant par *-f* au masculin ont un féminin en *-ve*.

MASCULIN	FÉMININ
explosif	*explosive*
naïf	*naïve*
neuf	*neuve*
sauf	*sauve*
veuf	*veuve*

266 Féminin des adjectifs en *-gu* : ai*gu*, ai*guë*

Les adjectifs se terminant par *-gu* au masculin ont un féminin en *-guë*.

MASCULIN	FÉMININ
ambigu	*ambiguë*
exigu	*exiguë*

REM Le tréma (¨) permet de garder le son [y] → paragraphe 237.
Le tréma et la nouvelle orthographe → paragraphe 393.

267 Féminin des adjectifs en *-ien* : anc*ien*, anc*ienne*

Les adjectifs se terminant par *-ien* au masculin ont un féminin en *-ienne* (doublement de la consonne finale).

MASCULIN	FÉMININ	MASCULIN	FÉMININ
ancien	*ancienne*	*martien*	*martienne*
francilien	*francilienne*	*parisien*	*parisienne*
italien	*italienne*		

268 Féminin des adjectifs en *-on* : b*on*, b*onne*

Les adjectifs se terminant par *-on* au masculin ont un féminin en *-onne* (doublement de la consonne finale).

MASCULIN	FÉMININ	MASCULIN	FÉMININ
bon	*bonne*	*fanfaron*	*fanfaronne*
bouffon	*bouffonne*	*félon*	*félonne*
bougon	*bougonne*		

269 Féminin des adjectifs en *-ot* : idi*ot*, idi*ote*

Les adjectifs en *-ot* au masculin ont généralement un féminin en *-ote*.

MASCULIN	FÉMININ	MASCULIN	FÉMININ
bigot	*bigote*	*idiot*	*idiote*
dévot	*dévote*	*petiot*	*petiote*
huguenot	*huguenote*		

⚠ Les adjectifs *pâlot*, *sot* et *vieillot* ont un féminin en *-otte* : *pâlotte, sotte, vieillotte.*

270 Féminin des adjectifs en *-s* : exqui*s*, exqui*se*, épai*s*, épai*sse*

Les adjectifs en *-s* au masculin ont généralement un féminin :

- en *-se* (on entend le son [z])

MASCULIN	FÉMININ
gaulois	*gauloise*
gris	*grise*
portugais	*portugaise*
ras	*rase*

- ou en *-sse* (on entend le son [s])

MASCULIN	FÉMININ
bas	*basse*
épais	*épaisse*
gros	*grosse*

⚠ Les adjectifs *frais* et *tiers* deviennent *fraîche* et *tierce* au féminin.

271 Féminin des adjectifs en *-ul* : n*ul*, n*ulle*

Les adjectifs se terminant par *-ul* au masculin ont un féminin en *-ulle* (doublement de la consonne finale).

MASCULIN	FÉMININ
nul	*nulle*

272 Féminin des adjectifs en *-x* : nerveu*x*, nerveu*se*

Les adjectifs se terminant par *-x* au masculin ont généralement un féminin en *-se*.

MASCULIN	FÉMININ
heureux	*heureuse*
jaloux	*jalouse*
nerveux	*nerveuse*

⚠ L'adjectif *doux* a un féminin en *-ce* : *douce*.
Les adjectifs *faux* et *roux* ont des féminins en *-sse* : *fausse*, *rousse*.

273 Féminins à forte variation : beau, belle

MASCULIN	FÉMININ	MASCULIN	FÉMININ
beau	*belle*	*frais*	*fraîche*
bénin	*bénigne*	*malin*	*maligne*
favori	*favorite*	*tiers*	*tierce*
fou	*folle*	*vieux*	*vieille*

274 Pluriel des noms simples

Dans la plupart des cas, on marque le pluriel en ajoutant un *-s* à la forme du singulier.

SINGULIER	PLURIEL
un ami	*des amis*
un chien	*des chiens*

275 Pluriel des noms en *-s*, *-x*, *-z* : un avis, des avis

Les noms qui se terminent par un *-s*, un *-x* ou un *-z* au singulier ne changent pas d'orthographe au pluriel.

SINGULIER	PLURIEL
un choix	*des choix*
un gaz	*des gaz*
un nez	*des nez*
un prix	*des prix*
un puits	*des puits*

276 Pluriel des noms en *-au* : un noyau, des noyaux

Les noms en *-au* forment habituellement leur pluriel en *-aux*.

SINGULIER	PLURIEL
un étau	*des étaux*
un tuyau	*des tuyaux*

⚠ *Landau*, *sarrau* ont des pluriels en *-aus* : *landaus*, *sarraus*.

277 Pluriel des noms en *-eau* : un marteau, des marteaux

Tous les noms se terminant par *-eau* ont leur pluriel en *-eaux*.

SINGULIER	PLURIEL
un seau	*des seaux*
un drapeau	*des drapeaux*

278 Pluriel des noms en *-al* : un cheval, des chevaux

Les noms en *-al* forment habituellement leur pluriel en *-aux*.

SINGULIER	PLURIEL
un cheval	*des chevaux*
un journal	*des journaux*

⚠ Les noms suivants ont leur pluriel en *-als* :
aval, bal, cal, carnaval, cérémonial, chacal, festival, pal, récital, régal.

279 Pluriel des noms en *-ail* : un détail, des détails

Les noms en *-ail* forment habituellement leur pluriel en *-ails*.

SINGULIER	PLURIEL	SINGULIER	PLURIEL
un attirail	*des attirails*	*un gouvernail*	*des gouvernails*
un chandail	*des chandails*	*un poitrail*	*des poitrails*
un détail	*des détails*	*un portail*	*des portails*
un éventail	*des éventails*	*un sérail*	*des sérails*

⚠ Les huit noms suivants ont leur pluriel en *-aux* :
bail, corail, émail, fermail, soupirail, travail, vantail, vitrail.

280 Pluriel des noms en *-eu* : un adieu, des adieux

Les noms en *-eu* forment habituellement leur pluriel en *-eux*.

SINGULIER	PLURIEL
un pieu	*des pieux*

⚠ Les noms suivants ont leur pluriel en *-eus* : *bleu, émeu, lieu* (le poisson), *pneu.*

281 Pluriel des noms en *-ou* : un fou, des fous

Les noms en *-ou* forment habituellement leur pluriel en *-ous*.

SINGULIER	PLURIEL
un bisou	*des bisous*
un clou	*des clous*

⚠ Sept noms en *-ou* ont leur pluriel en *-oux* :
bijou, caillou, chou, genou, hibou, joujou, pou.

282 Pluriels à forte variation

Les noms suivants ont une forme au singulier différente de leur forme au pluriel :

SINGULIER	PLURIEL
un aïeul	*des aïeux* (ou *aïeuls*)
un ciel	*des cieux* (ou *ciels*)
un œil	*des yeux*

283 Pluriel des noms propres : les Durant

Dans la plupart des cas, les noms propres sont invariables.

Les frères Lumière

Les Dupont

284 Pluriel des noms propres : cas particuliers

Les noms propres s'accordent en nombre dans les cas suivants :

NATURE DU NOM PROPRE	EXEMPLES
Quand le nom propre est celui de quelqu'un qui est une référence dans un domaine.	*Des Mozarts, il n'en existera plus.*
⚠ Mais si le nom propre comprend un article au singulier, il reste invariable.	*Des La Fontaine*
Quand le nom propre est celui d'une famille illustre.	*Beaucoup de rois de France sont issus des Bourbons.*
⚠ Mais si ces noms ont gardé leur forme étrangère, ils restent invariables.	*Les Romanov*
Quand le nom propre désigne un lieu géographique.	*Les Amériques, les Guyanes*
⚠ Mais si le nom propre est un nom composé, il reste invariable.	*Il existe plusieurs Saint-Savin.*
Quand le nom propre désigne des œuvres d'art, il peut aussi bien se mettre au pluriel que rester au singulier.	*Le musée a acheté deux Picasso(s).*
Quand le nom propre est utilisé sans majuscule pour désigner les défauts ou les qualités de quelqu'un.	*Ces hommes sont des hercules.*

285 Pluriel des noms composés : les chasse-neige

L'accord des noms composés dépend souvent du sens des mots qui les composent.

MOT COMPOSÉ	EXEMPLES
NOM + NOM Le plus souvent, les deux noms prennent la marque du pluriel. Plus rarement, le premier nom seulement prend la marque du pluriel si l'on peut placer entre les deux noms une préposition sous-entendue.	*des choux-fleurs* *des timbres-poste* *(= des timbres pour la poste)*
NOM + PRÉPOSITION + NOM Seul le premier nom prend la marque du pluriel. ⚠ : *des tête-à-tête.*	*des arcs-en-ciel*
VERBE + NOM Le verbe reste au singulier, le nom est au singulier ou au pluriel suivant le sens. ⟶ Tolérances orthographiques, paragraphe 389.	*des gratte-papier (on gratte du papier)* *des porte-parapluies (ustensile destiné à recevoir plusieurs parapluies)*
MOT INVARIABLE (ADVERBE, PRÉPOSITION) + NOM L'adverbe ou la préposition restent invariables, le nom peut être au singulier ou au pluriel. ⟶ Tolérances orthographiques, paragraphe 389.	*des arrière-pensées* *des après-midi*
NOM + ADJECTIF OU ADJECTIF + NOM Les deux mots prennent la marque du pluriel. ⚠ Placés devant le nom, *demi* et *semi* sont invariables ; *grand* avec un nom féminin peut ne pas prendre la marque du pluriel.	*des marteaux-piqueurs* *des rouges-gorges* ⚠ *des demi-journées* *des grand(s)-mères*
ADJECTIF + ADJECTIF Généralement, les deux mots prennent la marque du pluriel.	*des sourds-muets* ⚠ *des nouveau-nés, des haut-parleurs*
VERBE + VERBE Les deux verbes restent au singulier.	*des laisser-passer*
MOTS ÉTRANGERS Les deux mots restent au singulier. ⟶ Tolérances orthographiques, paragraphe 391.	*des post-scriptum* ⚠ *des pull-overs, des week-ends*

REM Pour l'emploi du trait d'union ⟶ Tolérances orthographiques, paragraphe 389.

286 Pluriel des adjectifs en général

Dans la plupart des cas, on marque le pluriel en ajoutant un *-s*.

SINGULIER	PLURIEL
content	*contents*
grand	*grands*
important	*importants*
petit	*petits*

287 Pluriel des adjectifs en *-s* ou en *-x* : un gros chien, de gros chiens, un enfant capricieux, des enfants capricieux

Les adjectifs qui se terminent par un *-s* ou un *-x* au singulier ne changent pas d'orthographe au pluriel.

SINGULIER	PLURIEL
un coup bas	*des coups bas*
un repas délicieux	*des repas délicieux*
un fait divers	*des faits divers*
un temps orageux	*des temps orageux*
un rapport précis	*des rapports précis*

288 Pluriel des adjectifs en *-eau* : beau, beaux

Tous les adjectifs se terminant par *-eau* ont leur pluriel en *-eaux*.

SINGULIER	PLURIEL
un beau paysage	*de beaux paysages*
un nouveau voisin	*de nouveaux voisins*

289 Pluriel des adjectifs en *-al* : spécial, spéciaux

Les adjectifs se terminant par *-al* ont généralement leur pluriel en *-aux*.

SINGULIER	PLURIEL
un trait vertical	*des traits verticaux*
un sourire amical	*des sourires amicaux*

⚠ Il existe cependant sept adjectifs en *-al* qui font leur pluriel en *-als* :
banal, bancal, fatal, final, glacial, natal, naval.

290 Pluriel des adjectifs qualifiant plusieurs noms : Le garçon et la fille sont *charmants.*

Quand l'adjectif qualifie plusieurs noms, il suffit qu'un seul des noms soit masculin pour que l'adjectif soit au masculin pluriel.

Le lion, la lionne et la panthère sont dangereux.
nom masculin + nom féminin + nom féminin = adjectif masculin pluriel

DÉTAILS DES RÈGLES	EXEMPLES
Si tous les noms sont au masculin, l'adjectif est au masculin pluriel.	*Le chien et le chat sont beaux.*
Si un des noms au moins est au masculin, l'adjectif est au masculin pluriel.	*Le chien et la chatte sont beaux.*
Si tous les noms sont au féminin, l'adjectif est au féminin pluriel.	*La chienne et la chatte sont belles.*

291 Pluriel des adjectifs numéraux : *un, deux, trois...*

Les adjectifs numéraux sont invariables à l'exception de *vingt* et de *cent*.

les quatre enfants

292 Accord de *cent*

DÉTAILS DES RÈGLES	EXEMPLES
L'adjectif numéral *cent* s'accorde s'il est multiplié et s'il n'est suivi d'aucun chiffre.	*trois cents* *un million cinq mille deux cents*
Il reste invariable s'il est multiplié et s'il est suivi par d'autres chiffres.	*trois cent vingt* *un million cinq mille deux cent quarante-six*

293 Accord de *quatre-vingts*

- L'adjectif numéral *quatre-vingts* s'accorde s'il n'est suivi d'aucun chiffre.

quatre-vingts
mille cinq cent quatre-vingts

- Il reste invariable s'il est suivi par d'autres chiffres.

quatre-vingt-six
cinq mille cent quatre-vingt-quatre

REM Les noms *millier, million* et *milliard* s'accordent :
La région parisienne compte plusieurs millions d'habitants.
→ L'emploi du trait d'union dans l'écriture des nombres, paragraphe 322.

294 Pluriel des adjectifs de couleur : bleu, bleu*s*

L'adjectif de couleur s'accorde généralement avec le nom qu'il qualifie :

des volets verts

L'adjectif est invariable dans les deux cas suivants :

- **s'il dérive d'un nom de fruit, de fleur, de pierre précieuse…**

des tissus marron (de la couleur du marron)
des nappes topaze (de la couleur de la topaze)

⚠ *fauve, mauve, pourpre, rose* **s'accordent.**

- **s'il est formé de deux adjectifs**

des yeux bleu foncé
des tissus vert clair, vert foncé

295 Accord du verbe aux temps simples : règle générale

- **Le verbe est à un temps simple quand il se présente sous la forme d'un seul mot à chaque personne :** *ils chantent.*
- **Le verbe s'accorde en personne (1re, 2e, 3e) et en nombre (singulier, pluriel) avec son sujet. La terminaison du verbe varie aussi en fonction du mode et du temps.**

296 Accord avec un sujet à la 3e personne du pluriel : ils mangent.

On trouve -*nt* à la fin d'un verbe conjugué à la 3e personne du pluriel, à tous les temps simples.

ils mangent, ils crieront, ils chantaient, ils parlèrent

REM À la 3e personne du pluriel, le sujet peut être :
– un pronom : *ils chantent, elles pleuraient, ils crieront.*
– un nom : *Les chiens aboient.*
– un groupe nominal (plusieurs mots regroupés autour d'un nom qui est le sujet) : *Les amis de mes enfants arriveront demain.*
– plusieurs noms reliés par *et, ou, ni* : *Paul et Virginie viendront. Paul ou Virginie venaient. Ni Paul ni Virginie ne viennent.*

297 Accord avec un sujet à la 1re personne du pluriel : nous chantons

On trouve -*ns* à la fin d'un verbe conjugué à la 1re personne du pluriel, à tous les temps simples sauf au passé simple.

nous mangeons, nous chantions, nous crierons

REM À la 1re personne du pluriel, le sujet peut être :
– un pronom : *Nous viendrons demain.*
– plusieurs noms ou pronoms dont *moi* :
Paul et moi (nous) chantons. *Toi et moi (nous) mangions.*
Lui et moi (nous) partons. *Les enfants et moi (nous) viendrons.*

298 Accord avec un sujet à la 2e personne du pluriel : vous chant*ez*

On trouve généralement -*ez* à la fin d'un verbe conjugué à la 2e personne du pluriel, à tous les temps simples sauf au passé simple.

vous mangez, vous chantiez, vous crierez

⚠ *vous faites, vous dites, vous défaites, vous redites…*

REM À la 2e personne du pluriel, le sujet peut être :
– un pronom : *Vous viendrez demain.*
– plusieurs noms ou pronoms (sauf *moi*) dont *toi* :
Paul et toi (vous) chanterez.
Lui et toi (vous) chantiez.
Les enfants et toi (vous) chantez.

299 Accord avec le pronom relatif *qui* : C'est toi *qui* jouer*as*.

Le verbe s'accorde avec le mot que remplace le pronom relatif *qui*. Ce mot se trouve généralement juste devant le pronom relatif *qui*.

C'est toi qui joueras. (Toi = tu ⟶ tu joueras)

L'équipe qui a perdu ne jouera plus.
qui remplace « équipe » = « elle » 3e pers. sing.

Les équipes qui ont perdu ne joueront plus.
qui remplace « équipes » = « elles » 3e pers. plur.

C'est moi qui ne jouerai plus.
qui remplace « moi » = « je » 1re pers. sing.

C'est toi qui ne joueras plus.
qui remplace « toi » = « tu » 2e pers. sing.

C'est Paul et moi qui ne jouerons plus.
qui remplace « Paul et moi » = « nous » 1re pers. plur.

C'est Paul et toi qui ne jouerez plus.
qui remplace « Paul et toi » = « vous » 2e pers. plur.

300 Accord du participe passé

- Le verbe est à un temps composé quand il se présente sous la forme d'un participe passé et qu'il se conjugue avec un auxiliaire (*être* ou *avoir*).

Les enfants sont tombés.
Les enfants ont chanté.

- Le participe passé employé avec l'auxiliaire *avoir* ne s'accorde jamais avec le sujet.

Les avions ont survolé la ville.

Mais le participe passé s'accorde en genre et en nombre avec le complément d'objet direct (COD) si celui-ci est placé avant le verbe.
On trouve le COD en posant la question « qui ? » ou « quoi ? » après le verbe.

Les pommes, je les ai mangées.

(J'ai mangé quoi ? *les pommes*, féminin pluriel, remplacé par *les*, pronom personnel COD.)

- Pour le cas des participes passés *laissé*, *fait* + verbe à l'infinitif
⟶ Tolérances orthographiques, paragraphe 390.

- Le participe passé employé avec l'auxiliaire *être* s'accorde en genre et en nombre avec le sujet.

Des pierres sont tombées sur la route.

REM Les verbes pronominaux suivent des règles d'accord particulières
⟶ paragraphe 302.

301 Définition des verbes pronominaux : je *me* lave, il *se* tait

Les verbes pronominaux sont accompagnés d'un pronom personnel (*me*, *te*, *se*…) qui représente le même être ou la même chose que le sujet.
Aux temps composés, ces verbes se conjuguent toujours avec l'auxiliaire *être*.
Il existe deux types de verbes pronominaux :

- les verbes essentiellement pronominaux qui s'emploient toujours à la forme pronominale : *s'emparer*, *s'enfuir*, *se souvenir*, *s'évanouir*…

L'aigle s'envole et s'empare de sa proie.

- les verbes occasionnellement pronominaux qui s'emploient parfois à la forme pronominale : *se regarder* (le verbe *regarder* existe aussi).

Le lièvre et la tortue se regardent.

302 Accord du participe passé des verbes pronominaux : Sophie s'est regardée dans la glace.

- Le participe passé des verbes essentiellement pronominaux (qui ne s'emploient qu'à la forme pronominale) s'accorde en genre et en nombre avec le sujet.

Les mouettes se sont envolées.
féminin pluriel

- Le participe passé des verbes qui s'emploient parfois à la forme pronominale s'accorde en genre et en nombre avec le sujet seulement si le pronom placé devant le verbe est complément d'objet direct (COD). On trouve le COD en posant la question « qui ? » ou « quoi ? » après le verbe.

Elles se sont lavées.
(Elles ont lavé qui ? *elles-mêmes*, féminin pluriel, remplacé par *se*, pronom COD.)
Elles se sont lavé les mains.
(Elles ont lavé les mains à qui ? à *elles-mêmes*, remplacé par *se* : le pronom n'est pas COD, pas d'accord.)

303 Participes passés toujours invariables

Certains verbes pronominaux ne peuvent jamais avoir de complément d'objet direct (COD). Ils ne peuvent donc pas s'accorder avec un COD, et leurs participes passés sont invariables. En voici la liste.

s'en vouloir
s'entre-nuire
se complaire
se convenir
se déplaire (déplaire à soi)
se nuire
se parler (parler à soi)
se plaire (plaire à soi)
se ressembler
se sourire
se succéder
se suffire
se survivre

Les homophones grammaticaux sont des mots qui se prononcent de manière identique mais qui ne s'écrivent pas de la même façon et qui n'appartiennent pas à la même classe grammaticale.

304 *a* et *à*

QUELLE EST LA DIFFÉRENCE DE NATURE ?	COMMENT LES DISTINGUER ?
a est une forme conjuguée du verbe *avoir*.	Si l'on met la phrase à l'imparfait : – *a* devient *avait*. *Mon fils a mal aux dents.* *Mon fils avait mal aux dents.*
à, avec un accent grave, est une préposition invariable.	– *à* ne change pas. *Je parle à mes enfants.* *Je parlais à mes enfants.*

305 *ce* (*c'*) et *se* (*s'*)

QUELLE EST LA DIFFÉRENCE DE NATURE ?	COMMENT LES DISTINGUER ?
ce est un adjectif démonstratif qui détermine un nom masculin.	Si l'on remplace le nom masculin qu'il détermine par un nom féminin, *ce* devient *cette*. *Ce travail est intéressant.* *Cette activité est intéressante.*
ce ou *c'*, placés devant le verbe *être*, sont des pronoms démonstratifs.	*ce* ou *c'* peuvent être remplacés par *cela*. *Ce n'est pas bon. (C'est bon.)* *Cela n'est pas bon. (Cela est bon.)*
se ou *s'* sont des pronoms personnels réfléchis à la troisième personne du singulier, utilisés devant le verbe dans la conjugaison pronominale.	Si l'on remplace le sujet par *je* ou *tu*, *se* devient *me* ou *te*, *s'* devient *m'* ou *t'*. *Les enfants se lèvent tôt ; ils s'habillent.* *Je me lève tôt ; je m'habille.* *Tu te lèves tôt ; tu t'habilles.*

306 *c'est* et *s'est*

QUELLE EST LA DIFFÉRENCE DE NATURE ?

c'est est formé de *c'*, pronom démonstratif, et de *est*, forme conjuguée du verbe être.

s'est est formé de *s'*, pronom personnel réfléchi, et de *est*, forme conjuguée du verbe être.

COMMENT LES DISTINGUER ?

c'est peut être remplacé par *cela est.*
C'est ma maison.
Cela est ma maison.

Si l'on change le sujet par *je* ou *tu*, *s'est* devient *me suis* ou *t'es.*
Mon frère s'est caché derrière un arbre.
Je me suis caché derrière un arbre.
Tu t'es caché derrière un arbre.

307 *c'était* et *s'était*

QUELLE EST LA DIFFÉRENCE DE NATURE ?

c'était est formé de *c'*, pronom démonstratif, et de *était*, forme conjuguée du verbe être.

s'était est formé de *s'*, pronom personnel réfléchi, et de *était*, forme conjuguée du verbe être.

COMMENT LES DISTINGUER ?

c'était peut être remplacé par *cela était.*
C'était ma maison.
Cela était ma maison.

Si l'on remplace le sujet par *je* ou *tu*, *s'était* devient *m'étais* ou *t'étais.*
Il s'était caché derrière un arbre.
Je m'étais caché derrière un arbre.
Tu t'étais caché derrière un arbre.

308 *cet* et *cette*

QUELLE EST LA DIFFÉRENCE DE NATURE ?

cet est un adjectif démonstratif qui détermine un nom masculin.
cet remplace *ce* devant un nom masculin commençant par :
– une voyelle : *cet a*vion ;
– un *h* muet : *cet h*umour.

cette est un adjectif démonstratif qui détermine un nom féminin.

COMMENT LES DISTINGUER ?

cet peut être remplacé par *un.*
Cet homme est généreux.
Un homme est généreux.

cette peut être remplacé par *une.*
Cette femme est généreuse.
Une femme est généreuse.

309 *ces* et *ses*

QUELLE EST LA DIFFÉRENCE DE NATURE ?	COMMENT LES DISTINGUER ?
ces est un adjectif démonstratif qui détermine un nom au pluriel.	Si l'on met au singulier le nom au pluriel qu'il détermine, *ces* devient *cette* ou *ce*. *Ces roses et ces bégonias sont magnifiques.* *Cette rose et ce bégonia sont magnifiques.*
ses est un adjectif possessif qui détermine un nom au pluriel.	Si l'on met au singulier le nom au pluriel qu'il détermine, *ses* devient *son* ou *sa*. *Il a perdu ses cahiers et ses clés.* *Il a perdu son cahier et sa clé.*

310 *et* et *est*

QUELLE EST LA DIFFÉRENCE DE NATURE ?	COMMENT LES DISTINGUER ?
et est une conjonction de coordination invariable.	Si l'on met la phrase à l'imparfait : – *et* ne change pas. *Mon chien et mon chat jouent ensemble.* *Mon chien et mon chat jouaient ensemble.*
est est une forme conjuguée du verbe être.	– *est* devient *était*. *Elle est venue me voir.* *Elle était venue me voir.*

311 *la*, *l'a* et *là*

QUELLE EST LA DIFFÉRENCE DE NATURE ?	COMMENT LES DISTINGUER ?
la est un article qui détermine un nom féminin.	Si l'on remplace le nom féminin qu'il détermine par un nom masculin, *la* devient *le*. *La petite fille appelle sa maman.* *Le petit garçon appelle sa maman.*
la devant le verbe est un pronom personnel.	*la* est toujours devant un verbe conjugué. On peut également remplacer *la* par *le*. *Il prend une tasse de café et la boit.* (verbe *boire)* *Il prend du café et le boit.*

QUELLE EST LA DIFFÉRENCE DE NATURE ?	COMMENT LES DISTINGUER ?
l'a est formé de *l'*, pronom personnel, et de *a*, forme conjuguée du verbe *avoir*.	Si l'on met la phrase à l'imparfait : – *l'a* devient *l'avait*. *Cette histoire, il me l'a racontée hier.* *Cette histoire, il me l'avait racontée hier.*
là indique le lieu, c'est un adverbe.	– *là* peut être remplacé par *ici*. *C'est là que je l'ai vu pour la dernière fois.* *C'est ici que je l'ai vu pour la dernière fois.*

312 *leur* et *leurs*

QUELLE EST LA DIFFÉRENCE DE NATURE ?	COMMENT LES DISTINGUER ?
leur, pronom personnel invariable, est toujours placé devant un verbe.	Si l'on met au singulier le nom au pluriel qu'il remplace, *leur* devient *lui*. *Mes professeurs m'interrogent, je leur réponds.* *Mon professeur m'interroge, je lui réponds.*
leur, adjectif possessif est toujours placé devant un nom. *leur* s'accorde avec le nom.	*leur* peut être remplacé par *sa* ou *son*. *leurs* peut être remplacé par *ses*. *Il me montre leur chambre.* *Il me montre sa chambre.* *Ils jouent avec leurs jouets.* *Ils jouent avec ses jouets.*

313 *on* et *ont*

QUELLE EST LA DIFFÉRENCE DE NATURE ?	COMMENT LES DISTINGUER ?
on est un pronom personnel.	Si l'on met la phrase à l'imparfait : – *on* ne change pas. *On parle souvent trop.* *On parlait souvent trop.*
ont est une forme conjuguée du verbe *avoir*.	– *ont* devient *avaient*. *Les voyageurs ont attendu le train.* *Les voyageurs avaient attendu le train.*

314 *ou* et *où*

QUELLE EST LA DIFFÉRENCE DE NATURE ?	COMMENT LES DISTINGUER ?
ou est une conjonction de coordination qui relie deux mots, deux groupes de mots ou deux propositions.	*ou* peut être remplacé par *ou bien*. *Je viendrai dimanche ou lundi.* *Je viendrai dimanche ou bien lundi.*
où est un adverbe interrogatif qui indique le lieu et sert à poser une question.	*où* ne peut pas être remplacé par *ou bien*. *Où habites-tu ?*
où est un pronom relatif qui indique le lieu et introduit une proposition relative.	*où* ne peut pas être remplacé par *ou bien*. *Montre-moi l'endroit où tu habites.*

315 *peut* et *peu*

QUELLE EST LA DIFFÉRENCE DE NATURE ?	COMMENT LES DISTINGUER ?
peut est la forme conjuguée du verbe *pouvoir* à la 3e personne du singulier du présent de l'indicatif.	Si l'on met la phrase à l'imparfait : – *peut* devient *pouvait*. *Mon chien peut te mordre.* *Mon chien pouvait te mordre.*
peu est un adverbe invariable.	– *peu* ne varie pas. *J'ai peu d'argent à te donner.* *J'avais peu d'argent à te donner.*

316 *quand*, *quant* et *qu'en*

QUELLE EST LA DIFFÉRENCE DE NATURE ?	COMMENT LES DISTINGUER ?
quand est une conjonction qui exprime le temps ou interroge sur lui. REM Devant une voyelle, le *d* se prononce [t]. *Quand ils viendront…*	On peut remplacer *quand* par *lorsque* ou par *quel jour, à quelle heure…* dans une phrase interrogative. *Quand le soleil se lèvera, nous partirons.* *Lorsque le soleil se lèvera, nous partirons.* *Quand le soleil se lèvera-t-il ?* *À quelle heure le soleil se lèvera-t-il ?*
quant à est une locution prépositive.	*quant à* peut être remplacé par *en ce qui concerne*. *Quant à ton frère, je l'attends de pied ferme.* *En ce qui concerne ton frère, je l'attends de pied ferme.*

QUELLE EST LA DIFFÉRENCE DE NATURE ?	COMMENT LES DISTINGUER ?
qu'en est formé de *que* (conjonction de subordination ou pronom interrogatif) et de *en*, pronom personnel.	*qu'en* est l'équivalent de *que... de cela.* *Nous partirions jeudi. Qu'en penses-tu ? = Que penses-tu de cela (de cette date, de notre proposition) ?*
qu'en peut être aussi formé de *que* + *en*, préposition introduisant un gérondif.	*qu'en* peut être remplacé par *que... en* (ou *qu'... en*) si l'on change de place les mots qui suivent. *Il croit qu'en avançant il se protégera. Il croit qu'il se protégera en avançant.*

317 *qu'elle, quel, quelle*

QUELLE EST LA DIFFÉRENCE DE NATURE ?	COMMENT LES DISTINGUER ?
qu'elle est formé de *qu'*, pronom relatif, et du pronom personnel sujet *elle.*	*qu'elle* peut être remplacé par *qu'il.* *Je pense qu'elle va venir. Je pense qu'il va venir.*
quel est un adjectif exclamatif ou interrogatif qui détermine un nom féminin.	*quel* ne peut pas être remplacé par *qu'il.* *Quel film ! Quel train prends-tu ?*
quelle est un adjectif exclamatif ou interrogatif qui détermine un nom féminin.	*quelle* ne peut pas être remplacé par *qu'il.* *Quelle aventure ! Quelle heure est-il ?*

318 *sa, ça* et *çà*

QUELLE EST LA DIFFÉRENCE DE NATURE ?	COMMENT LES DISTINGUER ?
sa est un adjectif possessif qui détermine un nom féminin.	*sa* peut être remplacé par *son* + nom masculin. *Mon père lave sa voiture. Mon père lave son camion.*
ça est un pronom démonstratif.	*ça* peut être remplacé par *cela.* *Ça m'ennuie beaucoup. Cela m'ennuie beaucoup.*
çà est un adverbe, employé dans l'expression *çà et là*, qui indique le lieu.	*çà* peut être remplacé par *ici.* *Je trouvais des champignons çà et là. Je trouvais des champignons ici et là.*

REM *çà* peut être employé comme interjection : *çà alors !*

319 *sans* et *s'en*

QUELLE EST LA DIFFÉRENCE DE NATURE ?	COMMENT LES DISTINGUER ?
sans est une préposition.	*sans* est le contraire de *avec*. Il peut se trouver devant un nom ou devant un verbe à l'infinitif. *Il boit son café sans sucre.* *Il boit son café avec du sucre.* *Il est parti sans payer son repas.*
s'en est formé du pronom *s'* (appartenant à un verbe pronominal) et de *en*, pronom personnel.	*s'en* est toujours placé devant un verbe conjugué. *Son dictionnaire, il ne s'en sert jamais.*

320 *son* et *sont*

QUELLE EST LA DIFFÉRENCE DE NATURE ?	COMMENT LES DISTINGUER ?
son est un adjectif possessif.	Si l'on met la phrase à l'imparfait : – *son* ne change pas. *Son père travaille avec le mien.* *Son père travaillait avec le mien.*
sont est une forme conjuguée du verbe être.	– *sont* devient *étaient*. *Mes enfants sont partis au collège.* *Mes enfants étaient partis au collège.*

321 *tout* et *tous*

QUELLE EST LA DIFFÉRENCE DE NATURE ?	COMMENT LES DISTINGUER ?
tout est un pronom indéfini sujet ou complément du verbe. Il est invariable.	*tout* peut être remplacé par *le tout*. *Gardez tout.* *Gardez le tout.*
tout est un adverbe. Il est invariable, sauf devant un nom féminin commençant par une consonne (*toute* triste, *toutes* tristes).	*tout* peut être remplacé par *complètement* ou *vraiment*. *Ils étaient tout étonnés.* *Ils étaient vraiment étonnés.*
tous est un adjectif indéfini. Il qualifie toujours un nom pluriel.	Devant *les* + un nom, on écrit *tous*. *Tous les amis étaient venus.*

322 Emploi du trait d'union : D'où venez-vous ?

- Le trait d'union apparaît entre le verbe et un pronom sujet à la forme interrogative.

Comment a-t-il su ? *Comment partirons-nous ?* *Qui a-t-il appelé ?*
Où allez-vous ? *Quand mange-t-on ?* *Qu'avez-vous vu ?*

⚠ Le *t* entre deux traits d'union évite que deux voyelles ne se suivent.

- On doit mettre un trait d'union entre le verbe et un pronom complément à l'impératif.

Prends-en. *Allez-vous-en.* *Allez-y.* *Crois-le.* *Donne-m'en.*

- Le trait d'union est obligatoire dans les mots composés avec *ci* ou *là*.

celui-ci	*par-ci*	*ci-après*	*ci-gît*	*ces jours-là*	*là-dessus*
ceux-ci	*ci-dessus*	*ci-devant*	*celui-là*	*par-là*	*là-haut*
ces jours-ci	*ci-contre*	*ci-joint*	*ceux-là*	*là-bas*	*là-dedans*

- Le trait d'union doit figurer entre un pronom personnel et *même*.

moi-même	*lui-même*	*nous-mêmes*	*eux-mêmes*
toi-même	*elle-même*	*vous-même(s)*	*elles-mêmes*

- Il est d'usage de placer un trait d'union dans les noms des nombres composés inférieurs à 100 et juxtaposés. ⟶ Tolérances orthographiques, paragraphe 392.

mille cent vingt-six	*soixante-dix-neuf*	*soixante-six*
quatre cent cinquante-deux	*quatre-vingt-treize*	*cent quatre-vingt-huit*

- Dans les mots composés, il faut toujours un trait d'union après :

– *demi* et *semi* ;	*un demi-litre, un semi-remorque*
– *ex* ;	*mon ex-femme*
– *non* (devant un nom) ;	*un non-sens*
– *pro* (devant une voyelle).	*pro-américain*

REM Pour vous assurer de l'orthographe d'un mot composé ⟶ paragraphes 394 et 59.

323 Règle générale d'emploi de la majuscule

La majuscule se trouve :

- au début des phrases

Le train entre en gare.

- au début des noms propres

Elle s'appelle Marie.

324 Majuscule au début des phrases

On met une majuscule :

- à la première lettre du premier mot d'une phrase

Mon chien s'est sauvé.

- après deux-points ou un tiret qui annoncent des paroles rapportées

Elle m'a répondu : « Je ne viendrai pas. »

- au début des vers dans la poésie classique

Maître Corbeau, sur un arbre perché,
Tenait en son bec un fromage.

325 Majuscule au début des noms propres

On met une majuscule :

- à la première lettre d'un nom et/ou prénom de personne

A. Durant *Jacqueline Dupont*

⚠ *Jean de La Fontaine, J.-M.G. Le Clézio.*

REM – Dans les noms propres composés, la préposition ne prend pas de majuscule.

Charles de Gaulle

– Dans les surnoms composés, l'article ne prend pas de majuscule.

Pierrot le Fou *Charles le Sage*

- à la première lettre des titres

  Madame le Préfet
  Votre Altesse
  M. le Comte

- à la première lettre des noms de lieux, de monuments historiques ou d'institutions

  la Loire
  la France
  la Bastille
  le Colisée
  l'Assemblée nationale

⚠ Dans les noms de lieux composés, chaque nom prend une majuscule mais l'article ou la préposition ne prennent pas de majuscule.

Sainte-Foy-la-Grande
Trouville-sur-Mer
le Loir-et-Cher

- à la première lettre des noms d'institutions

  l'Académie française
  la Sécurité sociale

- à la première lettre des noms désignant des périodes historiques

  les guerres de Religion
  la Libération
  la Renaissance

REM Pour l'emploi du trait d'union dans les mots composés ⟶ Tolérances orthographiques, paragraphe 389.

326 Les affixes des trois groupes de verbes

Toute forme verbale peut se décomposer en différents éléments : les radicaux (en noir) et les affixes (en rouge). Ces éléments peuvent varier d'une personne à l'autre, d'un temps à l'autre, d'un groupe de verbes à l'autre.

1er groupe	2e groupe	3e groupe			
INDICATIF présent					
aim-e	fini-s	ouvr-e	dor-s	met-s	veu-x
aim-es	fini-s	ouvr-es	dor-s	met-s	veu-x
aim-e	fini-t	ouvr-e	dor-t	met	veu-t
aim-ons	fini-ss-ons	ouvr-ons	dorm-ons	mett-ons	voul-ons
aim-ez	fini-ss-ez	ouvr-ez	dorm-ez	mett-ez	voul-ez
aim-ent	fini-ss-ent	ouvr-ent	dorm-ent	mett-ent	veul-ent
imparfait					
aim-ai-s	fini-ss-ai-s	ouvr-ai-s			
aim-ai-s	fini-ss-ai-s	ouvr-ai-s			
aim-ai-t	fini-ss-ai-t	ouvr-ai-t			
aim-i-ons	fini-ss-i-ons	ouvr-i-ons			
aim-i-ez	fini-ss-i-ez	ouvr-i-ez			
aim-ai-ent	fini-ss-ai-ent	ouvr-ai-ent			
passé simple					
aim-ai	fin-is	ouvr-is	voul-us	t-ins	
aim-as	fin-is	ouvr-is	voul-us	t-ins	
aim-a	fin-it	ouvr-it	voul-ut	t-int	
aim-âmes	fin-îmes	ouvr-îmes	voul-ûmes	t-înmes	
aim-âtes	fin-îtes	ouvr-îtes	voul-ûtes	t-întes	
aim-èrent	fin-irent	ouvr-irent	voul-urent	t-inrent	
futur simple					
aim-er-ai	fini-r-ai	ouvri-r-ai			
aim-er-as	fini-r-as	ouvri-r-as			
aim-er-a	fini-r-a	ouvri-r-a			
aim-er-ons	fini-r-ons	ouvri-r-ons			
aim-er-ez	fini-r-ez	ouvri-r-ez			
aim-er-ont	fini-r-ont	ouvri-r-ont			

Ier groupe	2e groupe	3e groupe			
CONDITIONNEL					
présent					
aim-er-ai-s	fini-r-ai-s	ouvri-r-ai-s			
aim-er-ai-s	fini-r-ai-s	ouvri-r-ai-s			
aim-er-ai-t	fini-r-ai-t	ouvri-r-ai-t			
aim-er-i-ons	fini-r-i-ons	ouvri-r-i-ons			
aim-er-i-ez	fini-r-i-ez	ouvri-r-i-ez			
aim-er-ai-ent	fini-r-ai-ent	ouvri-r-ai-ent			
SUBJONCTIF					
présent					
aim-e	fini-ss-e	ouvr-e			
aim-es	fini-ss-es	ouvr-es			
aim-e	fini-ss-e	ouvr-e			
aim-i-ons	fini-ss-i-ons	ouvr-i-ons			
aim-i-ez	fini-ss-i-ez	ouvr-i-ez			
aim-ent	fini-ss-ent	ouvr-ent			
imparfait					
aim-a-ss-e	fini-ss-e	ouvr-i-ss-e	t-in-ss-e	voul-u-ss-e	
aim-a-ss-es	fini-ss-es	ouvr-i-ss-es	t-in-ss-es	voul-u-ss-es	
aim-â-t	finî-t	ouvr-î-t	t-în-t	voul-û-t	
aim-a-ss-i-ons	fini-ss-i-ons	ouvr-i-ss-i-ons	t-in-ss-i-ons	voul-u-ss-i-ons	
aim-a-ss-i-ez	fini-ss-i-ez	ouvr-i-ss-i-ez	t-in-ss-i-ez	voul-u-ss-i-ez	
aim-a-ss-ent	fini-ss-ent	ouvr-i-ss-ent	t-in-ss-ent	voul-u-ss-ent	
IMPÉRATIF					
présent					
aim-e	fini-s	ouvr-e	dor-s		
aim-ons	fini-ss-ons	ouvr-ons	dorm-ons		
aim-ez	fini-ss-ez	ouvr-ez	dorm-ez		
PARTICIPE					
présent					
aim-ant	fini-ss-ant	ouvr-ant			
passé					
aim-é	fin-i	dorm-i	ten-u	pri-s	écri-t
				clo-s	ouver-t
				absou-s	mor-t
INFINITIF					
présent					
aim-e-r	fin-i-r	ouvr-i-r	voul-oi-r	croi-r-e	

327 Verbes en *-cer* : je place, nous plaçons

Les verbes se terminant par *-cer* (*placer, annoncer, déplacer*...) prennent une cédille sous le *c* (*ç*) devant *a* et *o* :

- à la 1re personne du pluriel du présent de l'indicatif ; *nous plaçons*
- aux trois personnes du singulier et à la 3e personne du pluriel de l'imparfait de l'indicatif ; *je plaçais*
- aux trois personnes du singulier et aux deux premières personnes du pluriel du passé simple de l'indicatif ; *je plaçai*
- à toutes les personnes de l'imparfait du subjonctif ; *que je plaçasse*
- à la 1re personne du pluriel du présent de l'impératif ; *plaçons*
- au participe présent. *plaçant*

328 Verbes en *-ger* : je mange, nous mangeons

Les verbes se terminant par *-ger* (*manger, nager, bouger*...) conservent leur *e* après le *g* devant *a* et *o* :

- à la 1re personne du pluriel du présent de l'indicatif ; *nous mangeons*
- aux trois personnes du singulier et à la 3e personne du pluriel de l'imparfait de l'indicatif ; *je mangeais*
- aux trois personnes du singulier et aux deux premières personnes du pluriel du passé simple de l'indicatif ; *je mangeai*
- à toutes les personnes de l'imparfait du subjonctif ; *que je mangeasse*
- à la 1re personne du pluriel du présent de l'impératif ; *mangeons*
- au participe présent. *mangeant*

329 Verbes en *-e + consonne + er* : je pèse, nous pesons

Les verbes se terminant par *-e + consonne + er* (*peser, semer, sevrer*...), qui se conjuguent sur le modèle de *peser*, changent le premier *e* (le *e* du radical) en *è* :

- aux trois personnes du singulier et à la 3e personne du pluriel du présent de l'indicatif ; *je pèse*
- à toutes les personnes du futur simple de l'indicatif ; *je pèserai*
- aux trois personnes du singulier et à la 3e personne du pluriel du présent du subjonctif ; *que je pèse*
- à toutes les personnes du présent du conditionnel ; *je pèserais*
- à la 2e personne du singulier du présent de l'impératif. *pèse*

⚠ Les verbes se terminant par *-eler* et *-eter* ⟶ paragraphes 331, 332.

330 Verbes en *-é + consonne + er* : je cède, nous cédons

Les verbes se terminant par *-é + consonne + er* (*céder, célébrer, régler...*), qui se conjuguent sur le modèle de *céder*, changent le *é* en *è* :

- aux trois personnes du singulier et à la 3e personne du pluriel du présent de l'indicatif ; *je cède*
- aux trois personnes du singulier et à la 3e personne du pluriel du présent du subjonctif ; *que je cède*
- à la 2e personne du singulier du présent de l'impératif. *cède*

REM La conjugaison de ces verbes peut maintenant s'aligner sur celle de *peser* ⟶ Tolérances orthographiques, paragraphe 386.

331 Verbes se terminant par *-eler* : je gèle, j'appelle

Règle 1

Les verbes suivants se terminant par *-eler* (*agneler, celer, ciseler, congeler, déceler, décongeler, dégeler, démanteler, écarteler, geler, harceler, marteler, modeler, peler, receler, recongeler, regeler, remodeler, surgeler*) changent le premier *e* (le *e* du radical) en *è* :

- aux trois personnes du singulier et à la 3e personne du pluriel du présent de l'indicatif ; *je gèle*
- à toutes les personnes du futur simple de l'indicatif ; *je gèlerai*
- aux trois personnes du singulier et à la 3e personne du pluriel du présent du subjonctif ; *que je gèle*
- à toutes les personnes du présent du conditionnel ; *je gèlerais*
- à la 2e personne du singulier du présent de l'impératif. *gèle*

Règle 2

Pour tous les autres verbes se terminant par *-eler*, *l* devient *ll* :

- aux trois personnes du singulier et à la 3e personne du pluriel du présent de l'indicatif ; *j'appelle*
- à toutes les personnes du futur simple de l'indicatif ; *j'appellerai*
- aux trois personnes du singulier et à la 3e personne du pluriel du présent du subjonctif ; *que j'appelle*
- à toutes les personnes du présent du conditionnel ; *j'appellerais*
- à la 2e personne du singulier du présent de l'impératif. *appelle*

REM ⟶ Tolérances orthographiques, paragraphe 386.

332 Verbes en *-eter* : j'achète, je jette

Règle 1

Les verbes suivants se terminant par *-eter* (*acheter, bêcheveter, bégueter, breveter, corseter, duveter (se), crocheter, fileter, fureter, haleter, racheter, recacheter*) changent le premier *e* (le *e* du radical) en *è* :

- aux trois personnes du singulier et à la 3e personne du pluriel du présent de l'indicatif ; — *j'achète*
- à toutes les personnes du futur simple de l'indicatif ; — *j'achèterai*
- aux trois personnes du singulier et à la 3e personne du pluriel du présent du subjonctif ; — *que j'achète*
- à toutes les personnes du présent du conditionnel ; — *j'achèterais*
- à la 2e personne du singulier du présent de l'impératif. — *achète*

Règle 2

Pour tous les autres verbes se terminant par *-eter*, *t* devient *tt* :

- aux trois personnes du singulier et à la 3e personne du pluriel du présent de l'indicatif ; — *je jette*
- à toutes les personnes du futur simple de l'indicatif ; — *je jetterai*
- aux trois personnes du singulier et à la 3e personne du pluriel du présent du subjonctif ; — *que je jette*
- à toutes les personnes du présent du conditionnel ; — *je jetterais*
- à la 2e personne du singulier du présent de l'impératif. — *jette*

REM → Tolérances orthographiques, paragraphe 386.

333 Verbes en *-ayer* : je paye ou je paie, nous payons

Pour les verbes se terminant par *-ayer* (*payer, balayer, rayer*…), qui se conjuguent sur le modèle de *payer*, deux conjugaisons sont possibles : le *y* est conservé à tous les modes et à tous les temps ; le *y* se change en *i* devant un *e* muet (que l'on n'entend pas) :

- aux trois personnes du singulier et à la 3e personne du pluriel du présent de l'indicatif ; — *je paye ou je paie*
- à toutes les personnes du futur simple de l'indicatif ; — *je payerai ou je paierai*

- aux trois personnes du singulier et à la 3e personne du pluriel du présent du subjonctif ; *que je paye ou que je paie*
- à toutes les personnes du présent du conditionnel ; *je payerais ou je paierais*
- à la 2e personne du singulier du présent de l'impératif. *paye ou paie*

REM Le *y* est suivi d'un *i* :
– aux deux premières personnes du pluriel de l'imparfait de l'indicatif ;
nous payions, vous payiez
– aux deux premières personnes du pluriel du présent du subjonctif.
que nous payions, que vous payiez

334 Verbes en *-oyer* et en *-uyer* : j'aboie, nous essuyons

Pour les verbes se terminant par *-oyer* et *-uyer* (*aboyer, essuyer*…), le *y* se change en *i* devant un *e* muet (que l'on n'entend pas) :

- aux trois personnes du singulier et à la 3e personne du pluriel du présent de l'indicatif ; *j'aboie, j'essuie*
- à toutes les personnes du futur simple de l'indicatif ; *j'aboierai, j'essuierai*
- aux trois personnes du singulier et à la 3e personne du pluriel du présent du subjonctif ; *que j'aboie, que j'essuie*
- à toutes les personnes du présent du conditionnel ; *j'aboierais, j'essuierais*
- à la 2e personne du singulier du présent de l'impératif. *aboie, essuie*

REM Le *y* est suivi d'un *i* :
– aux deux premières personnes du pluriel de l'imparfait de l'indicatif ;
nous aboyions, vous aboyiez, nous essuyions, vous essuyiez
– aux deux premières personnes du pluriel du présent du subjonctif.
que nous aboyions, que vous aboyiez, que nous essuyions, que vous essuyiez

335 Verbes en *-eyer* : je fase*y*e, nous fase*y*ons

Pour les verbes se terminant par *-eyer* (*volleyer, faseyer*), le *y* est conservé à tous les modes et à tous les temps.

je faseye

REM Le *y* est suivi d'un *i* :
– aux deux premières personnes du pluriel de l'imparfait de l'indicatif ;
nous faseyions, vous faseyiez
– aux deux premières personnes du pluriel du présent du subjonctif.
que nous faseyions, que vous faseyiez

336 Verbe *haïr* : je ha*i*s, nous ha*ï*ssons

Dans la conjugaison du verbe *haïr*, le *ï* devient *i* :

- aux trois personnes du singulier du présent de l'indicatif ; *je hais, tu hais, il hait*
- à la 2e personne du singulier du présent de l'impératif. *hais*

Le *ï* se maintient à toutes les autres personnes du présent et de l'impératif, ainsi qu'à tous les autres temps.

haïssez, nous haïssons

REM Le *h* du verbe *haïr* est dit « aspiré » : il ne s'élide pas.
je hais ≠ j'aime
La présence du tréma change la prononciation du radical.
je hais [ɛ], *nous haïssons* [aisɔ̃]

337 Verbes en *-tir* : je sors, nous sor*t*ons

Les verbes se terminant par *-tir* (*mentir, sortir, partir*…), qui se conjuguent sur le modèle de *partir*, perdent leur *t* :

- aux deux premières personnes du singulier du présent de l'indicatif ; *je pars, tu pars*
- à la 2e personne du singulier de l'impératif. *pars*

⚠ Les verbes *vêtir, dévêtir* et *revêtir* conservent le *t*.
je vêts, tu vêts, vêts

338 Verbes *mourir* et *courir* : je mourrai, je courrai

Pour les verbes *mourir*, *courir* et ceux de la famille de *courir* (*parcourir, secourir...*), le *r* devient *rr* :

- à toutes les personnes du futur simple de l'indicatif ; *je mourrai, je courrai*
- à toutes les personnes du présent du conditionnel. *je mourrais, je courrais*

339 Verbes *fuir*, *s'enfuir*, *croire* et verbes en *-raire* : je fuis, je fuyais, je crois, je croyais, je trais, je trayais

Dans la conjugaison des verbes *fuir*, *s'enfuir*, *croire* et des verbes se terminant par *-raire* (*traire, distraire...*), le *i* se change en *y* :

- aux deux premières personnes du pluriel du présent de l'indicatif ; *nous fuyons, vous fuyez*
- à toutes les personnes de l'imparfait de l'indicatif ; *je fuyais*
- aux deux personnes du pluriel du présent de l'impératif. *fuyons, fuyez*

REM Le *y* est suivi d'un *i* :
– aux deux premières personnes du pluriel de l'imparfait de l'indicatif ;
nous fuyions, vous fuyiez
– aux deux premières personnes du pluriel du présent du subjonctif.
que nous fuyions, que vous fuyiez

340 Verbes en *-cevoir* : je reçois, nous recevons

Les verbes se terminant par *-cevoir* (*recevoir, apercevoir, décevoir...*) prennent une cédille sous le *c* (*ç*) devant *a*, *o* et *u* :

- aux trois personnes du singulier et à la 3e personne du pluriel du présent de l'indicatif ; *je reçois*
- à toutes les personnes du passé simple de l'indicatif ; *je reçus*
- aux trois personnes du singulier et à la 3e personne du pluriel du présent du subjonctif ; *que je reçoive*
- à toutes les personnes de l'imparfait du subjonctif ; *que je reçusse*
- à la 2e personne du singulier du présent de l'impératif ; *reçois*
- au participe passé. *reçu*

341 Verbes *devoir* et *redevoir* : dû, redû

Les participes passés des verbes *devoir* et *redevoir* s'écrivent avec un accent circonflexe (^) au masculin singulier (mais ni au féminin, ni au pluriel).

dû, redû

342 Verbes *s'asseoir* et *se rasseoir* : je m'ass*ieds* ou je m'ass*ois*

Règle 1

Les verbes *s'asseoir* et *se rasseoir* ont deux conjugaisons possibles, à toutes les personnes des temps suivants :

	PREMIÈRE FORME	DEUXIÈME FORME
• le présent de l'indicatif ;	*je m'assieds*	*je m'assois*
• l'imparfait de l'indicatif ;	*je m'asseyais*	*je m'assoyais*
• le futur simple de l'indicatif ;	*je m'assiérai*	*je m'assoirai*
• le présent du subjonctif ;	*que je m'asseye*	*que je m'assoie*
• le présent du conditionnel ;	*je m'assiérais*	*je m'assoirais*
• l'impératif présent ;	*assieds*	*assois*
• le participe présent.	*asseyant*	*assoyant*

Règle 2

Dans les deux formes, le *i* devient *y* :

	PREMIÈRE FORME	DEUXIÈME FORME
• aux deux premières personnes du pluriel du présent de l'indicatif ;	*nous nous asseyons*	*nous nous assoyons*
• à l'imparfait de l'indicatif ;	*je m'asseyais*	*je m'assoyais*
• aux deux personnes du pluriel du présent de l'impératif.	*asseyez-vous*	*assoyez-vous*

Règle 3

Dans la première forme, le *i* devient *y* à la 3e personne du pluriel du présent de l'indicatif et à toutes les personnes du présent du subjonctif.

ils s'asseyent, que je m'asseye

Règle 4

Dans la deuxième forme, le *i* devient *y* aux deux premières personnes du pluriel du présent du subjonctif.

que vous vous assoyez

REM *ey* est suivi d'un *i* :

	PREMIÈRE FORME	DEUXIÈME FORME
– aux deux premières personnes du pluriel de l'imparfait de l'indicatif ;	*nous nous asseyions*	*nous nous assoyions*
– aux deux premières personnes du pluriel du présent du subjonctif.	*que n. n. asseyions*	*que n. n. assoyions*

343 Verbe *surseoir* : je sursois, nous sursoyons, je surseoirai

Règle 1

Le verbe *surseoir* garde le *e* du radical :

- au futur simple de l'indicatif ; — *je surseoirai*
- au présent du conditionnel. — *je surseoirais*

Il le perd à tous les autres temps.

Règle 2

Le *i* se change en *y* :

- aux deux premières personnes du pluriel du présent de l'indicatif ; — *nous sursoyons*
- à toutes les personnes de l'imparfait de l'indicatif ; — *je sursoyais*
- aux deux premières personnes du pluriel du présent du subjonctif ; — *que nous sursoyons*
- aux deux personnes du pluriel du présent de l'impératif. — *sursoyez*

REM Le *y* est suivi d'un *i* aux deux premières personnes du pluriel de l'imparfait de l'indicatif et du présent du subjonctif (*nous sursoyions, que nous sursoyions*).

344 Verbes *vaincre* et *convaincre* : je vaincs, nous vainquons

Règle 1

Les verbes *vaincre* et *convaincre* conservent le *c* :

- aux trois personnes du singulier du présent de l'indicatif ; — *je vaincs, tu vaincs, il vainc*
- à toutes les personnes du futur simple de l'indicatif ; — *je vaincrai*
- à toutes les personnes du présent du conditionnel ; — *je vaincrais*
- à la 2e personne du singulier du présent de l'impératif ; — *vaincs*
- au participe passé. — *vaincu*

Règle 2

À toutes les autres personnes et à tous les autres temps, le *c* se change en *qu*.

nous vainquons

REM Le participe présent de *vaincre* s'écrit avec *qu* : *vainquant*.
L'adjectif verbal (issu du participe présent) s'écrit avec un *c* : *convaincant*.

345 Verbes en *-eindre*, *-oindre* et *-aindre* : je peins, nous peignons

Règle 1

Dans la conjugaison des verbes se terminant par *-eindre*, *-oindre* et *-aindre* (*peindre, joindre, craindre*…), le *d* qui apparaît à l'infinitif se conserve seulement :

- à toutes les personnes du futur de l'indicatif ; *je peindrai, je joindrai, je craindrai*
- à toutes les personnes du présent du conditionnel. *je peindrais, je joindrais, je craindrais*

Règle 2

Ces verbes conservent les sons « ein », « oin » ou « ain » des radicaux :

- aux trois personnes du singulier du présent de l'indicatif ; *je peins, je joins, je crains*
- à la 2e personne du singulier du présent de l'impératif ; *peins, joins, crains*
- au participe passé. *peint, joint, craint*

Règle 3

Toutes les autres personnes et tous les autres temps perdent ce son et ajoutent *gn* au radical : *nous peignons, nous joignons, nous craignons.*

346 Verbes en *-soudre* : j'absous, nous absolvons

Règle 1

Dans la conjugaison des verbes se terminant par *-soudre* (*absoudre*, *résoudre* et *dissoudre*), le *d* se conserve :

- à toutes les personnes du futur de l'indicatif ; *je dissoudrai*
- à toutes les personnes du présent du conditionnel. *je dissoudrais*

Règle 2

Ces verbes conservent le son « ou » du radical :

- aux trois personnes du singulier du présent de l'indicatif ; *je dissous*
- à la 2e personne du singulier du présent de l'impératif ; *dissous*
- au participe passé (sauf *résolu*). *dissous (dissoute)*

Règle 3

À toutes les autres personnes et à tous les autres temps « ou » devient *olv* : *je résolvais*

REM Le passé simple de l'indicatif et l'imparfait du subjonctif des verbes *absoudre* et *dissoudre* n'existent pas.
Pour l'orthographe des participes passés ⟶ Tolérances orthographiques, paragraphe 390.

347 Verbes *faire, défaire, refaire* : je fais, vous faites, nous faisions

Le verbe *faire* et les verbes de la même famille perdent le *ai* du radical :

- **à la 3e personne du pluriel du présent de l'indicatif ;** *ils font*
- **à toutes les personnes du passé simple de l'indicatif ;** *je fis*
- **à toutes les personnes du futur simple de l'indicatif ;** *je ferai*
- **à toutes les personnes du présent du subjonctif ;** *que je fasse*
- **à toutes les personnes de l'imparfait du subjonctif ;** *que je fisse*
- **à toutes les personnes du présent du conditionnel.** *je ferais*

REM À la 1re personne du pluriel du présent de l'indicatif et à toutes les personnes de l'imparfait de l'indicatif, on prononce « fe » mais on écrit *fai* : ***nous faisons, je faisais***
La 2e personne du pluriel du présent de l'indicatif est irrégulière : ***vous faites***

348 Verbes en *-aître* : je connais, il connaît

Dans la conjugaison des verbes se terminant par *-aître* (*connaître, disparaître, comparaître*...), le *î* du radical se conserve lorsqu'il est suivi d'un *t*.

- **à la 3e personne du singulier du présent de l'indicatif ;** *il connaît*
- **à toutes les personnes du futur de l'indicatif ;** *je connaîtrai*
- **à toutes les personnes du présent du conditionnel.** *je connaîtrais*

REM ⟶ Tolérances orthographiques, paragraphe 385.

349 Verbes *dire* et *redire* : vous dites

Les verbes *dire* et *redire* ont une forme particulière à la 2e personne du pluriel du présent de l'indicatif et de l'impératif présent.

vous dites, vous redites, dites, redites

Les autres verbes se terminant par *-dire* (*contredire, dédire, interdire, médire, prédire*) sont réguliers à ces personnes.

vous interdisez, contredisez

⚠ *vous maudissez.*

350 Verbe *croître* : je croîs, il croît, crû

Règle 1

Le verbe *croître* garde un *î* :

- aux trois premières personnes du présent de l'indicatif ; *je croîs*
- à toutes les personnes du futur de l'indicatif ; *je croîtrai*
- à toutes les personnes du présent du conditionnel ; *je croîtrais*
- à la 2e personne du singulier de l'impératif présent. *croîs*

Règle 2

Le verbe *croître* prend un *û* :

- à toutes les personnes du passé simple de l'indicatif ; *je crûs*
- à toutes les personnes de l'imparfait du subjonctif ; *que je crûsse*
- au participe passé quand il est au masculin singulier. *crû*

351 Verbes en *-croître* : j'accrois, il accroît, accru

La conjugaison des verbes se terminant par *-croître* (*accroître*, *décroître* et *recroître*), conserve le *î* du radical lorsqu'il est suivi d'un *t* :

- à la 3e personne du singulier du présent de l'indicatif ; *il accroît*
- à toutes les personnes du futur de l'indicatif ; *j'accroîtrai*
- à toutes les personnes du présent du conditionnel. *j'accroîtrais*

REM Contrairement au verbe *croître* (paragraphe 350), les verbes *accroître*, *décroître* et *recroître* n'ont pas de *î* aux deux premières personnes du singulier, ni de forme verbale contenant un *û*, sauf *recroître*, dont le participe passé est *recrû* au masculin singulier.

352 Verbes *battre* et *mettre* : je bats, tu bats

Les verbes *battre* et *mettre* et les verbes de la même famille (*débattre*, *remettre*…) perdent un *t* du radical :

- aux trois personnes du singulier du présent de l'indicatif ; *je bats, je mets*
- à la 2e personne du singulier du présent de l'impératif. *bats, mets*

353 *-é* ou *-er* à la fin du verbe : parl*er* ou parl*é*

QUELLE EST LA DIFFÉRENCE ?	COMMENT LES DISTINGUER ?
-é est la terminaison du participe passé des verbes du 1er groupe : *chanté, mangé, joué…*	On peut remplacer le participe passé terminé par *-é* par un participe passé d'un verbe du 3e groupe. *Il a acheté un livre. Il a vendu un livre.*
-er est la terminaison de l'infinitif des verbes du 1er groupe : *chanter, manger, jouer...*	On peut remplacer l'infinitif du verbe du 1er groupe par l'infinitif d'un verbe du 3e groupe. *Elle veut marcher dehors. Elle veut courir dehors.*

REM Le participe passé en *-é* peut s'accorder et s'écrire *-ée*, *-és*, *-ée*.
→ paragraphe 300

354 *-ai* ou *-ais* à la fin du verbe : je chant*ai* ou je chant*ais*

QUELLE EST LA DIFFÉRENCE ?	COMMENT LES DISTINGUER ?
-ai est la terminaison de la 1re personne du singulier du passé simple des verbes du 1re groupe et du verbe *aller* : *j'aimai, je mangeai, j'allai…*	Si l'on conjugue le verbe à la 2e personne du singulier, *-ai* devient *-as*. *Je chantai ce matin. Tu chantas ce matin.*
-ais est la terminaison de la 1re personne du singulier de l'imparfait de l'indicatif pour tous les groupes de verbes : *j'aimais, je finissais, je pouvais…*	Si l'on conjugue le verbe à la 2e personne du singulier, *-ais* reste *-ais*. *Je chantais tous les jours. Tu chantais tous les jours.*

355 *-rai* ou *-rais* à la fin du verbe : je mange*rai* ou je mange*rais*

QUELLE EST LA DIFFÉRENCE ?	COMMENT LES DISTINGUER ?
-rai est la terminaison de la 1re personne du singulier du futur simple pour les trois groupes de verbes : *j'aimerai, je finirai, je dormirai…*	Si l'on conjugue le verbe à la 2e personne du singulier, *-rai* devient *-ras*. *Je sortirai après dîner. Tu sortiras après dîner.*
-rais est la terminaison de la 1re personne du singulier du conditionnel présent pour les trois groupes de verbes : *j'aimerais, je finirais, je dormirais…*	Si l'on conjugue le verbe à la 2e personne du singulier, *-rais* reste *-rais*. *Si tu le voulais, je sortirais maintenant. Si tu le voulais, tu sortirais maintenant.*

356 *-is*, *-it* ou *-i* à la fin du verbe : je m*is*, il m*it*, il a m*is*, il a suiv*i*

QUELLE EST LA DIFFÉRENCE ?	COMMENT LES DISTINGUER ?
-is, *-is*, *-it* peuvent être les terminaisons des trois personnes du singulier du passé simple des verbes des 2e et 3e groupes : *je finis, je dormis…*	Si l'on conjugue le verbe à la 3e personne du pluriel, *-is* et *-it* deviennent *-irent*. *Je sortis de bonne heure. Tu sortis de bonne heure. Il sortit de bonne heure. Ils sortirent de bonne heure.*
-i peut être la terminaison du participe passé d'un verbe en *-ir* à l'infinitif (verbes des 2e et 3e groupes) : *fini, dormi…*	Le *e* du féminin est muet : *i* devient *ie*. *Le garçon est parti. La fille est partie.*
-is peut être la terminaison du participe passé d'un verbe du 3e groupe : *mis, pris…*	Au féminin, *-is* devient *-ise*. On entend le son [z]. *Le poème est appris. La leçon est apprise.*
-it peut être la terminaison du participe passé d'un verbe du 3e groupe : *écrit…*	Au féminin, *-it* devient *-ite*. On entend le *t*. *Le message est écrit. La lettre est écrite.*

VOCABULAIRE

Les numéros renvoient aux numéros des paragraphes.

357 a

à *Il n'y a qu'à regarder.*
ah *ah ! l'orthographe*
ha *Ha, ha, ha, laissez-moi rire !*

à-valoir *Un à-valoir est un acompte.*
avaloir *L'avaloir de l'égout est obstrué.*

abbé *l'abbé de la paroisse*
abée *l'abée du moulin*

accord *l'accord du piano*
la signature de l'accord
accore *une côte accore*
accort *Accort est synonyme d'habile.*
acore *la fleur d'un acore*

acétique *de l'acide acétique*
ascétique *une vie ascétique*

acné *l'acné juvénile*
haquenée *La baronne montait une haquenée.*

acquêts *la communauté réduite aux acquêts*
haquet *un haquet attelé de mules*

acquis *l'acquis de la Révolution française*
acquit *par acquit de conscience*

acre *Une acre* [a] *faisait un bon demi-hectare.*
âcre *l'odeur âcre* [ɑ] *des feux d'automne*

addition *L'addition est une opération simple.*
adition *l'adition en droit romain*

age *l'age* [a] *central de la charrue*
âge *avoir l'âge* [ɑ] *de ses artères*

aïe *Aïe ! cela fait mal.*
ail *pas d'ailloli sans ail*
(au pluriel : les ails ou les aulx)

aile *Il s'envola à tire-d'aile(s).*
elle *Elle parle peu.*

aine *le pli de l'aine*
haine *un cri de haine*

air *prendre l'air – un air connu*
aire *l'aire de stationnement*
ère *l'ère tertiaire*
erre *l'erre du pétrolier*
ers *L'ers est une plante fourragère.*
haire *un drap en haire*
hère *Cet homme est un pauvre hère.*

alêne *L'alêne du cordonnier est une aiguill*
allène *L'allène est un hydrocarbure.*
haleine *Il a mauvaise haleine.*

alentour *personne dans le refuge ni alentour*
alentours *Les alentours étaient déserts.*

alfa *du papier d'alfa*
alpha *l'alpha et l'oméga*

allaitement *l'allaitement du bébé*
halètement *le halètement des asthmatiques*

aller *aller et venir*
hâler *hâler la peau au soleil*
haler *haler une péniche*

allô *Allô ! qui demandez-vous ?*
halo *le halo de la pleine lune*

allogène	*une population allogène*
halogène	*une lampe halogène*
aman	*demander l'aman : demander grâce*
amman	*amman : titre donné à des magistrats en Suisse*
amant	*l'amant et sa maîtresse*
amande	*L'amande est riche en huile.*
amende	*payer une bonne amende*
amen	*Il lui a dit amen sans réfléchir.*
amène	*un ton peu amène*
ammoniac	*le gaz ammoniac*
ammoniaque	*L'ammoniaque est une solution aqueuse du gaz.*
an	*en l'an mille*
han	*Le bûcheron fit han !*
anal	*le stade anal de la petite enfance*
annales	*Les archivistes consultent les annales.*
anche	*l'anche du saxophone*
hanche	*une luxation de la hanche*
ancre	*Le bateau lève l'ancre.*
encre	*une tache d'encre*
anse	*l'anse du panier*
hanse	*La hanse était une association de marchands.*
antre	*un antre de bête féroce*
entre	*entre deux portes*
appas	*Elle croyait ses appas irrésistibles.*
appât	*Les poissons mordent aux appâts.*
apprêt	*une toile sans apprêt*
après	*après l'orage…*
aquilain	*un cheval aquilain*
aquilin	*un nez aquilin*
ara	*Un ara est un grand perroquet.*
haras	*un haras de chevaux de course*
arcane	*l'arcane de l'alchimiste*
	les arcanes de la psychanalyse
arcanne	*un trait rouge tracé à l'arcanne*
archée	*l'archée* [e] *des alchimistes*
archer	*l'archer* [e] *et son arc*
archet	*l'archet* [ɛ] *du violoniste*
are	*un jardinet d'un are*
arrhes	*verser des arrhes à la commande*
ars	*saigner un cheval aux ars*
art	*les règles de l'art*
hart	*Une hart est un lien d'osier.*
arienne	*l'hérésie arienne*
aryenne	*Le mythe de la race aryenne était sans fondement.*
arôme	*l'arôme* [o] *d'un vin*
arum	*cueillir des arums* [ɔ]
arrêt	*l'arrêt de l'autobus*
haret	*Le chat haret craint l'homme.*
as	*l'as de pique*
asse	*Une asse est un outil.*
aster	*L'aster a des fleurs en étoiles.*
hastaire	*Le hastaire lança son javelot.*
atèle	*Un atèle est un singe.*
attelle	*Une attelle a été posée sur son bras.*
au	*s'adresser au président*
aulx	*L'ancien pluriel d'ail donnait aulx.*
eau	*les eaux de pluie*
ho - haut	*ho ! ho ! vous là-haut !*
ô	*ô mortel, souviens-toi !*
oh	*oh ! la belle eau limpide*
os	*Il n'a que la peau et les os.*

aubère *Elle aimait la robe du cheval aubère.*
haubert *Le haubert était exposé à la rouille.*

aurifier *aurifier une dent*
horrifier *horrifier et terrifier*

auspice *l'auspice rituel du magistrat*
sous de fâcheux auspices
hospice *l'hospice de vieillards*

aussi tôt *Je ne vous attendais pas aussi tôt.*
aussitôt *Aussitôt que j'aurai une minute, je vous recevrai.*

autan *L'autan est un vent orageux.*
autant *Travaillez autant qu'il faudra.*

autel *l'autel d'une église*
hôtel *le maître d'hôtel*

auteur *l'auteur de ce texte*
hauteur *la hauteur d'une falaise*

avant *l'avant du navire – avant l'orage*
avent *le premier dimanche de l'avent*

358 b

baccara *Le baccara est un jeu pratiqué dans les casinos.*
baccarat *Le baccarat est une variété de cristal.*

bah *Bah ! la chance finira par tourner.*
bas *les nuages sont bien bas*
une paire de bas de laine
bât *Le bât était placé sur le dos de l'âne.*

bai *un cheval bai* [ɛ]
baie *le rivage de la baie* [ɛ]
une baie [ɛ] *vitrée*
bée *rester bouche bée* [e]
bey *la politique du bey* [ɛ] *de Tunisie*

baile *Un baile était un administrateur de biens.*
bel *un bel oiseau*
belle *une belle fleur*

bailler *la bailler belle*
bayer *bayer aux corneilles (rêvasser)*
bâiller *bâiller de fatigue – bâiller comme une huître (être entrouvert)*

bal *le bal du village*
bale *On écrit bale ou balle d'avoine.*
balle *saisir la balle au bond*

balade *faire une balade dans les Vosges*
ballade *une ballade de douze couplets*

balai *donner un coup de balai*
ballet *une danseuse du corps de ballet*

ban *publier les bans*
fermer le ban
mettre au ban de la nation
banc *un banc de jardin*
un banc d'huîtres

bar *Le bar est un poisson.*
Le bar est une unité de pression.
le comptoir du bar
bard *porter des colis sur un bard*
barre *de l'or en barres*
donner un coup de barre à gauche

barbu *un acteur chauve, barbu*
barbue *La barbue ressemble au turbot.*

bardeau *une cabane couverte de bardeaux*
bardot *Le bardot est le croisement d'un cheval et d'une ânesse.*

basilic *l'arôme du basilic*
basilique *la nef de la basilique*

baume	*mettre du baume au cœur*
bôme	*La bôme est perpendiculaire au mât.*
baux	*Baux est le pluriel de bail.*
beau	*un beau pied*
bot	*un pied bot*
bécard	*Le bécard ou beccard est un poisson.*
bécarre	*Le bécarre est un signe de musique.*
bête	*La bête ne lâcha pas sa proie.*
bette	*La bette est un légume.*
bien tôt	*Cet auteur se met bien tôt à son ouvrage, avant même le lever du soleil.*
bientôt	*Cet auteur se mettra bientôt au travail.*
bit	*Un bit est une unité de codage informatique.*
bitte	*une bitte d'amarrage*
blé	*Le blé* [e] *est mûr.*
blet	*Un fruit blet* [ɛ] *n'est pas appétissant.*
bon	*un bon spectacle*
bond	*un bond en avant*
bonace	*une bonace d'avant tempête*
bonasse	*un air bonasse*
boom	*le nouveau boom de l'informatique*
boum	*On entendit un grand boum.*
bord	*jeter par-dessus bord*
bore	*Le bore est un métalloïde.*
bort	*Le bort est un diamant.*
boss	*Le boss avait perdu l'initiative.*
bosse	*la bosse du dromadaire* *une bosse d'amarrage*
bote	*une hanche bote*
botte	*une botte de paille* *des bottes d'équitation* *pousser une botte avec l'épée*
boue	*un bain de boue*
bout	*un bout de ficelle*
bouilli	*Le cuir bouilli est plus résistant.*
bouillie	*C'est de la bouillie pour les chats.*
bouleau	*l'écorce du bouleau*
boulot	*chercher du boulot* *un pain de campagne boulot*
bourg	*le marché du bourg*
bourre	*une bourre de laine*
box	*Chaque cheval avait son box.* *un sac en box noir*
boxe	*la boxe française*
brai	*Le brai est un sous-produit du pétrole.*
braies	*Les braies étaient une sorte de pantalon.*
bric	*de bric et de broc* *le bric-à-brac*
brick	*Le brick est un voilier.* *le brick à l'œuf*
brique	*une brique romaine* *un teint brique*
brie	*Comme fromage, je prendrai du brie.*
bris	*L'assurance couvre le bris de glace.*
brise	*la brise de mer*
brize	*La brize est une plante sensible au vent.*
brocard	*lancer des brocards ironiques (brocarder)*
brocart	*Un jeune chevreuil est un brocard.* *des rideaux de brocart*

brut *du champagne brut ou du sec ?*
en poids brut ou en poids net ?
brute *une véritable brute, ce type*

but *un but inespéré*
butte *une butte-témoin*

buté *un homme buté*
buter *buter contre un gros caillou*
buter quelqu'un (familier)
butter *butter les carottes*

butoir *Le butoir arrêta le wagon.*
buttoir *passer le buttoir dans le champ*

359 C

ça *Ça, c'est vilain.*
çà *çà et là, des arbres abattus*
sa *le regret de sa vie*

cabillaud *la pêche au cabillaud*
cabillot *un cabillot d'amarrage*

cache *une bonne cache*
un cache de photographe
cash *payer cash*

caddie *La cliente avait rempli son caddie.*
caddy *Le caddy, au golf, sert à porter les « clubs ».*

cadran *le cadran de l'horloge*
quadrant *Le quadrant est un quart de cercle.*

cal *le cal de la main d'un karatéka*
cale *la cale d'un navire*
mettre une cale sous les roues

camp *un lit de camp*
khan *Le khan fit lever le camp.*
quand *Quand reviens-tu ?*
quant *Quant à moi, je reste.*

canar *installer un canar d'aération*
canard *un canard à l'orange*

canaux *les canaux d'irrigation*
canot *un canot de sauvetage*

cane *le canard et sa cane*
canne *un pommeau de canne*

caner *caner devant l'obstacle (familier)*
caner (ou canner) d'une maladie (familier)
canner *canner un fauteuil*

cantique *le cantique des cantiques*
quantique *la physique quantique*

cap *maintenir le cap*
cape *une cape de matador*
se mettre à la cape (grand-voile)

capital *un argument capital*
le capital souscrit
capitale *la capitale de la France*
la peine capitale

capre *Le capre* [a] *fut démâté en pleine course.*
câpre *La câpre* [ɑ] *est un condiment apprécié.*

car *Le car n'avait pas attendu.*
Il ne viendra pas, car il est malade.
carre *la carre du ski*
quart *un quart de litre*

carré *la diagonale du carré*
un nombre carré
le carré des officiers
carrée *En musique, une carrée vaut deux rondes.*
Une carrée est une chambre (familier).

carte *une carte à jouer*
la carte du ciel
quarte *La fièvre quarte vient par intermittence.*
L'intervalle do-fa est une quarte.

cartier *Le cartier est un fabricant de cartes à jouer.*
quartier *le premier quartier de la lune*
le commissariat du quartier

catarrhe *Le médecin s'inquiétait de son catarrhe.*
cathare *les châteaux cathare*
causse *Le causse* [o] *est un plateau calcaire.*
cosse *une cosse* [ɔ] *de petit pois*

ce *Ce plat est bon.*
se *Il se mange froid.*

céans *le maître de céans*
séant *se dresser sur son séant*
Ce comportement n'est pas séant.

ceint *les reins ceints*
cinq *dans cinq minutes*
sain *s'en tirer sain et sauf*
saint *le saint patron de la corporation*
sein *serrer contre son sein*
seing *sous seing privé*

céleri *une salade de céleri*
sellerie *La sellerie est le métier du sellier.*

celles *Ceux et celles qui hésitent encore.*
sel *un régime sans sel*
selle *se mettre en selle*

cellier *Il n'y a plus de vin au cellier.*
sellier *Le sellier travaille le cuir.*

cendre *la cendre sous le feu*
sandre *La (le) sandre est un poisson.*

cène *la Cène du Jeudi saint*
saine *une vie saine*
scène *une scène de théâtre*
seine *La seine (ou senne) est un filet.*
sen *un sen japonais*

cens *l'abolition du cens électoral*
sens *le sens unique*

censé *Nul n'est censé ignorer la loi.*
sensé *Voici un homme sensé !*

cent *Donne-moi cent francs.*
sang *la circulation du sang*
sans *sans doute*

centon *un centon satirique*
santon *un santon de Provence*

cep *le cep de la vigne*
cèpe *Le cèpe est un champignon comestible.*

cerf *chasser le cerf*
serf *Le serf regardait le seigneur.*
serre *la serre tropicale du jardin botanique*
les serres de l'aigle

certes *Vous avez certes raison.*
serte *la serte (le sertissage)*

ces *Ces perspectives l'effrayaient.*
ses *douter de ses propres forces*

cession *un acte de cession*
session *la session parlementaire*

cétacé *La baleine est un cétacé.*
sétacé *un poil sétacé*

chah *En persan, chah (shah) signifie roi.*
chas *le chas d'une aiguille*
chat *le chat de la voisine*

chaîne *une chaîne de vélo*
chêne *une porte en chêne*

chair *avoir la chair de poule*
chaire *la chaire de philosophie*
cher *cher cousin et chère cousine*
chère *faire bonne chère*

chais *Les chais* [ɛ] *sont remplis de vin.*
chez *Viens chez* [e] *nous.*

champ *le champ de bataille*
chant *le chant du cygne*

chape *une chape brodée*
une chape de plomb défectueuse
schappe *des fils de schappe (déchets de soie)*

chasse *un rendez-vous de chasse* [a]
châsse *La châsse* [ɑ] *est un coffre où l'on garde des reliques.*

chassie *les paupières engluées de chassie*
châssis *le châssis d'une voiture*

chaud *un chaud et froid*
chaux *la chaux vive*
show *le nouveau show d'une vedette*

chaumage *Le chaumage consiste à couper le chaume.*
chômage *l'augmentation du chômage*

chaumer *chaumer après la moisson*
chômer *chômer en période de crise*

cheik *le cheik arabe (scheikh, cheikh)*
chèque *payer par chèque*

chemineau *Le chemineau vagabondait.*
cheminot *Le cheminot vérifiait la voie ferrée.*

chéri *l'enfant chéri du destin*
cherry *Le cherry est une liqueur de cerise.*
sherry *Le xérès se dit en anglais sherry.*

chérif *un chérif du désert d'Arabie*
shérif *un shérif de western*
chic *un costume du dernier chic*
chique *mâcher sa chique*
La chique est une variété de puce.

chimie *L'alchimie précéda la chimie.*
shimmy *danser le shimmy*

chœur *les chœurs de l'Opéra*
cœur *au cœur des débats*

cholérique *Un médicament cholérique agit sur la bile.*
colérique *un homme colérique*

choper *choper un rhume (familier)*
chopper *chopper, comme achopper, heurter*

choral *les chorals de Bach*
chorale *la chorale de la paroisse*
corral *Le bétail était parqué dans le corral.*

chrême *le saint chrême*
crème *la crème glacée*

chut *Chut ! murmura-t-il.*
chute *en chute libre*
les chutes du Niagara

ci *celui-ci*
ci-joint une facture
s'y *Il ne faut pas s'y fier.*
scie *découper à la scie*
si *sol, la, si*
Si la terre s'arrêtait…
sis *sis à flanc de coteau*
six *six francs*

cil *Un cil s'était glissé sous la paupière.*
scille *La scille ressemble à la jacinthe.*

cilice *Le pénitent portait le cilice.*
silice *Le quartz est de la silice pure.*

cime	*la cime de l'arbre*
cyme	*la cyme du myosotis*
cinq	*cinq hommes*
scinque	*Un scinque est un reptile.*
cire	*un cachet de cire*
cirre	*les cirr(h)es du lierre*
sire	*un triste sire*
cistre	*la musique du cistre (genre de mandoline)*
sistre	*Le sistre était un instrument à percussion.*
clac	*clac !*
claque	*un chapeau claque*
	en avoir sa claque
	une tête à claques
claie	*une simple claie* [ɛ] *entre les jardins*
clé	*Il avait perdu sa clé (ou clef)* [e].
clair	*Il ne fait pas encore clair.*
clerc	*le clerc de notaire*
clause	*une clause de sauvegarde*
close	*trouver porte close*
clic	*Clic ! le coffre est fermé.*
click	*faire un click avec la langue*
clique	*la clique du régiment*
	le président et sa clique
cliques	*prendre ses cliques et ses claques*
cocher	*un cocher* [e] *de fiacre*
	cocher [e] *un nom sur une liste*
cochet	*Un cochet* [ɛ] *est un coquelet.*
coi	*J'en reste coi.*
quoi	*Quoi de neuf chez vous ?*
coin	*le meilleur restaurant du coin*
coing	*de la gelée de coings*
coke	*le coke de la chaufferie*
	La coke est une abréviation de cocaïne (familier).
coq	*le coq du poulailler*
	un maître-coq
coque	*la coque du navire*
	un œuf à la coque
col	*les cols* [ɔ] *des Pyrénées*
	le col [ɔ] *du fémur*
	un col [ɔ] *de chemise*
colle	*la colle* [ɔ] *à bois*
	poser une colle [ɔ] *(familier)*
	deux heures de colle [ɔ] *(familier)*
khôl	*des yeux peints au khôl* [o]
colon	*les premiers colons* [o] *d'Amérique*
	l'inspection du colon(el) [ɔ] *(familier)*
côlon	*une inflammation du côlon* [o]
coma	*être dans le coma*
comma	*Un comma sépare sol dièse et la bémol.*
commande	*passer commande*
commende	*Il avait une abbaye en commende.*
comptant	*payer comptant*
content	*Il avait l'air content.*
compte	*Il a son compte, celui-là !*
comte	*le comte et la comtesse*
conte	*un vrai conte de fées*
compté	*Ses jours étaient comptés.*
comté	*Le comté est un fromage de Franche-Comté.*
	Le comté était en deuil.
compter	*compter les coups*
conter	*conter fleurette*

compteur *un compteur électrique*
conteur *un conteur-né, ce berger !*

consol *faire un point consol*
console *la console de sonorisation*

cool *une personne « cool », décontractée*
être « à la coule » signifie être au courant
coule *La coule est un vêtement à capuchon des religieux.*

coolie *un coolie chinois ou hindou*
coulis *préparer un coulis d'écrevisses*
Le vent coulis est traître.

cor *sonner du cor*
un cor au pied
à cor et à cri
corps *le corps et l'esprit*
le corps d'armée

cornu *une bête cornue (à cornes)*
cornue *La cornue sert à distiller.*

cote *une cote* [ɔ] *mal taillée*
côte *une côte* [o] *de bœuf*
une côte [o] *escarpée*
cotte *une cotte* [ɔ] *de maille*

coté *Il est bien coté* [ɔ] *dans l'usine.*
côté *les gens d'à côté* [o]

cou *tendre le cou*
coup *accuser le coup*
coût *produire à moindre coût*

coulomb *Le symbole du coulomb est C.*
coulon *Le coulon est l'autre nom du pigeon.*

coupé *Un coupé décapotable était exposé au Salon de l'automobile.*
coupée *Le marin grimpa l'échelle de coupée.*

cour *la cour du roi*
une cour des miracles
Il lui faisait une cour assidue.
courre *la chasse à courre*
cours *le cours d'histoire, au cours du jour*
court *aller par le plus court chemin*
un court de tennis

crac *Crac ! la branche cassa net.*
crack *Ce jockey est un crack.*
Le crack est un dérivé de la cocaïne.
craque *Il raconte des craques.*
krach *le krach de 1929 (crise financière)*
krak *le krak des Chevaliers (château)*

craie *un morceau de craie*
crêts *les crêts du Jura*

cric *un cric hydraulique*
crique *une crique abritée du vent*

cross *un coureur de cross*
crosse *la crosse de l'évêque*
crosses *À qui cherches-tu des crosses ? (familier)*

croup *On mourait facilement du croup.*
croupe *la croupe du cheval*

cru *un bon cru du Bordelais*
un vin du cru
crue *la crue du Nil, la viande crue*

cuisseau *un cuisseau de veau*
cuissot *un cuissot de chevreuil*

curé *le curé du village*
curée *La curée est une portion de bête donnée aux chiens après la chasse.*

cygne *Un cygne noir glissait sur le lac.*
signe *donner des signes de fatigue*

cyon *Un cyon est un chien sauvage.*
scion *mince comme un scion de peuplier*

360 d

dais *un dais* [ɛ] *nuptial*
dé *un dé* [e] *à coudre*
un dé [e] *pipé*
des *des* [e] *temps difficiles*
dès *dès* [ɛ] *le lendemain*
dey *la politique du dey* [ɛ] *d'Alger*

dans *dans son assiette*
dent *Il a perdu une dent.*

danse *une danse populaire*
dense *un brouillard très dense*

dard *le dard du scorpion*
dare *arriver dare-dare*

date *une date mémorable*
datte *un régime de dattes*

décrépi *Un pan de la façade était décrépi.*
décrépit *un clochard prématurément décrépit*

décri *L'ex-champion était tombé en décri.*
décrit *un paysage souvent décrit*

défait *le visage défait*
défet *Le second tirage comporte un défet.*

dégoûter *dégoûter les convives*
dégoutter *dégoutter le long du mur*

délacer *délacer les chaussures*
délasser *délasser le public*

dengue *le virus de la dengue*
dingue *Ce type est dingue.*

desceller *desceller une grille*
desseller *desseller un cheval*
(**mais** *déceler une inexactitude*)

dessein *quel est son dessein (son but)?*
dessin *un dessin à la plume*

détoner *détoner avec un bruit inouï*
détonner *détonner dans un décor discret*

différend *Un différend les opposait.*
différent *un avis différent*

do *le do de la clarinette*
dos *un dos d'âne*

dom *Dom Pérignon*
don *un don à la paroisse*
des dons d'acteur
dont *L'endroit dont je t'ai parlé.*

drill *Le drill est un grand singe.*
drille *un joyeux drille*
forer à la drille

dû *payer son dû*
due *une somme due*

361 e

écho *La montagne renvoie l'écho.*
des échos de couloir
écot *Chacun paya son écot sans rechigner.*

éclair *Un éclair l'aveugla un instant.*
éclaire *De l'éclaire on tirait un collyre.*

empâtement *l'empâtement* [ɑ] *de son tour de taille*
empattement *l'empattement* [a] *d'une voiture*

enter *enter un arbre fruitier*
hanter *hanter les mauvais lieux*

envi *On se l'arrachait à l'envi.*
envie *Il ne résista pas à l'envie de s'enfuir.*

épais *un brouillard épais* [ɛ]
épée *un coup d'épée* [e]

épars *les cheveux épars*
épart *L'épart était mal ajusté.*

épicer *épicer un plat*
épisser *épisser deux cordages*

erse *l'erse de la poulie*
la civilisation erse
herse *La herse est tirée par le tracteur.*

ès *un docteur ès lettres*
esse *Une esse est un crochet en S.*

et *l'un et l'autre*
eh *eh quoi*
hé *hé hé oui !*

étain *un gobelet en étain*
éteint *un volcan éteint*

étal *un étal de boucher*
étale *le vent étale*
l'étale de la marée

éthique *Il s'était fixé une éthique de vie rigoureuse.*
étique *un cheval étique, d'une extrême maigreur*

être *un être humain*
hêtre *une forêt de hêtres*

euh *Euh ! je ne sais pas.*
eux *Vous le savez mieux qu'eux.*
heu *Heu ? cela suffira ?*
œufs *une demi-douzaine d'œufs*

exaucer *exaucer des prières*
exhausser *exhausser une digue*

exprès *une lettre envoyée en exprès*
express *un train express*

362 f

fa *le premier concerto en fa majeur*
fat *Cet homme est un fat.*

face *perdre la face*
fasce *un écu à fasce d'argent (héraldique)*

faim *tenaillé par la faim*
fin *la fin de la représentation*
un pinceau fin
parvenir à ses fins
feint *un bonheur feint*

fait *un fait-divers*
faix *succomber sous le faix des charges*

faite *une tête bien faite*
faîte *grimper au faîte de l'arbre*
fête *c'est la fête*

fan *un fan de cinéma*
fane *La fane du radis ne se mange pas.*

far *Le far est un gâteau breton.*
fard *Le fard change le teint naturel.*
phare *Le phare d'Ouessant est puissant.*

fausse *une fausse déclaration*
fosse *la fosse aux lions*

fausset *une voix de fausset*
tirer du vin au fausset
fossé *un fossé d'irrigation*

ferment *le ferment lactique*
ferrement *ferrement (ferrage ou ferrure)*

feuillée *creuser les feuillées* [e] *pour la troupe*
feuillet *un feuillet* [ɛ] *imprimé*

fi *Fi donc vous récidivez ?*
Je faisais fi de ses conseils.
phi *La lettre grecque phi s'écrit f.*

fil *Cela ne tient qu'à un fil.*
file *une longue file d'attente*

filtre *un filtre en papier*
philtre *un philtre d'amour*

fine *un verre de fine*
une fine de claire (variété d'huître)
fines *charger du béton de fines (sorte de sable)*

flac *flac ! le voilà à l'eau*
flaque *une flaque d'eau*

flache *une flache dans le pavé*
flash *le flash de l'appareil-photo*

flamand *un vieux peintre flamand*
flamant *Le flamant rose se tenait sur une patte.*

flan *Le flan est encore au four.*
flanc *à flanc de coteau*
un tire-au-flanc
prêter le flanc aux critiques

floche *Les nuages partaient en floches.*
flush *un flush de carreau (au poker)*

foc *le foc d'un voilier*
phoque *Un phoque plongea sous la glace.*

foi *Il gardait la foi du charbonnier.*
foie *Son foie le faisait souffrir.*
fois *Il était une fois...*

fond *le fond et la forme*
une épreuve de ski de fond
fonds *un fonds de commerce*
fonts *les fonts baptismaux*
for *en son for intérieur*
fors *Tout était perdu, fors l'honneur.*
fort *un fort en thème*
Les Indiens attaquent le fort.

foret *percer un trou avec un foret*
forêt *une forêt de sapins*

foule *Il redoutait la foule.*
full *un full aux as (au poker)*

fourni *une barbe bien fournie*
fournil *Le fournil était encore chaud.*

frai *la saison du frai chez les anguilles*
frais *du poisson frais*
des frais de travaux
fret *On décharge l'avion de son fret.*

fréter *fréter un cargo*
fretter *fretter un tube de canon*

frite *un cornet de frites*
fritte *La fritte sert à fabriquer du verre.*

führer *Hitler était appelé führer (guide).*
fureur *la fureur de vivre*

g

gai	*Mon grand-père a le cœur gai* [ɛ].
guai	*Il fit frire un hareng guai* [ɛ].
gué	*Il suffit de passer le gué* [e], *ô gué !*
guet	*faire le guet* [ɛ]
gal	*Le gal mesure l'accélération.*
gale	*un chien qui a la gale*
galle	*La noix de galle est riche en tanin.*
galon	*un galon d'argent*
gallon	*un gallon d'essence (unité de mesure)*
gang	*On arrêta le cerveau du gang.*
gangue	*La gangue entoure un minerai.*
gaule	*la gaule du pêcheur*
goal	*le goal de l'équipe*
Gauss	*une courbe de Gauss* [o] *(en mathématiques)*
gosse	*un sale gosse* [ɔ]
gaz	*les réserves de gaz naturel*
gaze	*L'infirmier demandait de la gaze.*
geai	*J'ai aperçu un geai.*
jais	*une chevelure noire de jais*
jet	*un jet de pierre*
gêne	*éprouver de la gêne*
gènes	*Certaines maladies sont inscrites dans les gènes.*
genet	*Le genet est un petit cheval.*
genêt	*Le genêt servait à faire des balais.*
gens	*des gens heureux*
gent	*la gent ailée (les oiseaux)*
jan	*un jan de trictrac*
gin	*Le gin est un alcool de grain.*
jean	*Il portait un jean et un blouson.*
glaciaire	*le relief glaciaire*
glacière	*garnir une glacière de glaçons*
golf	*jouer au golf*
golfe	*Le port se trouve au fond du golfe*
goulée	*une bonne goulée* [e] *d'alcool*
goulet	*Le goulet* [ɛ] *est long à franchir.*
gourmé	*avoir un maintien gourmé* [e]
gourmet	*C'est un fin gourmet* [ɛ].
goûter	*goûter la soupe*
goutter	*goutter comme un robinet*
grâce	*la grâce présidentielle des manières pleines de grâce*
grasse	*une substance grasse*
gram	*un gram positif ou négatif (en chimie)*
gramme	*Cela pèse quelques grammes.*
grau	*Les eaux se mêlent dans le grau.*
gros	*gros comme le poing*
grave	*une faute grave, le grave et l'aigu*
graves	*Les graves sont des vins de Bordeaux.*
gré	*de gré* [e] *ou de force*
grès	*une poterie en grès* [ɛ]
group	*Un group disparut du sac postal.*
groupe	*Le groupe de tête ralentit.*
guère	*Il n'y a guère de place.*
guerre	*la guerre et la paix*
gueule	*la gueule du loup*
gueules	*le rouge gueules de l'écu (héraldique)*

364 h

halage *le chemin de halage*
hallage *Le hallage est un droit payé par les marchands.*

hâle *Le hâle* [ɑ] *lui donne bonne mine.*
halle *la halle* [a] *aux vins*

harde *une harde de daims*
hardes *les hardes du clochard*

hausse *la hausse des salaires*
os *un os à moelle*

haute *la haute* [o] *société*
hot *Il adorait le rythme hot* [ɔ] *du jazz.*
hôte *un hôte* [o] *encombrant*
hotte *une hotte* [ɔ] *de vendangeur*

heaume *Le heaume* [o] *protégeait le visage.*
home *un home* [o] *d'enfants*
homme *l'homme* [ɔ] *et la femme*
ohm *Un ohm* [ɔ] *est une unité de résistance (en électricité).*

héraut *Le héraut annonçait le début des cérémonies.*
héros *un héros de légende*

heur *Il n'avait pas l'heur de lui plaire.*
heure *Une heure après, il partit.*
heurt *un heurt violent (heurter)*

hi *Hi ! hi ! riait-elle ou pleurait-elle ?*
hie *On enfonça les pilotis à la hie.*
y *Il y en aura assez.*

hile *Le hile du rein était enflammé.*
île *Il vivait sur une île.*

hobby *On ne lui connaissait pas de hobby.*
obi *une obi pourpre du Japon*

hockey *des crosses et un palet de hockey*
hoquet *avoir le hoquet*
O.K. *Il répondit O.K. !*

hombre *L'hombre est un jeu de cartes.*
ombre *à l'ombre, pêcher un ombre*

hop *Hop ! c'est le moment.*
ope *une ope dans les murs*

hors *Il est hors de danger.*
or *la ruée ver l'or*
mais, ou, et, or…
ores *Je suis d'ores et déjà décidé.*

hou *Hou ! vous croyez me faire peur.*
houe *biner à la houe à main*
houx *une haie de houx*
ou *hier ou avant-hier*
où *Où vas-tu ?*

houille *La houille est du charbon naturel.*
ouille *Ouille ! j'ai mal !*

houillère *une houillère dans le Nord*
ouillière *une vigne en ouillière*

hourdis *un hourdis de fortune*
ourdi *un complot ourdi de longue date*

huis *une séance à huis clos*
huit *aujourd'hui ou dans huit jours*

hune *grimper au mât de hune*
une *une vedette à la une d'une revue*

hutte *coucher dans une hutte de trappeur*
ut *En solfège, le do se disait ut.*

hyène *L'hyène rôdait dans les parages.*
yen *Le yen est une monnaie.*

hyphe *l'hyphe des champignons*
if *les fruits rouges de l'if*

365 i

ide *pêcher un ide pourpre*
ides *Dans le calendrier romain, les ides sont une division du mois.*

impérial *le manteau impérial*
impériale *un autobus à impériale*
une barbe à l'impériale

intercession *Il a demandé l'intercession de ses proches.*
intersession *l'intersession parlementaire*

issu *Il est issu d'une famille de vignerons.*
issue *une rue sans issue*

366 j

jar *jargonner le jar(s)*
jard *les bancs de jard de la Loire (sable)*
jarre *une grande jarre d'huile d'olive*
couper les jarres (ou jars) d'une fourrure
jars *Le jars est le mâle de l'oie.*

javel *de la javel (de l'eau de Javel)*
javelle *des javelles mises en gerbes*

je *Non, je ne joue pas à ce jeu.*
jeu *Le rami est un jeu de cartes.*

jeune *les jeunes* [ʒœn] *enfants*
jeûne *Le jeûne* [ʒøn] *l'a amaigri.*

jeté *épaulé et jeté, en haltérophilie*
un jeté battu (danse)
un jeté de table imprimé
jetée *la jetée du port*

joue *une joue enflée*
joug *le joug de l'occupation*

jumelle *une sœur jumelle*
jumelles *des jumelles de spectacle*

367 k

kermesse *la kermesse du village*
kermès *Le kermès vit sur un chêne.*

khi *Le khi grec s'écrit u.*
qui *Qui n'a pas compris ?*

368 l

la *le sommet de la montagne*
Je ne la vois pas arriver.
un la bémol
là *Elle est passée par là.*
lacs *Le lièvre était pris dans un lacs.*
las *las d'avoir tant attendu*

lire *la dévaluation de la lire*
un livre à lire
lyre *l'oiseau-lyre*
la lyre du poète

label *un label de qualité*
labelle *Le labelle est un pétale.*

lac *le rivage du lac*
laque *une bombe de laque*
La laque est un vernis pour le bois.
la laque de Chine

lacer *lacer une chaussure*
lasser *lasser ses admirateurs*

lai *Un lai* [ɛ] *était un poème.*
Un frère lai [ɛ] *tenait les comptes.*
laid *C'est un acte très laid* [ɛ].
laie *La laie* [ɛ] *est la femelle du sanglier.*
lais *Lais* [ɛ] *est la forme ancienne de legs.*
lait *le lait* [ɛ] *de brebis*
lé *un lé* [e] *de toile*
les *les* [e] *quatre saisons*
lez *lez ou lès* [e] *(« près de » dans les noms de lieux)*

laite *Laitance se dit aussi laite.*
let *Au tennis, la balle est let.*
lette *Le lette est une langue indo-européenne.*

lard *du lard fumé à l'ancienne*
lare *vénérer les lares domestiques*

las *las ! (hélas)*
lasse *de guerre lasse, avoir les jambes lasses*

laure *Une laure est un monastère.*
lord *Lord est un titre de noblesse*
lors *dès lors que vous le dites*

leader *le leader du mouvement*
lieder *des lieder de Schubert*

lest *lâcher du lest*
leste *avoir la main leste*

leur *Leur patience a des limites.*
leurre *Ce programme n'est qu'un leurre.*

li *Un li chinois valait environ 576 m.*
lie *boire la coupe jusqu'à la lie*
lit *un lit à baldaquin*

lice *entrer en lice*
une tapisserie de haute lice
lis *une fleur de lis ou de lys*
lisse *polir le cuir à la lisse*
une surface lisse
la lisse d'un navire

lieu *pêcher du lieu, un lieu sûr*
lieue *une lieue marine (distance)*

limbe *Le limbe d'une feuille est sa partie aplatie.*
Le bord extérieur d'un astre s'appelle le limbe.
limbes *les limbes de la pensée, un état incertain*

lob *Un lob superbe surprit le gardien de but.*
lobe *le lobe de l'oreille*

loch *Un loch est un lac écossais.*
Le loch sert à mesurer la vitesse d'un voilier.
loque *Il n'était plus qu'une loque.*

lods *Lods et ventes rapportaient beaucoup.*
lot *un lot de consolation*

lori *Le lori est un perroquet des Indes.*
loris *Le loris est un petit singe.*
lorry *Un lorry était resté sur la voie ferrée.*

lourd *un poids lourd*
loure *danser une loure paysanne*

lunette *la lunette arrière d'une voiture*
une lunette d'approche
lunettes *des lunettes de plongée*

lut *Le lut protège du feu.*
luth *Le luth est un instrument arabe.*
lutte *la lutte gréco-romaine*

lux *Le lux est une unité d'éclairement.*
luxe *avec un grand luxe de détails*
Il vivait dans le luxe.

ma *Le chat de ma voisine m'a griffé.*
mas *un mas provençal (le -s se prononce parfois)*
mât *Le mât du navire s'est brisé.*

mai *le mois de mai*
maie *La maie est une sorte de pétrin.*
mais *Mais, que fais-tu ?*
maye *La maye est une auge de pierre pour l'huile d'olive.*
mets *quel mets délicieux !*

maïa *Un maïa est une araignée de mer.*
maya *la grande civilisation maya en Amérique centrale*

mail *le vieux jeu de mail*
maille *une maille qui file*
sans sou ni maille (avoir maille à partir)

main *se serrer la main*
maints *Il se trame maints complots.*

maire *le maire du village*
mer *le bord de mer*
mère *la mère de famille*
maître *C'était un bon maître d'école.*
mètre *un mètre de tissu*
mettre *mettre la table*

maki *les grimaces d'un maki (mammifère)*
maquis *En 1941, il a pris le maquis.*

mal *Il a mal profité de ses vacances.*
un mal incurable
mâle *le mâle et la femelle*
malle *la vieille malle du grenier*

mânes *invoquer les mânes des ancêtres*
manne *attendre la manne du ciel*

manse *Un(e) manse était un petit domaine féodal.*
mense *La mense abbatiale n'était pas maigre.*

mansion *les mansions du théâtre au Moyen Age*
mention *rayer les mentions inutiles*

mante *une mante religieuse*
menthe *une menthe à l'eau*
marais *les marais* [ɛ] *salants*
marée *le calendrier des marées* [e]
marrer (se) *Se marrer* [e] *signifie rigoler. (familier)*

marc *lire dans le marc de café*
mare *Les canards avaient leur mare.*
marre *« Y en a marre ! » cria-t-il.*

marenne *Les marennes sont des huîtres.*
marraine *La marraine gâte son filleul.*

mari *Le mari de ma voisinne.*
marri *Il en est tout marri (fâché).*

mark *Le mark est la monnaie allemande.*
marque *à vos marques… prêts ? partez !*
La marque avait été effacée.

marocain *le climat marocain*
maroquin *un portefeuille en maroquin*

martyr *Un martyr est persécuté.*
martyre *souffrir le martyre*

mas *un mas à restaurer*
masse *une masse de documents*

mat *échec et mat !*
un teint mat
math *le prof de math(s)*

maté *Le maté est une variété de houx.*
mater *mater la mutinerie*
mâter *mâter une frégate*

matin *matin* [a] *et soir*
mâtin *Le mâtin* [ɑ] *est un gros chien de garde.*

maure *les invasions des Maures* [o] *ou* [ɔ]
mors *prendre le mors* [ɔ] *aux dents*
mort *Il attendait la mort* [ɔ].

maux *des maux de tête*
mot *un mot malheureux*

mécano *Le mécano s'affairait sur le moteur.*
meccano *une grande boîte de meccano*

mess *le mess des officiers*
messe *la grand-messe*

mi *do ré mi fa*
mie *du pain de mie*
Où êtes-vous, ma mie?
mis *de l'argent mis de côté*

mil *des grains de mil*
mille *Le mille est une mesure de longueur.*
mille neuf cent quatre-vingt-sept
taper dans le mille

mir *Un mir était une communauté rurale en Russie.*
mire *Elle était le point de mire de l'assemblée.*
myrrhe *l'or, l'encens et la myrrhe des Rois mages*

mirobolant *un avenir mirobolant*
myrobolan *du myrobolan d'apothicaire*

mite *plus une seule mite dans le placard*
mythe *les récits et les mythes de l'Antiquité*

moi *C'est moi qui vous le dis.*
mois *La fin du mois sera difficle.*
moye *la moye (moie) de la pierre*

mole *Une mole* [ɔ] *est une unité de quantité de matière (en chimie).*
môle *le môle* [o] *du port*
La môle [o] *est un poisson-lune.*
La môle [o] *est une croissance anormale du placenta.*
molle *une pâte molle* [ɔ]

mon *mon vélo*
mont *le mont Blanc*

mou *un caramel mou*
du mou (abats d'animaux)
moue *faire la moue*
moût *le moût est un jus de raisin pas encore fermenté.*

mu *La lettre grecque mu s'écrit* i.
mû *Il était mû par un sentiment de charité.*
mue *la mue d'un serpent*
Une mue est une petite cage.
la mue de la voix

mur *un mur délabré*
mûr *Le fruit mûr tombe tout seul.*
mûre *de la confiture de mûres*

370 n

n'y *Il n'y comprend rien.*
ni *ni l'un ni l'autre*
nid *un vrai nid d'aigle*

ne *Tu ne veux pas manger ?*
nœud *Il défait un nœud.*

né *une âme bien née*
nez *le nez de Cyrano*

none *Une none est un office religieux.*
nonne *Une nonne est une religieuse.*

norois *Le norois (noroît) soufflait.*
norois *Le norois (norrois) est une ancienne langue des peuples scandinaves.*

notre *notre* [ɔ] *seule chance*
nôtre *C'est la nôtre* [o].

nu *La lettre grecque nu s'écrit n.*
mettre son cœur à nu
voir une planète à l'œil nu
nue *Nue peut signifier nuage ou nuée.*

numéraux *les adjectifs numéraux*
numéro *tirer le bon numéro*

371 o

onglée *Le froid lui donnait l'onglée* [e].
onglet *un assemblage de menuiserie en onglet* [ɛ]

ordinand *L'ordinand est celui qui est ordonné prêtre.*
ordinant *L'ordinant est un évêque.*

ouate *On prend de l'ouate (ou de la ouate) pour les soins.*
watt *Le watt est une unité de puissance.*

oubli *Le hasard le tira de l'oubli.*
oublie *L'oublie est une petite gaufre.*

oui *À la fin, il a dit « oui ».*
ouïe *Il n'avait pas l'ouïe très fine.*

372 p

pain *avoir du pain sur la planche*
peint *un bahut en bois peint*
pin *une pomme de pin*

pair *un nombre pair*
travailler au pair
paire *une paire de jumelles*
père *un bon père de famille*
pers *des yeux pers*

pairle *émail de gueules à pairle d'azur (héraldique)*
perle *une perle de culture*

pal *le supplice du pal*
pale *les pales de l'hélice*
pâle *être pâle de peur*

palais *un palais* [ɛ] *vénitien*
faire claquer sa langue contre son palais [ɛ]
palé *un écu palé* [e] *sable et argent (héraldique)*
palet *Le palet* [ɛ] *fut détourné du but.*

pali *Qui sait encore lire le pali ?*
palis *Un palis est un pieu de palissade.*

palmaire *la région palmaire interne à la main*
palmer *mesurer une épaisseur au palmer*

pan *un pan de son manteau*
pan ! dans le mille
paon *Le paon faisait la roue.*

pané *une escalope panée*
panné *Panné signifie sans un sou.*

paneton *Le paneton est un panier dans lequel on met les pâtons (morceaux de pâte à pain).*
panneton *Le panneton de la clé agit sur le pêne.*

panne *La voiture tombe en panne.*
la panne de velours
la panne du cochon (graisse)
Les chevrons sont soutenus par une panne, dans une charpente.
la panne de l'horizon (nuages)
paonne *La femelle du paon est la paonne.*

panser *panser une plaie*
penser *penser à l'avenir*
pensée *J'ai cueilli des pensées.*
J'ai eu une pensée pour toi.

pante *Un pante est un individu quelconque (familier).*
pente *un toit en pente douce*

par *par ailleurs*
C'était par trop tentant.
part *à part entière*
un faire-part de mariage

parti *Il a adhéré à un parti politique.*
partie *avoir affaire à forte partie*
une partie de cartes
une partie de la ville

pat *Aux échecs, le pat entraîne la nullité.*
pâte *une pâte à crêpes très réussie*
les pâtes alimentaires
patte *Ce chien traîne la patte.*

pâté *le pâté de campagne*
pâtée *la pâtée du chien*
patté *une croix pattée*

pater *réciter un pater (noster)*
patère *une patère comme portemanteau*

paume *la paume* [o] *de la main*
le jeu de paume [o]
pomme *une pomme* [ɔ] *verte*
une pomme [ɔ] *d'arrosoir*

pause *la pause de midi*
pose *une pose avantageuse*

pauser *pauser sur les syllabes finales*
poser *poser des jalons*

peau *la peau de l'ours*
pot *un pot de fleurs*
un coup de pot (familier)

peaucier *un muscle peaucier*
peaussier *Le peaussier fournit le tanneur.*

péché *Ses péchés lui ont été pardonnés.*
pécher *pécher par omission*
pêcher *pêcher au harpon*
les fleurs du pêcher

peine *Cela lui fit de la peine.*
pêne *le pêne de la serrure*
penne *la penne de la plume*

pelletée *la dernière pelletée de terre*
peltée *La feuille de la capucine est peltée.*

peluche *un ours en peluche*
pluche *la corvée de pluches*

penon *Le penon indiquait des vents variables.*
pennon *un pennon de chevalier à lance*

perce *mettre un tonneau en perce*
perse *des langues perses*
des rideaux en perse

peu *C'est bien trop peu.*
peuh *Peuh ! Ça m'est égal !*

phénix *Le phénix est un oiseau fabuleux.*
phœnix *Un phœnix est un palmier ornemental.*

pi *Le nombre pi (π) est proche de 3,14.*
pie *La pie est jacasseuse et voleuse.*
pis *le pis de la vache*
de mal en pis

pic *Le pic noir est un oiseau.*
à coups de pic
le pic du Midi
pique *la pique du picador*

picage *Le picage est une maladie des gallinacés.*
piquage *un piquage à la machine*

pieu *un pieu de fondation*
pieux *un homme pieux et loyal*

pinçon *un pinçon sur la peau*
pinson *gai comme un pinson*

pineau *Le pineau est un vin de liqueur.*
pinot *Le pinot noir est un cépage.*

pipeau *jouer du pipeau*
C'est du pipeau ! (familier)
pipo *un candidat pipo (à Polytechnique)*

piton *L'alpiniste enfonce un piton dans une faille.*
un piton rocheux
python *Le python est un serpent.*

placage *un placage de bois précieux*
plaquage *un plaquage au rugby*

plaid *Le plaid est une assemblée judiciaire ou une querelle.*
plaie *La plaie s'est infectée.*

plain *le plain-chant (musique vocale)*
de plain-pied
plein *faire le plein d'essence*

plaine *la plaine de Waterloo*
pleine *La coupe était pleine.*

plainte *porter plainte*
la plainte du vent
plinthe *La plinthe cachait les fils électriques.*

plan *le plan de la localité*
un miroir plan
plant *un plant de tomates*

plastic *un attentat au plastic*
plastique *les arts plastiques*
un sac en plastique

pli *le pli du pantalon*
plie *La plie est un poisson plat.*

plus tôt	*Ce jour-là, il était parti plus tôt que d'habitude.*
plutôt	*plutôt partir avec un peu de retard, que ne pas partir du tout*
poêle	*la poêle à frire*
poële	*le poële (poêle) à mazout*
poil	*une brosse en poil de sanglier*
poids	*un poids insuffisant*
pois	*le pois chiche*
poix	*enduire d'une poix épaisse*
pouah	*Pouah ! Que c'est vilain !*
poignée	*une poignée* [e] *de main chaleureuse* *une poignée* [e] *de mécontents*
poignet	*à la force du poignet* [ɛ]
poing	*faire le coup de poing*
point	*un joli point de vue* *le point du jour* *les points et les virgules* *Ne forçons point notre talent.*
poiré	*un petit verre de poiré*
poirée	*Les côtes de poirée étaient trop cuites.*
polissoir	*un polissoir de bijoutier*
polissoire	*une polissoire de coutelier*
pool	*Un pool est un groupement de producteurs.*
poule	*une poule au riz* *Au rugby, les meilleures équipes de chaque poule sont qualifiées.*
porc	*une côtelette de porc*
pore	*les pores de la peau*
port	*expédier en port dû* *rentrer au port d'attache*
pou	*des poux sur la tête*
pouls	*tâter le pouls*
pouce	*le pouce de la main* *mesurer cinq pieds six pouces* *donner un coup de pouce*
pousse	*une pousse de bambou*
poucettes	*mettre les poucettes au voleur (menottes)*
poussette	*Le bébé est dans sa poussette.*
poucier	*Le poucier protège le pouce.*
poussier	*Le poussier est de la poussière de charbon.*
poupard	*des joues de poupard*
poupart	*Un poupart est un gros crabe.*
pourquoi	*Pourquoi avez-vous ramassé cette pierre ?*
pour quoi	*Pour quoi aviez-vous pris cette pierre ? pour un véritable diamant ?*
pré	*Les vaches sont dans le pré* [e].
près	*près* [ɛ] *de la fenêtre*
prêt	*toujours prêt* [ɛ] *un prêt* [ɛ] *sur l'honneur*
préfix	*au jour et au lieu préfix*
préfixe	*Le préfixe s'oppose au suffixe.* *le préfixe téléphonique*
prémices	*les prémices de la vie (le commencement)*
prémisse	*les prémisses d'un raisonnement*
prou	*peu ou prou*
proue	*la proue du navire* *une figure de proue*
puis	*à droite, puis à gauche*
puits	*un puits creusé jadis par le puisatier*
puy	*un puy volcanique du Massif central*

373 q

quel que *quel qu'en soit le motif*
quelle qu' *quelle qu'en soit la raison*
quelque *Il y a quelque deux cents ans (il y a environ deux cents ans).*
Ils étaient quelque peu fâchés (ils étaient assez fâchés, pas trop).
Quelque méchants que vous paraissent ces individus.
mille et quelques francs

queue *une queue de poisson*
queux *Le maître queux s'est surpassé.*
aiguiser le couteau sur la queux

quoiqu' *quoiqu'il se fasse tard (bien que)*
quoi qu' *Quoi qu'elle fasse, il est trop tard.*

374 r

ra *un ra de tambour*
ras *un chien à poils ras*
rat *un rat d'égout*
raz *un raz(-)de(-)marée*

racket *déposer une plainte pour racket*
raquette *une raquette de tennis*

radian *Le radian est une unité de mesure d'angle.*
radiant *L'astronome scrutait le radiant.*
un ciel radiant

rai *un rai(s)* [ɛ] *de lumière*
raie *porter la raie* [ɛ] *à gauche*
une raie [ɛ] *au beurre noir*
ré *do ré* [e] *mi*
rets *un lion pris dans les rets* [ɛ]
rez *au rez-de-chaussée* [e]

raid *un raid aérien*
raide *tomber raide mort*
une pente très raide

rainette *La rainette* [ɛ] *est une grenouille.*
reinette *La reine des reinettes* [ɛ] *est une pomme très appréciée.*
rénette *Le bourrelier avait égaré sa rénette* [e].

raisonnement *un raisonnement* [ɛ] *déductif*
résonnement *On dit plutôt résonance* [e] *que résonnement.*

rami *Le rami est un jeu de cartes.*
ramie *Il s'était tissé une bâche en ramie.*

rancard *avoir un rancard (rencard), un rendez-vous*
rancart *bon à mettre au rancart*

rauque *une voix rauque* [o]
roc *solide comme un roc* [ɔ]
rock *le rock* [ɔ] *des années 60*
roque *le petit roque* [ɔ], *au jeu d'échecs*

record *Le record du monde tomba.*
recors *Le recors accompagnait l'huissier.*

recru *Recru de fatigue, il dormait debout.*
recrû *Le recrû (des pousses) se développe sur les souches.*
recrue *l'instruction des nouvelles recrues*

reflex *Un appareil reflex permet de mieux cadrer l'image.*
réflexe *C'était un mouvement réflexe.*
Il a eu un bon réflexe.

régal	*un vrai régal*
régale	*l'eau régale (mélange d'acides)* *Le régale est une partie de l'orgue.* *La régale temporelle est un droit royal.*
reine	*la reine des abeilles*
rêne	*Le cocher tient les rênes.*
renne	*un troupeau de rennes*
repaire	*un repaire de brigands*
repère	*Le clocher sert de point de repère.*
résidant	*les personnes résidant dans ce pays*
résident	*les résidents étrangers*
résonner	*résonner faiblement*
raisonner	*Il faut raisonner avant d'agir.*
revenu	*l'impôt sur le revenu*
revenue	*La revenue du taillis était plus claire.*
rho	*La lettre grecque rho s'écrit r.*
rot	*Bébé doit faire son rot.*
rôt	*Rôt voulait dire rôti.*
rhombe	*Le rhombe est un losange.*
rumb	*Le rumb ou rhumb est une mesure d'angle.*
ri	*On n'a jamais tant ri.*
ris	*du ris de veau* *prendre un ris sur une voile*
riz	*une poule au riz*
rob	*Le rob a la consistance du miel.*
robe	*une robe de mariée*
rocher	*à flanc de rocher* [e]
rochet	*une roue à rochet* [ɛ] *Un rochet* [ɛ] *était une tunique courte.*
roder	*roder les soupapes*
rôder	*rôder dans les parages*
roman	*Il voulait lire un roman.* *un chapiteau roman*
romand	*le pays romand, sur les rives du Léman*
rondeau	*danser un rondeau de l'ancien temps*
rondo	*La sonate s'achève sur un rondo.*
rondel	*Pour rondeau, on disait aussi rondel.*
rondelle	*une rondelle de saucisson*
rosé	*un petit rosé de Provence bien frais*
rosée	*la rosée des matins d'automne*
roser	*roser (teindre) le coton*
rot	*Le rot est une maladie de la vigne.*
rote	*La rote est un tribunal ecclésiastique.* *Les cordes de la rote étaient pincées.*
rôti	*un rôti de veau dans la noix*
rôtie	*un œuf poché sur rôtie*
roue	*La roue tourne.*
roux	*préparer d'abord un roux blanc* *des cheveux roux*
ru	*Un ru est un ruisselet.*
rue	*une rue piétonne* *La rue est aussi une plante à fleurs jaunes.*

sachée	*une sachée* [e] *(un sac) de thé*
sachet	*un sachet* [ɛ] *de graines*
saigneur	*un saigneur de porc*
seigneur	*à tout seigneur tout honneur*
sale	*du linge sale*
salle	*une salle d'attente*
saoul	*Il était complètement saoul (soûl).*
sou	*n'avoir pas un sou en poche*
soue	*Une soue était une étable à cochons.*
sous	*une cachette sous le plancher*
satire	*Cette pièce est une satire de la vie politique.*
satyre	*Le satyre attendait ses victimes dans le bois*
satirique	*un journal satirique*
satyrique	*une danse satyrique*
saule	*un saule* [o] *pleureur*
sol	*Le sol* [ɔ] *était détrempé.* *Il n'avait plus un sol* [ɔ]. *sol* [ɔ] *dièse*
sole	*une sole* [ɔ] *de charpente* *La sole* [ɔ] *est un poisson.*
saur	*un hareng saur*
sore	*Les sporanges de la fougère forment un sore.*
sort	*jeter un mauvais sort*
saut	*le saut de carpe*
seau	*un seau d'eau*
sceau	*un sceau royal*
sot	*Il est sot et prétentieux.*
saute	*une saute* [o] *d'humeur imprévisible*
sotte	*Tu n'es qu'une petite sotte* [ɔ].
sceller	*sceller une amitié*
scellés	*On a mis les scellés sur la porte.*
seller	*seller une mule*
celer	*celer un sentiment*
sceptique	*une attitude sceptique*
septique	*une fosse septique*
sciène	*La chair de la sciène (un poisson) est très estimée.*
sienne	*faire des siennes*
scieur	*le scieur de bois*
sieur	*le sieur untel*
scythe	*l'art scythe ou scythique*
site	*Le site offrait une vue panoramique.*
sèche	*rester en panne sèche*
seiche	*un os de seiche*
seime	*La seime est une maladie du sabot.*
sème	*Le sème est une unité de signification.*
serein	*Le ciel était serein.*
serin	*Le serin chantait dans sa cage.*
serment	*Il a fait le serment de ne plus mentir.*
serrement	*un serrement de gorge*
si tôt	*Ils marquèrent si tôt que leur public en fut presque déçu.*
sitôt	*Sitôt qu'ils eurent marqué un but, ils jouèrent la défense.*
silphe	*Le silphe s'attaque aux betteraves.*
sylphe	*Le sylphe était le génie de l'air.*
soc	*le soc de la charrue*
socque	*Le socque était une chaussure basse des acteurs de la comédie.*

soi *prendre sur soi*
un soi-disant amateur d'art
soie *un ruban de soie*
la soie de la lame (partie opposée à la pointe)
soit *une tonne, soit mille kilos*

somation *la somation biologique des caractères*
sommation *Après la troisième sommation, il tira.*

spath *Le spath est une substance minérale.*
spathe *une spathe gauloise (une épée)*

spiral *un ressort spiral*
spirale *une spirale de fumée*

spore *la spore du champignon*
sport *un sport d'équipe*

statu *Le statu quo n'arrangeait personne.*
statue *une statue équestre au milieu de la place*
statut *le nouveau statut des professeurs*

subi *un pouvoir autoritaire longtemps subi*
subit *un renversement subit de la situation*

succin *Le succin est un ambre jaune.*
succinct *un traité plutôt succinct*

super *vingt litres de super*
C'est super ! (familier)
supère *L'ovaire supère du lys.*

sur *jouer cartes sur table*
sûr *être sûr de son affaire*
sure *une pomme sure (acide)*

sureau *la confiture de sureau*
suros *un cheval atteint de suros*

surfait *Ce spectacle est surfait.*
surfaix *Le surfaix du harnais est usé.*

376 t

ta *C'est l'heure de ta tisane.*
tas *un tas d'ennuis*

tache *une tache* [a] *d'encre indélébile*
tâche *une tâche* [ɑ] *difficile, mais noble*

tacher *tacher un pantalon*
tâcher *tâcher de le nettoyer*

tachine *Le (ou la) tachine est une grosse mouche.*
taquine *Elle était d'humeur taquine.*

taie *une taie d'oreiller*
têt *un têt de chimiste (pour tester)*

tain *une glace sans tain*
teint *un tissu grand teint*
thym *du thym et du laurier*
tin *Un tin en bois supporte la quille d'un navire en construction.*

taire *Il faut se taire.*
ter *le numéro sept ter*
terre *la terre promise*

taler *taler les pommes*
taller *taller le gazon au rouleau*

talle *un pied de vigne bien fourni en talles*
thalle *le thalle du champignon*

tan	*Le tan sert à préparer le cuir.*
tant	*tant pis ou tant mieux*
taon	*Le taon ne pique pas, il mord.*
temps	*Aura-t-on le temps ?*
	Le temps s'améliore.
tante	*une vieille tante charmante*
tente	*une tente d'Indien*
tapi	*un guépard tapi dans les herbes*
tapis	*un accroc au tapis du billard*
taraud	*un taraud en acier trempé*
taro	*Le taro est une plante tropicale aux fruits comestibles.*
tarot	*une partie de tarots*
tard	*Ils arrivèrent trop tard.*
tare	*Il y manquait le poids de la tare.*
	les tares humaines
tau	*Le tau grec (t) s'oppose au thêta (q).*
taud	*s'abriter sous le taud d'un bateau*
taux	*à quel taux emprunter ?*
tôt	*Il est encore trop tôt pour le dire.*
taule	*aller en taule (argot)*
	louer une taule (familier)
tôle	*de la tôle ondulée*
taupe	*myope comme une taupe* [o]
	Une classe de taupe [o] *prépare aux grandes écoles.*
top	*être prêt au top* [ɔ]
	un top [ɔ] *model*
taure	*Une taure est une génisse.*
tore	*le tore d'une colonne de marbre*
torr	*Le torr est une unité de mesure pour faible pression.*
tors	*un fil tors (tordus)*
tort	*On n'a pas toujours tort.*
tauride	*L'astronome observait les taurides.*
torride	*L'été fut torride.*
té	*tracer des parallèles à l'aide d'un té*
	un fer à double té (ou T)
thé	*une tasse de thé*
teinter	*teinter une feuille de papier*
tinter	*tinter le glas*
tel	*tel maître, telle classe*
tell	*Ce tell intriguait les archéologues.*
terme	*au terme de sa carrière*
	les termes du contrat
thermes	*les thermes gallo-romains*
termite	*Le termite ronge le bois.*
thermite	*La thermite est un mélange pulvérisé de métaux.*
thon	*la pêche au thon en Méditerranée*
ton	*Ton partenaire s'est trompé de ton.*
thrombine	*La thrombine intervient dans la coagulation.*
trombine	*les trombines des camarades (familier)*
tic	*un tic nerveux*
tique	*La tique est un parasite du chien.*
tir	*le tir à l'arc*
tire	*une tire en mauvais état (argot)*
	la tire du blason
	un voleur à la tire
	la tire d'érable (sirop)
tirant	*le tirant d'eau d'un voilier*
tyran	*Ce tyran semait la terreur.*
toc	*Ce n'est pas du toc.*
	et toc !
toque	*une toque de fourrure*
toi	*toi et moi*
toit	*un toit d'ardoises*

tome *un dictionnaire en huit tomes*
tomme *une tomme de Savoie*

tour *le tour du monde*
les créneaux de la tour
tourd *Le tourd est un oiseau, c'est aussi le nom d'un poisson.*

tournoi *un tournoi régional de tennis*
tournois *Le tournois était frappé à Tours (monnaie).*

trac *avoir le trac*
tout à trac
traque *la traque du grand gibier*

train *mener grand train*
le train d'atterrissage
un train de marchandises
trin *Trin a le sens de trinitaire.*

trait *un trait de crayon*
très *C'est très beau.*

tram *Tram est l'abréviation de tramway.*
trame *Un tamis usé jusqu'à la trame.*

tramp *Ce tramp ne trouvait plus de fret.*
trempe *la trempe de l'acier*
filer une trempe (familier)

trépan *Le chirurgien prit le trépan.*
trépang *Le trépang (tripang) est comestible.*

tribal *le chef tribal*
triballe *Une triballe est une tringlette de fer.*

tribu *la tribu indienne*
tribut *payer un lourd tribut*

trick *Le trick est une levée au bridge.*
trique *sec comme un coup de trique*

troc *faire du troc sur un marché*
troque *La troque (troche) est un coquillage.*

troche *La troche a une forme de toupie.*
troches *Le vigneron attache les troches (sarments).*

troll *Un troll est un lutin.*
trolle *chasser le cerf à la trolle*

trop *Il est trop tard pour partir.*
trot *une course de trot attelé*

truc *Il a un truc ! ce n'est pas possible.*
truck *la plate-forme du truc(k) (chariot)*

turbo *un moteur turbo*
turbot *du turbot à l'oseille*

377 V

vain *un espoir vain*
vin *soutirer du vin*
vingt *vingt mille lieues*

vaine *une tentative vaine*
veine *une piqûre dans la veine*
Il a de la veine.

vair *la pantoufle de vair*
ver *le ver de terre*
verre *un verre de bière*
vers *un vers de douze pieds, en poésie*
marcher vers la vérité
vert *se mettre au vert*
un dépôt de vert-de-gris
un drapeau vert

valet	*un fidèle valet* [ɛ] *de chambre*
vallée	*une vallée* [e] *fertile*
van	*le van du cheval de course*
	un van en osier
vent	*Le vent se leva brusquement.*
vantail	*un vantail d'armoire*
ventail	*Le ventail laisse passer l'air, le vent.*
vanter	*vanter les mérites de quelqu'un*
venter	*venter et pleuvoir*
varan	*Le varan est un reptile carnivore.*
warrant	*Le warrant est un effet de commerce.*
vaux	*par monts et par vaux*
veaux	*des veaux élevés en liberté*
vos	*Vos projets vont à vau-l'eau.*
venu	*le premier venu*
venue	*la venue du printemps*
vergé	*un tirage de luxe sur vergé (type de papier)*
verger	*Le verger est en fleurs.*
verni	*Ce meuble a été verni.*
	Tu es verni ! (familier)
vernis	*le vernis d'un tableau*
	Le vernis est un mollusque.
vice	*l'horreur du vice*
	le vice-président
vis	*Il a perdu une vis.*
vil	*à vil prix*
	un vil suborneur
ville	*la vieille ville*
viol	*le viol des consciences*
viole	*un joueur de viole*
	Ne tirez qu'au visé !
visé	*la ligne de visée*
visée	*Ses visées politiques nous rendent sceptiques.*
	viser avec un fusil
viser	*viser la députation*
	viser un passeport
voie	*une voie à sens unique*
voix	*Il avait une voix éraillée.*
vol	*le vol à voile*
	le vol à la tire
vole	*réussir la vole aux cartes*
volatil	*un produit volatil*
volatile	*un volatile lourdaud*
volt	*Le volt est une unité de mesure de la force électrique.*
volte	*la volte du cheval de cirque*
votre	*Voici votre* [ɔ] *part.*
vôtre	*à la bonne vôtre* [o]
vu	*vu les circonstances*
vue	*une vue imprenable*

Il existe des cas d'homonymie entre un nom et une ou plusieurs formes verbales.

Les listes suivantes (paragraphes 378 et 379) présentent des regroupements de ce genre, mais sans toujours offrir de contexte.

Voici cependant trois exemples explicites :

HOMONYMES	EXEMPLES
signe	*un mauvais signe*
cygne	*un cygne noir*
signent	*Ils signent.*
ais	*l'ais du relieur*
est	*Il est temps de terminer.*
ait	*Qu'il ait ce qu'il demande.*
cru	*un bon petit cru*
	Moi aussi, j'ai cru cela (croire).
crue	*la crue du Nil*
	la viande crue
crut	*On n'en crut pas un mot* (croire).
crût	*La rivière crût encore* (croire).

une agression
nous agressions

de l'ail
que j'aille…

une arête
j'arrête…

un atèle
une attelle
j'attelle…

un avion
nous avions

bah !
bas
le bât
je bats…

du bois
je bois…

une boîte
je boite…

de la boue
un bout
je bous…

un bourg
une bourre
je bourre…

chaud
de la chaux
un show
il lui chaut

le cou
un coup
le coût
je couds…

crac !
un crack
des craques
un krak
je craque

une dyne
je dîne…

un écossais
j'écossais…

un emploi
j'emploie…

de l'étain
éteint
j'éteins…

une face
une fasce
que je fasse…

la faim
feint
la fin
je feins…

le faîte
une fête
vous faites

du fil
une file
je file…

le flou
je floue…

le for
fors
un fort
je fore…

un four
je fourre…

le frai
frais
du fret
je fraie…

gauss
un gosse
je me gausse…

un glaçon
nous glaçons

haute
un hôte
j'ôte…

lai
laid
la laie
les lais
du lait
je laie…

lice
un lis (lys)
lisse
je lisse…

un loup
je loue…

un maure
le mors
un mort
je mords…

un métis
une métisse
je métisse…

mi
de la mie
je mis…

une mission
que nous missions

mou
du moût
je mouds…

ni
un nid
je nie…

une noix
je noie…

la noue
nous
je noue…

du pain
peint
un pin
je peins…

pair
paire
un père
pers
je perds...

un parti
une partie
je partis...

une passion
nous passions

une peine
le pêne
la penne
je peine...

un perse
je perce...

peu
peuh !
je peux...

un pic
une pique
je pique...

un plaid
je plaide...

un plaid
une plaie
je plais...

du plastic
du plastique
je plastique...

un pli
une plie
je plie

un pouf
je pouffe...

prête
je prête...

une puce
que je pusse

rauque
un roc
un roque
je roque...

un réveil
je réveille...

une roue
roux
je roue...

sain
un saint
un sein
un seing
je ceins...

du sang
sans
cent
je sens...

saur
un sort
je sors...

un savon
nous savons

une serre
je serre...

un site
je cite...

soi
de la soie
que je sois...

une somme
nous sommes

de la soude
je soude...

du soufre
je souffre...

un sourd
elle sourd

une souris
je souris...

un(e) tachine
je taquine...

du tan
tant
un taon
le temps
je tends...

une taure
tors
tort
je tords...

un tic
une tique
je tique...

le tien
je tiens...

une tire
je tire...

un trafic
je trafique...

un troc
je troque...

tu
(je me suis) tu...

un van
du vent
je vends...

un vau
un veau
vos
je vaux...

une voie
une voix
je vois...

379 Homonymie entre plusieurs verbes et plusieurs formes non verbales

un bail
une (la) baille
je baille… (bailler)
je bâille… (bâiller)
je baye… (bayer)

un but
une butte
je bute… (buter)
vous bûtes (boire)
je butte… (butter)

celle
du sel
une selle
je cèle… (celer)
je scelle… (sceller)
je selle… (seller)

un cerf
une serre
un serf
je serre… (serrer)
je sers… (servir)

un compte
un comte
un conte
je compte… (compter)
je conte… (conter)

une croix
je crois… (croire)
je croîs… (croître)

un étang
étant (être)
j'étends… (étendre)

du fer
faire (infinitif)
je ferre… (ferrer)
le fond
un (les) fonds
les fonts
je fonds… (fondre)
ils font (faire)

du lut
un luth
une lutte
je lute… (luter)
je lutte… (lutter)

un mur
mûr
mûre
elles murent (mouvoir)
je mure… (murer)

par
le part
une part
je pare… (parer)
je pars… (partir)

un prix
je prie… (prier)
je pris… (prendre)

le tain
le teint
du thym
un tin
je teins… (teindre)
je tins… (tenir)

une teinte
teinte (teindre)
je teinte… (teinter)
je tinte… (tinter)

vain
du vin
vingt
je vaincs… (vaincre)
je vins… (venir)

un vice
une vis
je visse… (visser)
que je visse… (voir)

Vous trouverez dans ce chapitre une occasion de recherche et de jeu sur les mots. Avec un peu d'imagination, il est possible d'exploiter certaines ambiguïtés liées au découpage des mots.

De sa fenêtre, le notaire observe les clercs ou *l'éclair.*
Le paysan observe les pis ou *l'épi* ou *les pies.*
Le faussaire reproduit les toiles ou *l'étoile.*

380 l'é – les

l'ébène – les bennes
l'écaille – les cailles
l'écart – les cars – les quarts – les carres
l'échangeur – les changeurs
l'échanson – les chansons
l'échec – les chèques – les cheik(h)s (scheiks)
l'écheveau – les chevaux
l'échoppe – les chopes
l'éclair – les clercs
l'écluse – les cluses
l'école – les colles
l'écorce – les Corses
l'écran – les crans
l'écrin – les crins
l'écurie – les curies
l'édifice – les dix fils
l'édit – les dits
l'effet – les faits
l'effort – les forts
l'effroi – les froids
l'effusion – les fusions
l'égard – les gares
l'égout – les goûts
l'élan – les lents
l'électeur – les lecteurs
l'élocution – les locutions
l'éloge – les loges
l'élytre – les litres
l'émail – les mailles
l'émérite – les mérites
l'émeute – les meutes
l'émigrant – les migrants
l'émir – les mires – les myrrhes
l'émission – les missions
l'émoi – les mois
l'émotif – les motifs
l'émotion – les motions
l'énorme – les normes
l'épais – les paix
l'épar(t) – les parts
l'épaule – les pôles
l'épeire – les pères
l'épi – les pis – les pies
l'épieu – les pieux
l'épique – les piques
l'époux – les poux
l'épreuve – les preuves
l'épure – les pures
l'érable – les râbles
l'érection – les rections
l'errant – les rangs
l'eschatologie – les scatologies
l'essai – les saies
l'essaim – les seins – les saints – les seings
l'essence – les sens
l'essieu – les cieux
l'essor – les sorts
l'estoc – les stocks

l'étable – les tables
l'étain – les teints – les tains – les tins
l'étalon – les talons
l'étang – les temps – les taons
l'état – les tas
l'étau – les taux
l'été – les thés
l'éther – les terres
l'éthique – les tics – l'étique – les tiques
l'étoile – les toiles
l'étrenne – les traînes
l'étrille – les trilles
l'étroit – les trois
l'éveil – les veilles
l'évocation – les vocations

REM L'ambiguïté n'est jamais totale, en raison du rôle important joué par l'intonation.

381 l'a – la

l'acerbe – la Serbe
l'airain – les reins
l'aisselle – les selles
l'ajout – la joue
l'alêne – l'haleine – la laine
l'allocataire – la locataire
l'allocation – la location
l'alogique – la logique
l'aloi – la loi
l'amarre – la mare
l'amer – la mer – la mère
l'amie – la mie
l'amine – la mine
l'annotation – la notation
l'anormal – la normale
l'apesanteur – la pesanteur
l'apolitique – la politique
l'appareil – la pareille
l'aqueux – la queue
l'arôme – la Rome [o/ɔ]
l'aronde – la ronde
l'arrêt – la raie
l'asocial – la « sociale »
l'Assyrie – la scierie – la Syrie
l'atoll – la tôle [ɔ/o]
l'atome – la tomme [o/ɔ]
l'attente – la tente – la tante
l'attention – la tension
l'attique – la tique
l'avaleur – la valeur
l'avarice – la varice
l'avenue – la venue
l'aversion – la version
l'avisé – la visée

382 Les principales racines grecques et latines

RACINE		SENS	EXEMPLES
aéro-	gr.	air	*aérodrome, aéronaute*
-agogie	gr.	guide	*pédagogie*
-agogue	gr.	guide	*démagogue*
agro-	lat.	champ	*agriculture, agronomie*
-algie	gr.	douleur	*névralgie, antalgique*
allo-	gr.	autre	*allogène, allomorphe*
andro-	gr.	homme	*androgyne*
anthropo-	gr.	être humain	*anthropologue, anthropophage*
aqu-	lat.	eau	*aquiculture, aqueduc*
archéo-	gr.	ancien	*archéologie*
-archie	gr.	commandement	*anarchie*
-arque	gr.	commandement	*monarque*
arthro-	gr.	articulation	*arthrite*
astro-	gr.	astre	*astronomie, astronaute*
auri-	lat.	oreille	*auriculaire*
auto-	gr.	lui-même	*autodestruction*
avi-	lat.	oiseau	*avion, aviation*
bary-	gr.	pression	*baromètre, barycentre*
biblio-	gr.	livre	*bibliophile, bibliothèque*
bio-	gr.	vie	*biologie, antibiotique*
brachy-	gr.	court	*brachycéphale*
calor-	lat.	chaleur	*calorifère, calorique*
cardio-	gr.	cœur	*cardiogramme, cardiologue*
carni-	lat.	chair	*carnivore*
céphal-	gr.	tête	*céphalopode, encéphalite*
chiro-	gr.	main	*chiropracteur, chirurgien*
chromo-	gr.	couleur	*chromatologie*
chrono-	gr.	temps	*chronomètre, chronologie*
cinéma-	gr.	mouvement	*cinématique*
cinét-	gr.	mobile	*cinétique*
col-	gr.	bile	*colère, mélancolie*
cosmo-	gr.	monde (ordre)	*cosmopolite, cosmique*
-crate	gr.	puissance	*phallocrate*
-cratie	gr.	puissance	*démocratie*
crypto-	gr.	caché	*cryptogame, décryptage*
cyano-	gr.	bleu	*cyanosé, cyanure*

RACINE		SENS	EXEMPLES
cyclo-	gr.	cercle	*bicyclette, cyclothymique*
cyto-	gr.	cellule	*cytoplasme*
dactylo-	gr.	doigt	*dactylographier*
démo-	gr.	peuple	*démographie, démocratie*
derm(o)-	gr.	peau	*dermique*
-derme	gr.	peau	*épiderme*
didact-	gr.	enseigner	*didactique*
digi(to)-	lat.	doigt	*digitale*
-doxe	gr.	opinion	*orthodoxe, paradoxe*
-drome	gr.	course, champ	*aérodrome, hippodrome*
dynamo-	gr.	force	*dynamique*
-èdre	gr.	face	*polyèdre, tétraèdre*
équi-	lat.	égal	*équilatéral, équivalent*
-fère	lat.	porter	*téléférique, aurifère*
galacto-	gr.	lait	*galactorrhée*
gastéro-	gr.	estomac	*gastéropode, gastrite*
-gène	gr.	qui engendre	*cancérigène, pathogène*
géo-	gr.	terre	*géographie, géologie*
gluco-	gr.	doux (sucré)	*glucide*
glyco-	gr.	doux (sucré)	*glycérine*
-gone	gr.	angle	*pentagone, polygone*
-gramme	gr.	lettre	*télégramme, épigramme*
grapho-	gr.	écrire	*graphique, graphologie*
gynéco-	gr.	femme	*gynécologue*
gyno-	gr.	femme	*gynécée*
hélio-	gr.	soleil	*héliothérapie, héliotrope*
hémato-	gr	sang	*hématome*
hémo-	gr.	sang	*hémoglobine*
hétéro-	gr.	autre	*hétérogène, hétérosexuel*
hippo-	gr.	cheval	*hippodrome, hippique*
holo-	gr.	entier	*holocauste (= brûler tout entier)*
homéo-	gr	semblable	*homéopathie*
homo-	gr.	semblable	*homosexuel*
homo-	lat.	homme	*homicide*
horo-	gr.	heure	*horoscope*
hydro-	gr.	eau	*hydravion, hydraulique*
hygro-	gr.	humide	*hygrométrique*
hypno-	gr.	sommeil	*hypnose, hypnotique*
icono-	gr.	image	*icône, iconographie*
iso-	gr.	égal	*isotherme, isocèle*
kinési-	gr.	mouvement	*kinésithérapeute*
lacto-	lat.	lait	*lacté, lactique*
latéro-	lat.	côté	*équilatéral, quadrilatère*

RACINE		SENS	EXEMPLES
leuco-	gr.	blanc	*leucémie, leucocyte*
litho-	gr.	pierre	*lithographie*
-lithe	gr.	pierre	*paléolithique*
logo-	gr.	discours	*logorrhée*
-logue	gr.	discours	*monologue*
-lyse	gr.	dissolution	*analyse, électrolyse*
macro-	gr.	grand	*macrocosme, macrophotographie*
mam(m)-	lat.	mamelle	*mammifère, mammaire*
-manie	gr.	folie	*cléptomanie*
-mane	gr.	folie	*nymphomane*
méga-		grand	*mégalithe*
mégalo-	gr.	grand	*mégalomanie*
mélano-	gr.	noir	*mélancolie*
méso-	gr.	au milieu	*Mésopotamie*
méta-	gr.	transformer	*métamorphose*
métro-	gr.	mesure	*métronome*
-mètre	gr.	mesure	*kilomètre*
micro-	gr.	petit	*microphone, microscope*
miso-	gr.	haïr	*misogyne, misanthrope*
-mobile	lat.	qui se meut	*automobile*
mono-	gr.	seul	*monarchie, monoculture*
morpho-	gr.	forme	*morphologie, polymorphe*
multi-	lat.	nombreux	*multinationale, multicolore*
myo-	gr.	muscle	*myocarde, myopathie*
mytho-	gr.	légende	*mythologie, mythique*
naut-	lat.	matelot	*nautique, cosmonaute*
nécro-	lat.	mort	*nécrologie, nécropole*
néo-	gr.	nouveau	*néologisme, néophyte*
neuro-	gr.	nerf	*neurologue, neurone*
-nome	gr	loi	*agronome*
-nomie	gr.	loi	*astronomie*
nyct-	gr.	nuit	*nyctalope*
oléo-	lat.	huile	*oléagineux, oléoduc*
oligo-	gr.	peu nombreux	*oligarchie, oligospermie*
omni-	lat.	tout	*omnivore, omnisports*
onom-	gr.	nom	*onomatopée*
-onyme	gr.	nom	*homonyme, patronyme*
-ope	gr.	œil	*myopie, hypermétropie*
ophtalmo-	gr.	œil	*ophtalmie*
ornitho-	gr.	oiseau	*ornithologique*
ortho-	gr.	droit	*orthographe, orthophonie*
oto-	gr.	oreille	*otite, oto-rhino-laryngologiste*
ovo-	lat.	œuf	*ovocyte, ovulation*

RACINE		SENS	EXEMPLES
oxy-	gr.	acide	*oxygène, oxydation*
paléo-	gr.	ancien	*paléolithique*
pan-	gr.	tout	*panorama, panthéon*
patho-	gr.	souffrance	*pathologique, sympathie*
patr(i)-	lat.	père	*patriarche, patronymique*
péd-	gr.	enfant	*pédiatre, pédagogie*
pédi-	lat.	pied	*pédestre, pédicure*
pédo-	gr.	enfant	*pédologie, pédophilie*
pétro-	lat.	pierre	*pétrochimie, pétrole*
phago-	gr.	manger	*phagocyte*
-phage	gr.	manger	*anthropophage*
-phane	gr.	paraître (briller)	*diaphane*
phanéro-	gr.	visible	*phanérogame*
philo-	gr.	qui aime	*philosophe*
-phile	gr.	qui aime	*francophile*
-phobe	gr.	qui craint	*claustrophobe*
-phobie	gr.	qui craint	*xénophobie*
-phone	gr.	voix, son	*téléphone*
phono-	gr.	voix, son	*phonétique*
-phore	gr.	porter	*métaphore, sémaphore*
photo-	gr.	lumière	*photocopie, photographie*
phyllo-	gr.	feuille	*chlorophylle, phylloxéra*
phylo-	gr.	tribu, espèce	*phylogenèse*
physio-	gr.	nature	*physiologie, physionomie*
phyto-	gr.	plante	*phytoplancton, phytothérapie*
pisci-	lat.	poisson	*piscine, pisciculture*
pneum(o)-	gr.	souffle, poumon	*pneumatique, pneumonie*
podo-	gr.	pied	*podologue*
poli-	gr.	ville, cité	*politique*
-pole	gr.	ville, cité	*métropole*
poly-	gr.	plusieurs, nombreux	*polysémie, polygone*
potam-	gr.	fleuve	*hippopotame*
psych(o)-	gr.	âme, esprit	*psychiatre, psychologue, métempsycose*
ptéro-	gr.	aile	*hélicoptère, ptérodactyle*
pyro-	gr.	feu	*pyrogravure, pyromane*
radio-	lat.	rayon	*radioactivité, radiologie*
rect(i)-	lat.	droit	*rectangle, rectiligne*
rhé(o)-	gr.	couler	*aménorrhée, logorrhée*
rhino-	gr.	nez	*rhinocéros, rhinite*
rhizo-	gr.	racine	*rhizome*
-scope	gr.	examiner	*microscope, télescope*
séma-	gr.	signe	*sémantique*
sémio-	gr.	signe	*sémiologie*

RACINE		SENS	EXEMPLES
télé-	gr.	au loin	*télépathie, télévision*
thalasso-	gr.	mer	*thalassothérapie*
théo-	gr.	dieu	*polythéisme, théologie*
-thèque	gr.	lieu de rangement	*bibliothèque, phonothèque*
thérap(eu)-	gr.	soigner	*psychothérapie, thérapeute*
-thèse	gr.	action de poser	*hypothèse, synthèse*
-tomie	gr.	action de couper	*anatomie, mammectomie*
topo-	gr.	lieu	*topologie, toponyme*
-trope	gr.	tourner	*héliotrope*
-trophie	gr.	nourriture	*atrophie, hypertrophie*
-vore	lat.	manger	*carnivore, herbivore*
xéno-	gr.	étranger	*xénophobe*
xylo-	gr.	bois	*xylophage, xylophone*
zoo-	gr.	animal	*zoologique*

383 Préfixes d'origine savante

RACINE		SENS	EXEMPLES
a-	gr.	privatif	*atypique*
an-	gr.	privatif	*analphabète*
ab-	lat.	éloignement	*abstraction*
ana-	gr.	en remontant, par	*analyse, anagramme*
anté-	lat.	avant, devant	*antécédent, antérieur*
anti-	gr.	contre	*antigel, antivol*
apo-	gr.	à partir de	*apothéose, apogée*
cata-	gr.	en bas	*catacombe, catalyse*
circum-	lat.	autour de	*circonférence, circonscription*
cis-	lat.	en deçà de	*cisalpin*
co-	lat.	avec, achèvement	*coopérer*
com-	lat.	avec, achèvement	*comité, compassion*
con-	lat.	avec, achèvement	*concevoir*
dia-	gr.	à travers	*diapositive, diachronie*
dys-	gr.	difficulté, trouble	*dyslexie, dystrophie*
ecto-	gr.	en dehors	*ectoplasme*
en-	gr.	dans	*endettement, enraciné*
endo-	gr.	dedans	*endogène, endogamie*
épi-	gr.	sur	*épiderme, épigramme*
eu-	gr.	bien	*euphorie, euthanasie*
ex-	lat.	hors de	*exhumation, expatrié*
exo-	gr.	dehors	*exogamie*
extra-	lat.	au-delà	*extrapolation*
hyper-	gr.	sur, plus	*hypertension, hypertrophie*
hypo-	gr.	sous	*hypothèse, hypoglycémie*

RACINE		SENS	EXEMPLES
in-	lat.	dans	*inhalation, inhérent*
in-	lat.	négatif	*incurable, indigne*
inter-	lat.	entre	*interaction*
intra-	lat.	dedans	*intraveineux*
intro-	lat.	dedans	*introduction*
juxta-	lat.	à côté de	*juxtaposition*
méta-	gr.	après	*métaphysique*
para-	gr.	près	*parapsychologie, paragraphe*
para-	gr.	contre	*parapluie, parasol*
péné-	lat.	presque	*péninsule, pénéplaine*
per-	lat.	par, à travers	*perforateur*
péri-	gr.	autour	*périphérique, périscope*
pré-	lat.	devant, avant	*préfixe, préhistoire*
pro-	lat.	pour	*prolongation, pronom*
ré-	lat.	répétition, retour	*régression, réitération*
rétro-	lat.	en arrière	*rétroviseur, rétroactif*
semi-	lat.	à moitié, demi	*semi-conducteur*
sub-	lat.	sous	*subaquatique, suburbain*
super-	lat.	sur	*supermarché, supérieur*
supra-	lat.	au-dessus	*supranational, supraterrestre*
syn-	gr.	avec	*synchronie, synonyme, sympathie*
trans-	lat.	au-delà de, à travers	*transmetteur, transatlantique*
ultra-	lat.	au-delà de	*ultrason, ultraviolet*

384 Préfixes exprimant la quantité

FRANÇAIS	LATIN	GREC
un	*uni- (unicellulaire)*	*mono- (monologue)*
deux	*bi-, bis- (bicorne)*	*di- (diptère)*
trois	*tri- (trinôme)*	*tri- (trigonométrie)*
quatre	*quadri- (quadrilatère)*	*tetra- (tétraèdre)*
cinq	*quinqu- (quinquennal)*	*penta- (pentagone)*
dix	*déci- (décimètre)*	*déca- (décathlon)*
cent	*centi- (centimètre)*	*hecto- (hectolitre)*
mille	*mill- (millimètre)*	*kilo- (kilogramme)*
dix mille		*myria- (myriapode)*
demi	*semi- (semi-conducteur)*	*hémi- (hémicycle)*

TOLÉRANCES ORTHOGRAPHIQUES

385-393

Les numéros renvoient aux numéros des paragraphes.

Certains mots ont deux orthographes possibles, que l'Académie française ou les principaux dictionnaires ont enregistrées, souvent à titre de variantes. L'Académie française enregistre et recommande les rectifications publiées au Journal officiel du 6 décembre 1990 en spécifiant : « Aucune des deux graphies ne peut être tenue pour fautive » (Dictionnaire de l'Académie, 9e édition, 1993).

385 L'accent circonflexe

- L'accent circonflexe n'est plus obligatoire sur les voyelles *i* et *u*.

ANCIENNE ORTHOGRAPHE	NOUVELLE ORTHOGRAPHE
abîme	*abime*
abîmer	*abimer*
accroître	*accroitre*
août	*aout*
apparaître	*apparaitre* (et tous les verbes en *-aître*)
boîte	*boite*
brûler	*bruler*
chaîne	*chaine* (et tous les verbes en *-chaîner*)
connaître	*connaitre* (et tous les verbes en *-connaître*)
coût	*cout*
coûter	*couter*
croûte	*croute*
dîner	*diner*
emboîter	*emboiter*
encroûter	*encrouter*
entraîner	*entrainer*
flûte	*flute*
flûtiste	*flutiste*
fraîche	*fraiche*
fraîcheur	*fraicheur*
goût	*gout*
goûter	*gouter*
île	*ile*
maître	*maitre*
maîtresse	*maitresse*
maîtrise	*maitrise* (et le verbe *maîtriser*)
mûre	*mure*
plaît	*plait*

ANCIENNE ORTHOGRAPHE	NOUVELLE ORTHOGRAPHE
presqu'île	*presqu'ile*
ragoût	*ragout*
sûre	*sure*
sûrement	*surement*
sûreté	*sureté*
traîner	*trainer*
traître	*traitre*
traîtrise	*traitrise*

⚠ Il faut maintenir l'accent circonflexe sur les terminaisons des verbes.
nous suivîmes – nous voulûmes (passé simple)
qu'il suivît – qu'il voulût (imparfait du subjonctif)

REM Certains mots conservent leur accent circonflexe parce qu'il permet de les distinguer d'autres mots homonymes.
du lait, la porte du jardin – j'ai dû courir
un grand mur – un fruit mûr
sur la table – sûr de lui

- Les noms propres et leurs adjectifs dérivés conservent également leur accent circonflexe.

Nîmes *nîmois*

386 L'accent grave sur le e ouvert

- On peut désormais accentuer, sur le modèle de *semer*, les verbes conjugués sur le modèle de *céder* (accent grave sur les formes du futur et du conditionnel).

*je cèderai (*au lieu de *je céderai...)*
*il cèderait (*au lieu de *il céderait...)*

- On peut désormais conjuguer sur le modèle de *peler* et *acheter* tous les verbes en *-eler* et *-eter*.

épeler	*j'epèle (*au lieu de *j'epelle...)*
moucheter	*il mouchète (*au lieu de *il mouchette...)*

⚠ Les verbes *jeter* et *appeler*, ainsi que leurs dérivés, conservent leur conjugaison habituelle (doublement du *t* et du *l* à certaines personnes et certains temps) → paragraphes 331 et 332.

- Les mots en *-ement* dérivés des verbes en *-eter* et *-eler* prennent également un accent grave (*amoncèlement, dénivèlement, ensorcèlement, étincèlement...*), de même que les mots suivants :

abrègement	*crènelage*	*règlementairement*
affèterie	*crèneler*	*règlementation*
allègement	*crènelure*	*règlementer*
allègrement	*empiètement*	*sècheresse*
assèchement	*évènement*	*sècherie*
cèleri	*fèverole*	*sènevé*
complètement	*hébètement*	*vènerie*
crèmerie	*règlementaire*	

387 Uniformiser l'emploi des consonnes doubles dans une même famille de mots

ANCIENNE ORTHOGRAPHE	NOUVELLE ORTHOGRAPHE
bonhomie	*bonhommie* (comme *bonhomme*)
cahute	*cahutte* (comme *hutte*)
chariot	*charriot* (comme *charrette*)
combatif	*combattif*
combative	*combattive*
combativité	*combattivité* (comme *combattre*)
imbécillité	*imbécilité* (comme *imbécile*)
interpeller (*j'interpelle, il interpellera*)	*interpeler* (*j'interpèle, il interpèlera*)
persifler	*persiffler* (comme *siffler*)
sotie	*sottie* (comme *sottise*)

388 Les mots en *-iller* ou *-illier*

On admet l'orthographe *-iller* dans les mots suivants, où le *i* ne s'entend pas.

ANCIENNE ORTHOGRAPHE	NOUVELLE ORTHOGRAPHE
joaillier	*joailler*
marguillier	*marguiller*
ouillière	*ouillère*
quincaillier	*quincailler*
serpillière	*serpillère*

389 Les mots composés

- Tous les noms composés d'un verbe ou d'une préposition et d'un nom suivent la formation du pluriel dans les noms simples : le nom, quel que soit son sens, s'accorde au pluriel.

un perce-neige → *des perce-neiges*
un après-midi → *des après-midis*

⚠ Les noms composés d'un nom propre ou d'un nom précédé d'un article singulier restent invariables.

des trompe-la-mort

- Les noms composés suivants séparés par un trait d'union ou une apostrophe peuvent s'écrire en un seul mot.

arcboutant
arrachepied
autostop
bassecontre
bassecontriste
bassecour
bassecourier
basselisse
bassetaille
boutentrain
branlebas
brisetout
chaussetrappe
chauvesouris
chèvrepied
cinéroman
clochepied
coupecoupe
couvrepied
crochepied
croquemadame
croquemitaine
croquemonsieur
croquemort
croquenote
faitout
fourretout
hautecontre
hautelisse
hautparleur
jeanfoutre
lieudit
mangetout
mêletout
millefeuille
millepatte
millepertuis
passepartout
passepasse
piquenique
platebande
porteclés
portecrayon
portemine
portemonnaie
portevoix
potpourri
poucepied
poussepousse
prudhomme
quotepart
risquetout
sagefemme
saufconduit
tapecul
téléfilm
terreplein
tirebouchon
tirebouchonner
tirefond
tournedos
vanupieds
vélopousse
véloski
vélotaxi

390 Accord du participe passé *laissé*

Le participe passé *laissé* suivi d'un infinitif est invariable, sur le modèle de *fait*.

Elle les a laissé partir. Elle les a fait partir.
Je me suis laissé convaincre. Je me suis fait convaincre.

391 Noms empruntés à d'autres langues

- Les noms d'origine étrangère s'accordent au pluriel selon la règle générale (ajout de *s*, sauf s'ils sont terminés par s).

  des apparatchiks
  des confettis
  des graffitis
  des jazzmans
  des maximums

⚠ Les mots qui ont gardé leur valeur de citation : *des mea culpa.*

- Un certain nombre de mots composés d'origine étrangère perdent leur trait d'union.

  bluejean, globetrotteur, statuquo, vadémécum, weekend

- Les mots empruntés, enfin, s'accentuent selon les règles d'accentuation des mots français.

  délirium trémens, diésel, média, pédigrée, révolver

392 Trait d'union

Tous les nombres composés, qu'ils soient supérieurs ou inférieurs à *cent*, s'écrivent avec un ou des traits d'union.

trois-mille-quatre-cent-dix-huit
vingt-et-un

393 Le tréma

- Le tréma se place sur la lettre qui doit être prononcée.

ANCIENNE ORTHOGRAPHE	NOUVELLE ORTHOGRAPHE
aiguë	*aigüe*
ambiguë	*ambigüe*
ciguë	*cigüe*
exiguë	*exigüe*

- De plus, le tréma apparaît dans certains mots pour en préciser la prononciation.

gageüre (au lieu de *gageure*), *argüer* (au lieu de *arguer*)

LEXIQUE

Les numéros renvoient aux numéros de paragraphes.

Les numéros en vert renvoient à la partie *Orthographe d'usage*. Ex. : abbaye 110
Le paragraphe 110 donne la règle d'écriture de la graphie *bb*, ainsi que d'autres exemples.

110 *b* ou *bb* comme *b*aguette ou a*bb*é

La graphie du son [b] pose moins de problèmes : on écrit en général *b* ; *bb* est en effet très rare. Cette graphie n'apparaît ni à l'initiale ni en finale et elle concerne essentiellement quelques termes religieux.

bb

abbaye	*rabbin*	*sabbatique*
abbé	*sabbat*	

Les numéros en violet renvoient à la partie *Orthographe grammaticale*. Ex. : accélérer ... 330
Le paragraphe 330 donne des indications sur la conjugaison et l'orthographe.

330 Verbes en -*é* + *consonne* + *er* : je cède, nous cédons

Les verbes se terminant par -*é* + *consonne* + *er* (*céder*, *célébrer*, *régler*…), qui se conjuguent sur le modèle de *céder*, changent le *é* en *è* :

- aux trois personnes du singulier et à la 3e personne du pluriel du présent de l'indicatif ; *je cède*
- aux trois personnes du singulier et à la 3e personne du pluriel du présent du subjonctif ; *que je cède*
- à la 2e personne du singulier du présent de l'impératif. *cède*

Les numéros en bleu renvoient à la partie *Vocabulaire*. Ex. : accord 357
Au paragraphe 357 figurent les homonymes d'*accord*.

accord	*l'accord du piano* *la signature de l'accord*	accort	*Accort est synonyme d'habile.*
accore	*une côte accore*	acore	*la fleur d'un acore*

Abréviations utilisées :

adv = adverbe	inv = invariable	pl = pluriel
f = féminin	m = masculin	sg = singulier

a

a 1 304 357
a cap(p)ella 285
a contrario 285
a fortiori 285
à 2 304 357
à-côté(s) m 285
à-coup(s) m 285
ab intestat 230
abaisse-langue m 285 322
abaissement 11
abandon 72
abaque f 148
abat-jour m 285
abats 275
abattage 116
abattement 116
abattis 229
abattoir 175
abattre 352
abbatial 181 289
abbaye 110
abbé 22 110 357
abbesse 110 256
abcéder 330
abcès 182 275
abdication 214
abdomen 15
abdominal 289
abduction 214
abécédaire m 11
abeille 98
aberrant 171 230
aberration 171
abîme 32
abject 230
abjection 214
abjuration 214
ablatif 265
ablation 214
ablette 116
ablution 214
abnégation 214
aboiement 224
abois pl 275
abolition 214
abolitionniste 166
abominable 163
abomination 214
abondamment 164
abondance 72
abonnement 166
abord 233
abordage 143
aborigène 10
abortif 265
aboutissants pl 72
aboutissement 73
aboyer 87 334
aboyeur 97
abrasif 265
abrégé 22
abrègement 10
abréger 328 330
abreuvoir 53
abréviation 214
abri 30
abribus 275
abricot 46 230
abricotier 115
abrogation 214
abroger 328
abrupt 115 230
abruptement 73
abscisse f 180
abscons 275
absence 179
absent 109 230
absentéisme 22
absinthe f 117
absolu 109
absolument 73
absolution 214
absorption 214
absoudre 346
abstention 72
abstentionnisme 166
abstinence 72
abstraction 214
abstraire 339
abstrait 230
absurdement 73
absurdité 22
abus 229 275
abusif 265
abyssin 34
acabit m 35
acacia 1
académicien 63 267
académie 148
académique 148
acadien 147 267
acajou m 147
acariâtre 2
accablement 149
accalmie 149
accaparement 149
accapareur 149
accastillage 98
accéder 330
accélérateur 182 264
accélération 214
accélérer 330
accent 73 230
accentuation 214
acceptabilité 182
acceptation 214
acception f 214
accès 229 275
accession 215
accessit m 178
accessoire m 221
accessoiriste 178
accident 73 230
accidentel 260
accidentellement 160
acclamation 149
acclimatation 149
accointances f pl 72
accolade f 149
accommodation 164
accommodement 164
accompagnateur 264
accompagnement 81
accompli 257
accomplissement 178
accord 233 357
accordéon 22
accordéoniste 22
accordeur 174

accort 149 230 357
accostage m 149
accotement 149
accouchement 149
accoucheur 264
accoudoir 149
accouplement 149
accourir 338
accoutrement 149
accoutumance 72
accroc m 149
accrochage 149
accroche-cœur(s) m 285
accroissement 178
accroître 351
accru 257
accu 149
accueil 59
accueillant 59 230
acculturation f 149
accumulateur f 149
accusateur 149 264
accusatif 265
accusation 149
acerbe 179
acéré 22
acérer 330
acétique 148 357
acétone f 179
acétylène m 34
achalandé 257
acharné 257
acharnement 73
achat 9 230
acheminement 163
acheter 332
acheteur 264
achèvement 10
achever 329
achoppement 108
acide 179
acidité f 22
acidulé 179
acier 24
aciérer 330
aciérie 220
acné f 22 357
acolyte 34
acompte 81
acousticien 204 267
acoustique 147
acquéreur 152
acquêt 13 230 357
acquiescement 180
acquiescer 327
acquisition 214
acquit 30 230 357
acquit(s)-à-caution m 285
acquittement 116
âcre 2 5 357
acre f 1 5 357
acrimonie 221
acrobate 115
acrobatie 181
acropole f 159
acrylique 34
actant 73 230
acte 147
acteur 256
actif 265
actinique 147
action 214
actionnaire 166
activement 73
activité 22
actualité 22
actuariel 260
actuel 260
actuellement 160
acuité 147
acuponcteur 147
acuponcture 223
acupuncture 223
ad libitum 285
adage m 143
adagio 143
adaptateur 264
adaptation 214
additif 119 265
addition 119 357
additionnel 166 260
adducteur 119
adduction 119
adepte 15
adéquat 230
adhérence 235
adhérent 230 235
adhérer 330
adhésif 235 265
adhésion 235
adieu 53 280
adipeux 54 272
adjacent 73 230
adjectif 265
adjoindre 345
adjoint 94 230
adjonction 214
adjudant 73 230
adjudication 214
adjuger 328
adjuvant 73 230
admettre 352
administrateur 264
administration 214
admirablement 73
admiratif 265
admissibilité 178
admission 215
admonestation 214
adolescence 180
adolescent 73 180 230
adoptif 265
adoption 214
adorable 118
adorateur 264
adoucissement 178
adoucisseur 178
adrénaline f 165
adresse 178
adroit 86 230
adroitement 73
adulateur 264
adulte 225
adultère m 10
adultérer 330
adultérin 257
adventif 265
adventiste 72
adverbial 289
adversaire 221
adverse 177

adversité 22
aède m 10
aération 214
aérer 330
aérien 267
aéro-club(s) m 285
aérobie m 35
aérodrome 22
aérodynamique 148
aérofrein 65
aérogare f 221
aéronaute 43
aéronaval 289
aérophagie 126
aéroport 230
aérosol 177
affable 125
affabulation 125
affaiblissement 125
affaire 11
affaissement 11
affamé 125
affect 125 230
affectation 214
affectif 265
affection 214
affectivité 22
affectueusement 53
affectueux 54 272
afférent 73 230
affermissement 125
affiche 125
affilié 125
affine 125
affinité 22
affirmatif 265
affirmation 214
affixe m 125
affliction 214
affliger 328
affluence 72
affluent 73 230
afflux 231 275
affolement 125
affourager 328
affourager 328
affranchissement 125
affres f pl 275
affrètement 10
affréter 330
affreusement 125
affreux 54 272
affriolant 73 230
affront 82 230
affrontement 125
affût 125 230
affûtage 125
afghan 134
aficionado 179
africain 124
africanisation 214
afrikaans 150
afro 42
afro-asiatique 285
agacement 131
agacer 327
agacerie 220
agape f 107
agate f 115
âge 2 357
âgé 2
agence 72
agencement 143
agencer 327
agenda m 1
agenouillement 98
agent 73 230
aggiornamento m 143
agglomérat 133 230
agglomération 133
aggloméré 133
agglomérer 330
aggravation 133
agile 143
agilité 22
agio 42
agiotage 115
agissements 275
agitateur 264
agitation 214
agneau 44 277
agneler 331
agnelet 13 230
agnelle 14
agnostique 148
agonie 220
agora f 1
agoraphobie 126
agrafe 124
agrafeuse 124
agraire 221
agrammatical 164 289
agrammatisme 164
agrandissement 131
agrandisseur 131
agréable 22
agrégat 1 230
agrégation 131
agrégé 22
agréger 328 330
agrément 73
agrès m pl 275
agresseur 178
agressif 265
agression 215
agressivité 178
agricole 159
agriculture 223
agrippement 108
agronomie 163
agrumes m pl 275
aguets 275
ah ! 1
ahuri 235
ahurissement 235
aide 11
aide-mémoire m 285
aïe ! 97 357
aïeul(s) 237
aïeux 237
aigle 11
aigre 11
aigrefin 11
aigrelet 230 263
aigrette 14
aigreur 174
aigrissement 178
aigu 131 266
aiguë 237
aiguière 10
aiguillage 98

aiguille 98
aiguilleter **332**
aiguillette 14
aiguilleur 98
aiguillon 98
aïkido 150
ail (pl : *ails, aulx*) 98 279 357
aile 11 357
ailé **257**
aileron 80
ailette 14
ailier 24
ailleurs 98
ailloli 98
aimable 11
aimant 73 230
aimantation 214
aîné 22
aine f 11 357
aînesse 178
ainsi 64
aïoli 237
air 11 357
airain 64
aire 221 357
airelle 14
aisance 72
aise 11
aisément 11
aisselle 178
ajonc 82
ajournement 142
ajout 230
ajusteur 174
akinésie 150
akkadien 150
alacrité 22
alaise f 11
alambic 147
alambiqué 148
alanguissement 178
albâtre m 2
albatros m **275**
albigeois 144 **270**
albinos **275**
album 163
albumine f 163
albumineux **272**
alcali m 30
alcalin **257**
alcaloïde m 237
alcazar 186
alchimie 220
alco(o)test 115 230
alcool m 49
alcoolémie 220
alcoolique 148
alcôve f 45
alcyon 97
ale f 159
aléa m 22
aléatoire 221
alémanique 159
alêne f 10 357
alentour 72 357
alentours 357
aleph 126
alerte 159
alésage m 159
alèse f 10
aléser **330**
aléseur 58
alevin 62
alexandrin **257**
alezan 186
alfa 1 357
algarade f 131
algèbre f 10
algébrique 22
algérien 63 **267**
algérois **270**
algie 220
algol 159
algorithme m 117
algue f 132
alias 159
alibi m 30
aliboron m 80
alicante m 72
aliénabilité 22
aliénation 214
aliéné 22
aliéner **330**
alignement 159
aligoté 22
aliment 73
alimentaire 221
a posteriori **285**
a priori **285**
à peu près **285**
à-plat(s) m **285**
à-propos m **322**
alimentation 214
alinéa m 1
aliquote f 148
alizé m 186
allaitement 160 357
allant 73 230
allécher **330**
allée 27
allégation 160
allège f 160
allégeance 72
allégement 160
alléger **328 330**
allégorie f 220
allègre 160
allégrement 160
allégresse 14
allegretto adv 160
allegro adv 160
alléguer **330**
alléluia 1
allemand 160
allène m 160 357
allergie 220
allergologie 160
alliage 160
alliance 72
alligator 160
allitération f 214
allô ! 42 357
allocataire 221
allocation 214
allochtone 151
allocution 160
allogène m 160 357
allongement 160
allonger **328**
allopathie 117
allumage 160

allume-feu m 285
allume-gaz m 285
allumette 160
allumeuse 160
allure 223
allusif 265
allusion 187
alluvial 289
alluvionnaire 166
alluvionnement 166
alluvions f 275
alma mater f 285
almanach m 151
aloès m 10
alogique 159
aloi 85
alors 229
alouette 237
alourdissement 178
aloyau 97 276
alpaga m 1
alpage m 143
alpax m 275
alpha 126 357
alphabet m 13
alphabétique 126
alphabétisation 214
alphanumérique 163
alpin 257
alpiniste 165
alsacien 63 267
altaïque 237
alter ego 285
altérable 22
altération 214
altercation 214
altérer 330
altérité 22
alternance 72
alternateur 15
alternatif 265
altesse 178
altier 256
altimètre 10
altimétrie 220
altiport 230
altiste 115
altitude f 115
alto 42
altruisme 237
aluminium 163
alun 67
alunissage 159
alvéole m ou f 22
amabilité 163
amadou 163 281
amalgame m 163
aman 72
amande 72 357
amanite f 115
amant 73 230 357
amarante f 72
amaril 257
amarrage m 171
amarre f 171
amas 1 275 357
amateur 174
amazone 186
amazonien 63 267
ambages 275
ambassade 72
ambassadeur 72 256
ambassadrice 178
ambiance 72
ambiant 73 230
ambidextre 72
ambigu 266
ambiguïté 237
ambitieux 210 272
ambition 214
ambivalence f 72
amble m 72
ambre m 72
ambroisie f 220
ambulance 72
ambulancier 24 262
ambulant 73 230
âme 2
amélioration 214
amen 15 357
aménageable 144
aménagement 163
aménager 328
amende 72 357
amendement 73
amène 10 357
amener 329
aménité 22
aménorrhée f 172
amenuisement 187
amer 15 357
amer m 15 170 357
amèrement 73
américain 64
américanisation 214
amerloque 148
amerrissage m 171
amertume f 163
améthyste f 117
ameublement 163
ami 257
amiable 237
amiante m 72
amibe f 163
amibien 63 267
amical 147 289
amicalement 147
amidon m 80
amidonnage 166
aminé 22
amine f 163
amiral 163 278
amirauté 43
amitié 22
amman 72 357
ammoniac 147 357
ammoniaque f 164 357
ammonite f 164
ammonium 164
amnésie 220
amnésique 148
amniotique 148
amnistie f 220
amoindrissement 178
amonceler 331
amoncellement 179
amont 82 230
amoral 163 289
amorçage 163
amorce f 179
amorcer 327

amorphe ... 126
amortissement ... 178
amortisseur ... 178
amour ... 170
amour(s)-propre(s) m ... 285
amourette ... 14
amourettes ... 275
amoureux ... 272
amovible ... 42
ampérage ... 72
ampère(s)-heure(s) m ... 285
ampère m ... 72
ampèremètre ... 72
amphétamine f ... 126
amphi ... 126
amphibie f ... 126
amphibologie ... 126
amphithéâtre ... 126
amphitryon ... 34
amphore f ... 126
ample ... 72
amplement ... 73
ampleur ... 72
ampli ... 30
ampliation ... 214
amplificateur ... 264
amplitude ... 72
ampoule ... 72
amputation ... 214
amulette f ... 163
amure f ... 223
amuse-gueule m ... 285
amusement ... 163
amusette ... 163
amygdale f ... 34
amygdalectomie ... 220
amylacé ... 34
an ... 72 357
anabolisant ... 230
anachorète m ... 151
anachronique ... 151
anachronisme ... 151
anacoluthe f ... 117
anaconda m ... 1
anaérobie ... 220
anagramme f ... 164
anal ... 289 357
analgésie ... 220
analogie ... 220
analogue ... 132
analphabète ... 126
analphabétisme ... 126
analyse ... 34
analytique ... 34
anamnèse f ... 10
anamorphose ... 126
ananas m ... 2
anar ... 170
anarchie ... 220
anarcho-syndicalisme m 285
anarcho-syndicaliste(s) ... 285
anathème m ... 117
anatomie f ... 220
ancestral ... 289
ancêtre ... 10
anche f ... 72 357
anchois ... 86 275
ancien ... 267
anciennement ... 166
ancienneté ... 22
ancillaire ... 160
ancrage m ... 72
ancre ... 72 357
andain ... 64
andalou ... 281
andante m ... 72
andantino ... 72
andésite f ... 72
andin ... 62
andorran ... 171
andouille f ... 98
andouillette ... 14
androcéphale ... 126
androgène ... 10
androgyne ... 34
androïde ... 237
andropause f ... 72
âne ... 2
anéantissement ... 22
anecdote f ... 147
anecdotique ... 220
anémie ... 220
anémique ... 148
anémomètre m ... 163
anémone f ... 163
anergie ... 220
ânerie ... 2
ânesse ... 14
anesthésie ... 117
anesthésiste ... 117
aneth m ... 117
anévrisme m ... 163
anfractuosité ... 72
ange ... 72
angélique ... 148
angelot ... 46 230
angélus ... 72
angevin ... 62
angine ... 72
angiome m ... 72
anglais ... 229 270
angle ... 72
anglican ... 257
anglicisme ... 179
anglo-normand(s) ... 285
anglo-arabe(s) ... 285
anglo-saxon(s) ... 285
anglomanie ... 220
anglophilie ... 126
anglophobie ... 126 357
angoisse ... 178
angora m ... 1
angström m ... 55
anguille ... 98
anguillère ... 98
angulaire ... 221
anhéler ... 330
anhydre ... 235
anicroche f ... 165
aniline f ... 165
animal ... 278
animalcule m ... 147
animalier ... 262
animalité ... 22
animateur ... 256
animation ... 214
animiste ... 163
animosité ... 163
anis ... 165
anisette ... 14

ankylose f ... 150
annales ... 166 357
annamite ... 166
anneau ... 166 277
année ... 27
année(s)-lumière f ... 285
anneler ... 331
annelet ... 166 230
annexe f ... 166
annexion ... 216
annihilation ... 235
anniversaire m ... 221
annonce ... 166
annoncer ... 327
annonciateur ... 264
annotation ... 166
annuaire m ... 221
annuel ... 260
annuellement ... 160
annuité f ... 22
annulable ... 166
annulaire m ... 221
annulation ... 214
anoblissement ... 163
anode f ... 165
anodin ... 257
anomalie ... 220
anomie ... 220
ânon m ... 2
ânonnement ... 166
anonymat ... 1 230
anonyme ... 34
anorak ... 150
anorexie ... 220
anorexique ... 148
anorganique ... 165
anormal ... 163 289
anse f ... 72 357
antagonique ... 148
antagonisme ... 72
antan ... 72
antarctique ... 148
antécambrien ... 267
antécédent ... 73 230
antéchrist m ... 151
antédiluvien ... 267
antenne ... 14
antépénultième ... 72
antéposition ... 72
antérieur ... 174
antérieurement ... 73
antériorité ... 22
anthologie ... 117
anthracite m ... 179
anthrax ... 117
anthropocentrique ... 117
anthropoïde ... 237
anthropologie ... 117
anthropométrie ... 117
anthropomorphe ... 126
anthropophage ... 126
anthropopithèque ... 117
antialcoolique ... 237
antiatomique ... 237
antibiotique ... 148
anticipation ... 214
anticlinal ... 289
anticoagulant ... 230
anticonceptionnel ... 166 260
anticorps ... 229 275
anticyclone ... 34
antidérapant ... 73 230
antidote m ... 115
antienne f ... 166
antigel ... 15
antigène m ... 10
antillais ... 98 270
antilope f ... 107
antimoine m ... 85
antinomie ... 220
antipathie ... 117
antiphrase ... 126
antipode m ... 107
antiquaille f ... 98
antiquaire ... 148
antique ... 148
antiquité ... 22
antirabique ... 148
antisémite ... 163
antiseptique ... 177
antithèse f ... 117
antithétique ... 117
antivol ... 159
antonomase f ... 72
antonymie f ... 34
antre m ... 72 357
anus ... 275
anxiété ... 22
anxieux ... 272
aoriste m ... 237
aorte f ... 237
août ... 230
aoûtien ... 205 267
apache ... 107
apaisement ... 187
apanage m ... 163
aparté m ... 22
apartheid m ... 117
apathie ... 117
apathique ... 117
apatride ... 107
apepsie ... 107
apercevoir ... 340
aperçu ... 179
apéritif ... 107 265
aperture f ... 223
apesanteur ... 107
apex ... 275
aphasie ... 126
aphone ... 126
aphorisme m ... 126
aphrodisiaque ... 126
aphte m ... 126
aphteux ... 54
api ... 30
apical ... 289
apicole ... 107
apiculture ... 107
apitoiement ... 224
apitoyer ... 87 334
aplanissement ... 107
aplasie ... 220
aplat ... 1 230
aplatissement ... 107
aplomb ... 82
apnée f ... 27
apocalypse f ... 34
apocope f ... 107
apocryphe m ... 126
apodictique ... 107
apodose f ... 107

apogée m ... 27
apolitique ... 148
apollinien ... 160 267
apologie f ... 220
apologue m ... 132
apophtegme m ... 126
apophyse f ... 126
apoplexie f ... 220
aporétique ... 170
aporie f ... 170
apostasie ... 107
apostat m ... 1
apostolat m ... 1
apostolique ... 148
apostrophe f ... 126
apothéose f ... 117
apothicaire m ... 221
apôtre ... 45
apparaître ... 348
apparat ... 108 230
apparatchik ... 150
appareil ... 98
appareillage ... 98
apparemment ... 3 230
apparence ... 108
apparent ... 73 230
apparentement ... 73
appariement ... 224
appariteur ... 108
apparition ... 214
appartement ... 108
appartenance ... 72
appas ... 357
appât ... 2 230 357
appauvrissement ... 108
appeau m ... 44
appel ... 108
appeler ... 331
appellation ... 160
appendice m ... 63
appendicite ... 63
appentis m ... 35
appesantissement ... 73
appétence f ... 72
appéter ... 330
appétissant ... 108 230
appétit ... 108 230
applaudissement ... 108
application ... 214
applique ... 148
appoggiature ... 143
appoint ... 94 230
appointements ... 275
appontement ... 108
apport ... 230
apposition ... 214
appréciable ... 179
appréciation ... 179
appréhension ... 215
apprenti ... 30
apprentissage ... 108
apprêt ... 13 230 357
apprivoisement ... 108
approbateur ... 264
approbatif ... 265
approbation ... 214
approche ... 108
approfondissement ... 110
appropriation ... 214
approvisionnement ... 164
approximation ... 214
approximativement ... 107
appui ... 30
appui(s)-bras m ... 285
appui(s)-tête m ... 285
appuyer ... 334
âpre ... 2
après ... 10 229 357
après-demain ... 285
après-dîner(s) ... 285
après-guerre(s) ... 285
après-midi m ou f ... 285
après-ski(s) m ... 285
âpreté ... 22
aprioriste ... 285
apte ... 221
aptitude ... 115
apurement ... 107
aquafortiste ... 148
aquaplaning ... 148
aquarelle f ... 148
aquarium m ... 163
aquatique ... 148
aquavit m ... 148
aqueduc m ... 147
aqueux ... 272
aquicole ... 159
aquiculture ... 148
aquifère ... 124
aquilin ... 62 357
aquilon ... 159
aquitain ... 64
ara m ... 1 357
arabesque f ... 148
arabique ... 148
arabisant ... 73 230
arable ... 225
arabophone ... 126
arachide f ... 104
arachnéen ... 151
araignée ... 27
araire m ... 221
araméen ... 63
arasement ... 187
aratoire ... 221
arbalète f ... 10
arbalétrier ... 24
arbitraire ... 221
arbitre ... 225
arborescence ... 180
arboricole ... 110
arboriculture ... 223
arbre ... 221
arbrisseau ... 178 277
arbuste ... 221
arc ... 147
arc(s)-boutant(s) m ... 285
arcade ... 147
arcane m ... 357
arceau ... 44 277
archaïque ... 151
archaïsme m ... 237
archange m ... 151
arche ... 104
archéologie ... 151
archer ... 357
archet ... 230 357
archétype m ... 34
archevêché ... 22
archevêque ... 10
archiduc ... 147

archiépiscopal ... 289
archimandrite m ... 72
archipel m ... 159
architecte ... 147
architectonique ... 115
architectural ... 289
architecture ... 223
archives f pl ... 275
arçon ... 179
arctique ... 148
ardéchois ... 86 270
ardemment ... 3 230
ardennais ... 166 270
ardent ... 73 230
ardeur ... 174
ardoise ... 187
ardoisier ... 262
ardu ... 257
are m ... 221 357
arène ... 10
aréopage m ... 22
arête ... 10
argent ... 73 230
argenterie ... 220
argentin ... 257
argile f ... 159
argileux ... 272
argon ... 80
argonaute ... 165
argot ... 42 230
argotique ... 115
argousin ... 187
argument ... 73
argumentation ... 214
argus ... 275
argutie ... 181
aria f ... 1
aria m ... 1
aridité ... 22
ariégeois ... 144 270
arien ... 63 267 357
arioso ... 42
aristocratie ... 181
aristotélicien ... 204 267
arithmétique f ... 117
arlequin ... 62
arlésien ... 206 267
armada f ... 1
armagnac ... 147
armateur ... 174
armature ... 223
arme ... 221
armée ... 27
armement ... 73
arménien ... 63 267
armistice m ... 179
armoire ... 221
armoiries ... 275
armoricain ... 147
armure ... 223
arnaque f ... 148
arnica f ... 1
aromate m ... 115
aromatique ... 148
arôme ... 357
aronde ... 80
arpège m ... 10
arpéger ... 328 330
arpent ... 73 230
arpenteur ... 174
arquebuse ... 148
arrachage ... 171
arrache-clou(s) m ... 285
arrache-pied (d') ... 285
arrachement ... 171
arraisonnement ... 171
arrangement ... 171
arranger ... 328
arrestation ... 15
arrêt ... 230 357
arrêté ... 171
arrhes f pl ... 172 357
arriéré ... 171
arrière ... 221
arrière-boutique(s) ... 285
arrière-cerveau(x) ... 285
arrière-pensée(s) f ... 285
arrière-ban(s) ... 285
arrière-bouche(s) ... 285
arrière-cour(s) ... 285
arrière-garde(s) f ... 285
arrière-pays m ... 285
arrière-petits-enfants m pl ... 285
arrière-plan(s) m ... 285
arrière-saison(s) ... 285
arrière-salle(s) f ... 285
arrière-train(s) m ... 285
arriérer ... 330
arrimage ... 171
arrivage ... 171
arrivant ... 73 230
arrivée ... 27
arrogant ... 73 230
arroger (s') ... 328
arrondi ... 171
arrondissement ... 171
arrosage ... 171
arrosoir m ... 171
ars m ... 229 357
arsenal ... 278
arsenic m ... 147
arsouille ... 98
art ... 230 357
artefact ... 115 230
artère ... 10
artériel ... 22 260
artériographie ... 126
artériosclérose ... 115
à vau-l'eau ... 276 285
à-valoir m ... 285
artésien ... 206 267
arthrite f ... 117
arthrose f ... 117
artichaut ... 43 230
article ... 225
articulaire ... 221
articulation ... 214
articulatoire ... 221
articulet ... 13 230
artifice ... 179
artificiel ... 200 260
artificieux ... 209
artillerie ... 98
artilleur ... 98
artimon ... 80
artisan ... 72
artisanat ... 1 230
artiste ... 221
arum [aʀɔm] m ... 357
aruspice m ... 179

aryen 357
arythmie 34
as 357
ascaris m 275
ascendance 180
ascendant 73 180 230
ascenseur 180
ascension 180 215
ascensionnel 166 180 **260**
ascèse f 180
ascète 180
ascétique 115 357
asepsie 177
aseptique 177
asexué 177
ashkénaze 105
asiatique 187
asile m 159
asocial 179 **289**
asparagus m **275**
aspect 230
asperge 143
asperger **328**
aspérité 22
aspersion 215
asphalte m 126
asphyxie 126
aspic m 147
aspiration 214
aspirine f 165
assainissement 178
assaisonnement 178
assassin 178
assassinat 178 230
assaut 43 230
assèchement 178
assécher **330**
assemblage 72
assemblée 27
assener **329**
asséner **330**
assentiment 178
asseoir (s') **342**
assermenté 178
assertion 214
asservissement 178
assesseur 178
assez 25
assidu **257**
assiduité 22
assidûment 178
assiégeant 144 230
assiéger **328 330**
assiette 116
assiettée 27
assignat 1 230
assignation 214
assimilation 214
assises f **275**
assistanat 1 230
assistance 178
assistant 73 230
association 214
associé 178
assolement 178
assombrissement 81
assommoir 164
assomption 81
assonance 72
assortiment 178
assoupissement 178
assouplissement 178
assouvissement 178
assurance 72
assurément 178
assureur 174
assyrien 34 **267**
aster m 170 357
astérisque m 148
astéroïde m 237
asthénie 117
asthme m 117
asticot 46 230
astigmate 115
astragale m 159
astrakan m 150
astre m 221
astreindre **345**
astreinte 65
astringent 73 230
astrolabe m 159
astrologie 220
astronaute 43
astronomie 42
astrophysique f 126
astuce f 179
astucieux 209 **272**
asymétrie 34
asymétrique 34
asymptote f 66
atavisme 115
atèle m 115 357
atelier 24
atemporel **260**
atermoiement 224
atermoyer 87 **334**
athée 117
athéisme 117
athénée m 27
athénien **267**
athlète 117
athlétique 148
atlante m 72
atlas **275**
atmosphère f 126
atmosphérique 126
atoll m 160
atome 42
atome(s)-gramme(s) m **285**
atomique 148
atomiseur 174
atonal **289**
atone 165
atonie 220
atours **275**
atout 230
âtre m 2
atrium m 163
atroce 179
atrocement 179
atrocité 179
atrophie 126
atropine f 107
attachant 116 230
attaché 116
attaché(s)-case(s) m **285**
attachement 116
attaque 116
atteindre **345**
atteint 65 230

atteinte ... 116
attelage ... 116
atteler ... 331
attelle f ... 160 357
attenant ... 116 230
attendrissement ... 116
attendu ... 257
attentat ... 1 230
attente ... 72
attentif ... 265
attention ... 214
attentionné ... 166
atténuation ... 214
atténué ... 116
atterrissage ... 178
attestation ... 214
attiger ... 328
attique ... 116
attirail ... 98 279
attirance ... 72
attitré ... 116
attitude ... 116
attorney ... 16
attouchement ... 116
attractif ... 265
attraction ... 214
attraire ... 339
attrait ... 230
attrape ... 116
attrape-mouche(s) m ... 285
attrape-nigaud(s) m ... 285
attrayant ... 97 230
attribut ... 230
attributif ... 265
attribution ... 214
attroupement ... 116
atypique ... 34
au (pl : *aux*) ... 43
au(l)ne m ... 43
au-deçà ... 322
au-dedans ... 322
au-dehors ... 322
au-dessous ... 322
au-dessus ... 322
au-devant ... 230 322
aubade ... 43
aubaine ... 11
aube f ... 43
aubépine ... 43
auberge ... 43
aubergine f ... 43
aubier ... 24
aucun ... 67
aucunement ... 43
audace ... 179
audacieux ... 209 272
audible ... 225
audience ... 72
audiovisuel ... 260
auditeur ... 264
auditif ... 265
audition ... 214
auditoire ... 221
auge f ... 43
augmentation ... 214
augure m ... 43
augustin ... 257
augustinien ... 267
aujourd'hui ... 235
aulx pl ... 43 357
aumône ... 43
aumônier ... 43
aune f ... 43
auparavant ... 73 230
auprès ... 229
auquel (pl : *auxquels*) ... 148
aura f ... 1
auréole f ... 22
auriculaire m ... 221
auricule f ... 159
aurifère ... 124
aurignacien ... 204 267
aurochs ... 151
aurore f ... 43
auscultation ... 214
auspice m ... 179 357
aussi ... 178
aussitôt ... 43 230 357
austère ... 10
austérité ... 22
austral (pl : *australs* ou *austraux*) ... 289
australien ... 267
australopithèque ... 148
autan m ... 72 357
autant ... 73 230 357
autarcie f ... 220
autel ... 159 357
auteur ... 43 357
authenticité ... 117
authentique ... 117
authentiquement ... 117
autisme m ... 115
auto-accusation(s) ... 285
auto-allumage m sg ... 285
auto-école(s) f ... 285
auto-marché(s) m ... 285
auto-stop m ... 285
auto-stoppeur(s) ... 285
autobiographie ... 126
autobus ... 275
autocar ... 170
autocélébrer (s') ... 330
autochtone ... 151
autoclave m ... 221
autocollant ... 160 230
autocratie ... 181
autocritique ... 148
autodafé m ... 22
autodestruction ... 214
autodétermination ... 214
autofinancer ... 327
autogestion ... 143
autographe m ... 126
autolyse f ... 34
automate m ... 221
automatique ... 148
automatisation ... 214
automnal ... 164 289
automne ... 164
autonettoyant ... 116 230
autonome ... 163
autonomie ... 220
autopompe f ... 81
autoportrait ... 230
autopsie f ... 177
autoradio m ... 43
autorail m ... 98
autorisation ... 214
autoritaire ... 221
autorité ... 10
autoroute f ... 43

autoroutier ... 262
autos-couchettes ... 285
autosatisfaction ... 214
autosuggestion ... 143
autour ... 170
autre ... 43
autrefois ... 86
autrement ... 73
autrichien ... 267
autruche ... 104
autrui ... 30
auvent m ... 73
auvergnat ... 1 9 230
auxiliaire ... 221
auxiliariat ... 1 9 230
aval ... 289
avalanche ... 72
avaleur ... 264
avance ... 72
avancée ... 27
avancement ... 73
avancer ... 327
avanie ... 220
avant ... 73 230 357
avant(s)-centre(s) m ... 285
avant-première(s) f ... 285
avant-bras ... 285
avant-coureur(s) ... 285
avant-dernier(s) ... 285
avant-garde(s) f ... 285
avant-gardiste(s) m ... 285
avant-hier ... 285
avant-port(s) m ... 285
avant-poste(s) m ... 285
avant-projet(s) m ... 285
avant-propos ... 285
avant-scène(s) f ... 285
avant-toit(s) m ... 285
avant-train(s) m ... 285
avant-veille(s) f ... 285
avantage ... 72
avantager ... 328
avantageux ... 54
avare ... 221
avarice ... 179
avaricieux ... 54
avarie ... 220
avatar m ... 170
avec ... 147
aven m ... 163
avenant ... 73 230
avènement ... 73
avenir ... 170
avent ... 73 230 357
aventure ... 223
aventureux ... 54
aventurier ... 24 262
avenue ... 220
averse ... 15
aversion ... 215
avertissement ... 178
aveu ... 53 280
aveuglement ... 73
aveuglément ... 73
aveuglette (à l') ... 116
aviateur ... 256
aviation ... 214
avicole ... 159
aviculture ... 223
avidité ... 22
avion ... 80
aviron ... 80
avis ... 35 275
avisé ... 22
avitaminose ... 187
avocat ... 1 9 230
avocate ... 115
avocatier ... 24
avoine f ... 85
avoir ... 175
avortement ... 73
avorton ... 80
avouable ... 237
avoué ... 22
avril ... 159
avunculaire ... 221
axe m ... 221
axial ... 289
axiologie ... 220
axiomatique ... 148
axiome m ... 42
axis m ... 177
ayant(s) cause ... 285
ayant(s) droit ... 230
ayatollah ... 97
azalée f ... 186
azimut m ... 186
azote m ... 186
aztèque ... 186
azur m ... 186
azuréen ... 63
azyme m ... 34

b

baba f ... 1
baba m ... 1
babil ... 159
babillage ... 98
babines ... 275
babiole ... 41
bâbord ... 233
babouche f ... 104
babouin ... 86
baby (pl : *babys* ou *babies*) ... 34
babylonien ... 34 267
bac ... 147
bac(ch)ante ... 151
baccalauréat ... 149 230
baccara ... 149 358
baccarat ... 1 230 358
bacchanale ... 152
bâchage ... 2
bâche ... 2
bachelier ... 262
bachi-bouzouk(s) m ... 285
bachique ... 148
bachot ... 42 230
bachotage ... 143
bacillaire ... 221
bacille m ... 160
bacillose ... 160
bâclage ... 2
bacon ... 1
bactéricide ... 179
bactérie f ... 220
badaud ... 43
baderne f ... 15
badge m ... 143
badigeon ... 144

badigeonnage 144
badin 257
badine 165
badinerie 220
badminton 163
baffe 125
baffle m 125
bafouillage 98
bâfreur 264
bagad 118
bagage 131
bagarre 171
bagarreur 171
bagatelle 14
bagnard 176
bagnole 159
bagou(t) 131
baguage 132
bague 132
baguette 116
bah ! 1 358
bahut 230
bai 358
baie 220 358
baignade 11
baigneur 264
baignoire 221
bail (pl : *baux*) 98 358
bâillement 98
bailleur 98
bâilleur 2
bailli 98
bailliage 98
bâillon 2
bâillonnement 166
bain 64
bain(s)-de-pieds m 285
bain(s)-marie m 285
baïonnette 237
baisemain 64
baiser 187
baisse 178
bajoue 142
bakchich m 150
bal 278 358
bal(l)uchon 160
balade 159 358
baladeur 159
baladin 159
balafon 124
balafre 124
balai 11 358
balai(s)-brosse(s) m 285
balalaïka f 237
balance 72
balancelle 179
balancement 179
balancer 327
balancier 24
balançoire 221
balayer 333
balayette 97
balayeur 97 256
balayures 275
balbutiement 181
balcon 147
balconnet 166 230
baldaquin 148
baleine 12
baleineau 44 277
baleinier 262
balèze 186
balisage m 177
balistique f 148
baliveau 44 277
baliverne 159
balkanisation 214
ballade 160 358
ballant 160 230
ballast m 115
balle 160 358
ballerine 160
ballet 13 230 358
ballon 160
ballon(s)-sonde(s) m 285
ballonnement 166
ballot 42 230
ballotin 160
ballottage 116
ballottement 116
ballottine 116
balnéaire 221
balourd 257
balsa m 1
balte 221
baltique 148
balustrade 159
balustre m 159
balzacien 204 267
bambin 72
bamboche f 72
bambocheur 72
bambou 72 281
bamboula f 72
ban 72 358
banal (pl en *-als* ou *-aux* selon sens) 289
banalisation 214
banalité 22
banane 165
bananier 24 262
banc 74 358
bancaire 147
bancal 147 289
banco 42
bandage 72
bande 72
bande(s)-annonce(s) f 285
bandeau 44 277
bandelette 116
banderille 98
banderole 159
bandit 35 230
banditisme 115
bandonéon 22
bandoulière 10
bang 74
banjo 142
bank-note(s) f 285
banlieue 55
banlieusard 176
banni 166
bannière 166
bannissement 166
banque 148
banqueroute 148
banquet 13 230
banqueter 332
banquette 116
banquier 24 256
banquise 187

bans 72 358
bantou 281
baobab m 110
baptême 10
baptismal 289
baptiste 221
baquet 13 230
baqueter 332
bar 170 358
baragouin 95
baraka f 1
baraque 148
baraquement 148
baratin 62
baratineur 264
baratte 116
barbacane f 165
barbant 73 230
barbaque f 148
barbare 221
barbaresque 148
barbarie 220
barbe 110
barbeau 44 277
barbecue 147
barbelé 257
barbet 13 230
barbichette 116
barbier 24 256
barbiturique 115
barboteuse 58
barbouillage 98
barbouze f 186
barbu 358
barbue 220 358
barcarolle f 160
barcasse 178
barda 1
barde m 118
bardeau 44 277 358
bardot 46 230 358
barème 10
baréter 330
barge 143
baril 159
barillet 98 230
bariolage 159
bariolé 257
barmaid 11
barman (pl en -men ou -man) 282
barnum 163
baromètre 10
baron(ne) 268
baronet 165 230
baronnie 166
baroque 148
baroud 118
baroudeur 264
barouf 124
barque 148
barquette 116
barracuda 171
barrage 143
barre 171 358
barreau 44 277
barrette 171
barreur 264
barricade 171
barrière 10
barrique 171
barrissement 178
bartavelle f 160
barycentre m 34
baryon 97
baryton 34
bas 287 358
bas m 229 358
bas-bleu(s) m 285
bas-côté(s) m 285
bas-relief(s) m 285
bas-ventre(s) m 285
basal 187 289
basalte m 187
basaltique 148
basané 165
basculant 73 230
bascule 159
base 187
base-ball m sg 285
basilic m 147 358
basilique f 148 358
basique 148
basket m 150
basketteur 256
basoche f 104
basquais 11
basque 259
basque(s) f 275
basse(s)-cour(s) f 285
basse(s)-fosse(s) f 285
basse f 178
bassement 73
bassesse 178
basset 13 230
bassin 62
bassine 165
bassinet 165 230
bassinoire 221
basson 178
bast(a)ing 62
basta 1
bastide f 115
bastille 98
bastingage 131
bastion 1
bastonnade 166
bastringue m 132
bât 2 230 358
bat-flanc m 285
bataclan 72
bataille 98
batailleur 264
bataillon 98
bâtard 233
batave 115
batavia f 1
bâté 2
bateau 44 277
bateau(x)-mouche(s) m 285
bateau(x)-pompe(s) m 285
batée 27
batelage 115
bateler 331
bateleur 256
batelier 24 256
batellerie 160
bath 117
bathyscaphe m 117
bâti 2

batifoleur 124
batik m 150
bâtiment 73
bâtisse 178
bâtisseur 178
batiste 115
bâton 2
bâtonnet 166 230
bâtonnier 166 256
batracien 204 267
battage 116
battant 73 230
batte f 116
battement 116
batterie 116
batteur 264
battoir 116
battre 352
battue 220
baud 43
baudelairien 267
baudet 13 230
baudrier 24
baudroie f 86
baudruche 104
bauge 143
bauger 328
baume m 43 358
baumier 163
bauxite f 115
bavard 233
bavarois 86 270
bavette 116
baveux 54
bavoir 175
bavure 223
bayadère f 97
bazar 186
bazooka 150
be-bop(s) m 285
béant 73 230
béarnais 270
béat 1 230
béatement 73
béatitude 115
beatnik 150
beau 44 287 358
beau(x)-fils m 285
beau(x)-frère(s) (ou *beauf(s)*) m 285
beau(x)-père(s) m 285
beauceron 268
beaucoup 233
beaufort 230
beaujolais 270
beaupré 22
beauté 22
beaux-arts m pl 285
bébé 22
bec 15
bec(s)-de-cane m 285
bec(s)-de-lièvre m 285
bec(s)-fin(s) m 285
bécane 165
bécarre m 171 358
bécasse 178
bêchage 10
béchamel f 15
bêche 10
bêcheur 264
bêcheveter 332
bécot 42 230
becquée f 152
becquet m 152
becqueter 332
bedaine 11
bedeau 44 277
bedon 80
bédouin 95
bée f 27 358
beffroi 125
bégaiement 224
bégayer 333
bégonia m 1
bègue 132
bégueule 132
béguin 132
béguine 165
bégum 163
behavio(u)risme 235
beige 12
beigne f 12
beignet 13 230
bel 15 260 358
bel canto 285
bel(o)uga m 1
bêlement 10
belette 116
belge 15
belgicisme 179
bélier 159
bélître m 32
belladone f 160
bellâtre m 2
belle 14 358
belle(s)-famille(s) f 285
belle(s)-dame(s) f 285
belle(s)-de-jour f 285
belle(s)-de-nuit f 285
belle(s)-fille(s) f 285
belle(s)-mère(s) f 285
belle(s)-sœur(s) f 285
belles-lettres f pl 285
belliciste 179
belligène 10
belligérance 72
belligérant 73 230
belliqueux 54
belon f 159
belote 115
belvédère 10
bémol m 159
bénédicité 22
bénédictin 257
bénédiction 214
bénéfice 179
bénéficiaire 192
bénéfique 148
benêt 13 230
bénévolat 1 230
bénévole 159
bengali m 30
béni-oui-oui m inv 285
bénignité 22
bénin (f : *bénigne*) 62 273
bénisseur 178
bénit 35 230
bénitier 24
benjamin 62
benne 166
benoît 85 230

benoîtement 85
benzène m 63
benzine f 165
béotien 205 **267**
béquet 148 230
béqueter **332**
béquille 98
berbère 10
bercail 98 **279**
berceau 44 **277**
bercement 179
bercer **327**
berceuse 179
béret 13 230
bergamote f 115
berge 15
berger **256**
bergerie 220
bergeronnette 166
béribéri m 30
berline 165
berlingot 46 230
berlinois 86
berlue 220
bermuda m 1
bernard-l'ermite m inv **285**
berne 15
bernique f 148
bernois 86
berrichon **268**
besace 187
besicles f pl **275**
bésigue 132
besogne 187
besogneux 54
besoin 93
besson 178
best-seller(s) m **285**
bestiaire 221
bestial **289**
bestialement 159
bestiaux **275**
bestiole f 159
bêta 10
bétail 98 **279**
bétaillère 98
bête 10 358
bétel 15
bêtise 10
bêtisier 22
béton 80
bétonnage 166
bétonnière 166
bette 14 358
betterave 116
beuglant 73 230
beuglement 53
beurre 171
beurrier 171
beuverie 53
bévue 220
bey 16 358
biais 11
bibelot 42 230
biberon 80
bibi 30
bibine 165
bible 225
bibliobus **275**
bibliographie 126
bibliophile 126
bibliothécaire 221
bibliothèque 117
biblique 148
bicarbonate m 163
bicarré 171
bicentenaire 221
bicéphale 126
biceps **275**
biche 104
bichromie 151
bickford 150
bicolore 221
bicoque 148
bicorne 147
bicyclette 34
bidasse 178
bidet 13 230
bidon 80
bidonville m 160
bidule m 159
bief m 15
bielle 160
biélorusse 178
bien 63
bien-pensant(e)(s) **285**
bien-aimé(e)(s) **285**
bien-fondé(s) m **285**
bien-vivre m **285**
bienfaisance 72
bienfait 230
bienfaiteur **264**
bienheureux 235 **272**
biennal 166 **289**
bienséant 73 230
bientôt 230 358
bienveillant 98 230
bienvenu **257**
bienvenue 220
bière 10
biface m 124
biffure 125
bifteck 150
bifurcation 214
bigame 131
bigarré 171
bigarreau m 171
bigarrure 171
bigleux **272**
bigorneau 44 **277**
bigot 230 **269**
bigoterie 115
bigouden 63
bigoudi m 30
bigre 225
biguine 132
bihebdomadaire 235
bijectif **265**
bijection 214
bijou **281**
bijouterie 115
bijoutier **256**
bikini m 150
bilan 72
bilatéral **289**
bilboquet 148 230
bile 159
bileux **272**
bilharziose 186 187
biliaire 159
bilieux **272**

bilingue ... 132
bill ... 160
billard ... 233
bille ... 98
billet ... 13 230
billetterie ... 116
billevesée ... 27
billion ... 160
billot ... 42 230
bimbeloterie ... 62
bimensuel ... **260**
bimillénaire ... 160
bimoteur ... 163
binaire ... 221
binette ... 116
bingo ... 42
biniou ... 140 **281**
binocle m ... 225
binôme ... 45
biochimie ... 220
biodégradable ... 221
bioénergétique ... 22
bioénergie ... 22
biographie ... 126
biologie ... 220
biophysique ... 126
biopsie f ... 177
biosphère f ... 126
biosynthèse f ... 66
biothérapie ... 117
biotope m ... 107
biotype m ... 34
bioxyde m ... 34
bipartite ... 115
bipartition ... 214
bipède ... 118
biplace ... 179
biplan ... 72
bipolaire ... 221
bipolarisation ... 214
biquet ... 148 230
biréacteur ... 22
birman ... **257**
bis ... 177
bisaïeul ... 237
bisannuel ... **260**
bisbille f ... 98
biscaïen ... 237
biscayen ... 97
biscornu ... **257**
biscotte ... 116
biscuit ... 35 230
biscuiterie ... 220
bise ... 187
biseau ... 44 **277**
bison ... 187
bisou ... 187 **281**
bisque f ... 148
bissection ... 178
bissextile ... 178
bistouri ... 30
bistre ... 225
bistro(t) ... 42
bit m ... 115 358
bitension ... 215
biterrois ... 171
bitte ... 116 358
bitter ... 15
bitume m ... 115
bitumeux ... **272**
biture f ... 223
biunivoque ... 148
bivalence ... 72
bivouac ... 147
bizarre ... 171
bizarrement ... 171
bizarrerie ... 171
bizarroïde ... 237
bizut(h) ... 186
bl(e)uet ... 230
blablabla inv ... 1
black-out m ... **285**
blackboulage ... 150
blafard ... 233
blague ... 132
blagueur ... **264**
blaireau ... 44 **277**
blâmable ... 2
blâme ... 2
blanc ... 74 **258**
blanc(s)-bec(s) m ... **285**
blanc(s)-seing(s) m ... **285**
blanchâtre ... 2
blancheur ... 58
blanchiment ... 73
blanchisserie ... 178
blanchisseur ... **256**
blanquette ... 14
blasé ... 187
blason ... 187
blasphémateur ... 126
blasphématoire ... 221
blasphème ... 126
blasphémer ... **330**
blastomère m ... 10
blatérer ... **330**
blatte f ... 116
blazer ... 186
blé ... 22 358
bled ... 118
blême ... 10
blêmissement ... 22
blennorragie ... 170
blessant ... 73 230
blessure ... 178
blet ... 13 230
bleu ... **294**
bleuâtre ... 2
bleusaille ... 98
bleuté ... **257**
blindage ... 62
blindé ... 62
blizzard ... 189
bloc ... 147
bloc(s)-cylindre(s) m ... **285**
bloc(s)-système(s) m ... **285**
bloc(s)-cuisine(s) m ... **285**
bloc(s)-moteur(s) m ... **285**
bloc(s)-notes m ... **285**
blocage ... 147
blockhaus ... 150
blocus ... **275**
blond ... 82
blondasse ... 178
blondinet ... 13 230 **263**
blondoyer ... 87 **334**
blouse f ... 187
blouson ... 187
blue-jean(s) m ... **285**
blues m ... 187
bluette ... 116

bluff 125
bluffeur 60
blutage 115
boa 1
bob(sleigh) 134
bobard 233
bobèche f 10
bobinage 165
bobine 165
bobo 42
bocage 147
bocal 278
bock 150
bœuf (pl : *bœufs*) 54 59
bog(g)ie m 35
bogue f 132
bohème 235
bohémien 267
bois 86 275
boiserie 187
boisseau 178 277
boisson 178
boîte 85
boiteux 272
boîtier 24
boitillement 98
bol 159
bolchevik 150
bolchevique 148
bolée f 27
boléro 42
bolet m 13
bolide 159
bolivien 267
bombance 72
bombarde 81
bombardement 81
bombardier 24
bombe 81
bombyx m 34
bôme f 45 358
bon 80 268 358
bon enfant 230
bon marché 285
bon sens m 285
bon(s)-papa(s) m 285
bonapartiste 259
bonasse 178 358
bonbon 81
bonbonne 166
bonbonnière 166
bond 82 358
bonde 221
bondé 22
bondieuserie 187
bondissement 178
bonheur 235
bonhomie 41
bonhomme (pl : *bonshommes*) 41
bonification 214
boniment 73
bonimenteur 264
bonjour 142
bonne 259
bonne(s)-maman(s) f 285
bonnement 166
bonnet 166 230
bonneteau 44 277
bonneterie 115
bonnetière 115
bonnette 116
bonniche 166
bonsoir 175
bonté 22
bonus m 177
bonze 186
bonzesse 178
boogie-woogie(s) m 285
bookmaker 150
booléen 267
boolien 267
boom 163 358
boomerang 163
bootlegger 133
boots m pl 275
boqueteau 44 277
bora f 1
borain 64
borborygme m 34
borchtch m 104
bord 233 358
bordeaux 231
bordée 27
bordel 159
bordelais 11 270
bordereau 44 277
bordure 223
bore m 221 358
boréal (pl en *-als* ou *-aux*) 289
borée 27
borgne 225
borique 148
bornage 143
bornoyer 87 334
bortsch m 105
bosquet 13 230
boss 178 358
bosse 178 358
bosseler 331
bosselure 223
bosseur 264
bossu 178
bot 42 230 358
botanique 148
botaniste 165
botte 116 358
botteler 331
botteur 174
bottier 116
bottillon 98
bottin 116
bottine 165
boubou 110 281
bouc 147
boucan 72
boucanier 165
bouche 104
bouche-bouteille(s) m 285
bouche-à-bouche m 285
bouche-trou(s) m 285
bouchée 27
boucher 24 256
boucherie 35
bouchon 80
bouchonné 166
bouchot 42 230
boucle 147
bouclette 14
bouclier 24
bouddha 119
bouddhisme 119

bouderie 35
boudin 62
boudiné 165
boudoir 175
boue 220 358
bouée 27
boueux 54
bouffant 125 230
bouffarde 125
bouffe 125
bouffée 125
bouffi 257
bouffon 125 268
bouffonnerie 166
bougainvillée f 27
bougainvillier m 27
bouge m 143
bougeoir 144
bougeotte 116
bouger 328
bougie 35
bougnat 1 230
bougon 268
bougonnement 166
bougrement 73
bougresse 178
boui(s)-boui(s) m 285
bouillabaisse 11
bouillant 73 230
bouille 98
bouilleur 98
bouilli 30 358
bouillie 35 358
bouilloire 221
bouillon 98
bouillon(s)-blanc(s) m 285
bouillonnant 166 230
bouillonnement 166
bouillotte 116
boulanger 256
boulanger 328
boulangerie 35
boule 159
bouleau 44 277 358
bouledogue 132
boulet 13 230
boulette 14
boulevard 176
boulevardier 24
bouleversant 73 230
bouleversement 73
boulier 24
boulimie 35
bouliste 159
boulon 159
boulonnage 166
boulonnais 166
boulot 42 230 358
boum ! 163 358
bouquet 13 230
bouquetière 148
bouquetin 148
bouquin 62
bouquineur 165
bouquiniste 165
bourbeux 272
bourbier 24
bourbonnais 166 270
bourde 118
bourdon 80
bourdonnant 166 230
bourdonnement 166
bourg 176 358
bourgeois 144 270
bourgeoisie 35
bourgeon 144
bourgeonnement 166
bourgmestre 131
bourgogne 225
bourguignon 132
bourlingueur 132
bourrache f 171
bourrade 171
bourrasque 171
bourratif 265
bourre f 171
bourreau 44 277
bourrée 171
bourreler 331
bourrelet 13 230
bourrelier 24 256
bourriche 171
bourrichon 171
bourricot 42 230
bourrin 171
bourrique 171
bourru 257
boursicoteur 264
boursouflé 124
boursouflure 124
bousculade 147
bouse 187
bousillage 98
boussole 178
bout 230 358
bout à bout m 285
bout(s)-de-table m 285
bout(s)-rimé(s) m 285
boutade 115
boutefeu 53 280
bouteille 98
boutique 148
boutiquier 256
bouton 115
bouton(s)-pression m 285
bouton(s)-d'or 285
boutonnage 166
boutonneux 272
boutonnière 10
bouturage 115
bouture 223
bouveter 332
bouveter 332
bouvier 24
bouvreuil 98
bovarysme 34
bovidé 22
bovin 257
bowling 233
box m 358
box-calf(s) m 285
box-office m sg 285
boxe f 221 358
boxer 170
boy 97
boy-scout(s) m 87 285
boyard 97
boyau 97 276
boycott 97 230
boycottage 97
brabançon 268

brabant 73 230
bracelet 13 230
bracelet(s)-montre(s) m 285
brachial 151 289
brachycéphale 151
braconnage 166
braconnier 166
braderie 35
braguette 132
brahmane m 235
brahmanisme 235
braies f pl 11 358
braillard 176
braille m 98
braiment 73
brain-trust(s) m 285
brainstorming m 131
braire 339
braise 187
brame 163
brancard 176
branche 72
branchement 73
branchie 35
brandade 118
brandebourg 176
brandon 72
brandy 34
branlant 73 230
branle-bas m 285
braquage 148
braque 148
braquet 148 230
bras 1 8
bras-le-corps (à) 285
brasero 42
brasier 24
brassard 176
brasse 178
brassée 27
brasserie 35
brassière 10
bravissimo 178
bravo 42
bravoure 223
brayer 333
break 150
brebis 35
brèche 10
bréchet 13 230
bredouille 98
bredouillis 35
bref (f : brève) 15 265
brelan 72
breloque 148
brème f 10
brésilien 267
bressan 268
brestois 270
bretelle 14
breton 268
bretonnant 166 230
bretteler 331
bretteur 14
bretzel m ou f 15
breuvage 53
brevet 13 230
breveté 22
breveter 332
bréviaire m 221
briard 176
bribe f 110
bric et de broc (de) 285
bric-à-brac inv 285
bricolage 147
bricole 159
bricoleur 264
bridé 257
bridge 143
bridger 328
brie 35 358
briefing 131
brièvement 10
brièveté 10
brigade 131
brigand 74
brigantin 62
brillamment 164
brillantine 98
brimade 163
brin 62
brindille 98
bringue f 132
brio 42
brioche 104
brique 148 358
briquet 13 230
briqueter 332
briqueterie 115
briquette 116
bris 35 358
brisant 187 230
brise 187 358
brise-bise m inv 285
brise-fer 285
brise-glace(s) 285
brise-jet m 285
brise-lames m 285
brise-vent m 285
brisées 275
bristol 159
brisure 187
britannique 166
broc 147
brocante 147
brocanteur 147
brocard 176 358
brocart 176 230 358
broche 104
brochet 13 230
brochette 14
brochure 223
brodequin 148
broderie 35
broiement 224
brome 163
bromure m 163
bronche f 80
bronchiole 159
bronchite 115
broncho-pneumonie(s) f 285
brontosaure 43
bronzage 186
bronze 186
brossage 178
brosse 178
brouet 13 230
brouette 14
brouettée 27
brouhaha 235

brouillage ... 98
brouillamini ... 98
brouillard ... 176
brouille ... 98
brouillon ... 98
broussaille ... 178
broussailleux ... 54
brousse ... 178
broutille ... 98
browning ... 233
broyage ... 97
broyat ... 9 87
broyer ... 87 **334**
brrr ! ... 171
bruant ... 73 230
brucellose ... 160
brugeois ... **270**
brugnon ... 80
bruine ... 165
bruissement ... 178
bruit ... 35 230
bruitage ... 115
bruiteur ... 174
brûlant ... 73 230
brûle-gueule m ... **285**
brûle-parfum m ... **285**
brûle-pourpoint (à) ... **285**
brûleur ... 174
brûlis ... 35
brûlot ... 46 230
brûlure ... 223
brumaire ... 221
brume ... 163
brumeux ... **272**
brun ... **257**
brunâtre ... 2
brunette ... 14
brushing ... 105
brusque ... 148
brut ... 230 358
brutal ... **289**
brutalement ... 115
brutalité ... 22
brute ... 221 358
bruxellois ... **270**
bruyamment ... 97
bruyant ... 97 230
bruyère ... 97
buanderie ... 237
bubonique ... 165
buccal ... 149 **289**
buccin ... 182
bûche ... 104
bûcheron ... 80 **268**
bucolique ... 147
budget ... 230
budgétaire ... 221
budgéter ... **330**
budgétisation ... 214
buée ... 27
buffet ... 125 230
buffle ... 125
bufflonne ... 125
buggy ... 133
bugle m ... 131
building ... 131
buis ... 35
buisson ... 178
buissonneux ... **272**
buissonnier ... **262**
bulbe m ... 110
bulbeux ... **272**
bulgare ... 131
bull-terrier(s) m ... **285**
bulldog m ... 160
bulldozer ... 186
bulle ... 160
bulletin ... 160
bungalow ... 233
bunker ... 170
buraliste ... 159
bure f ... 223
bureau ... 44 **277**
bureaucrate ... 115
bureaucratie ... 181
bureaucratisation ... 214
burette ... 116
burin ... 62
burlesque ... 148
burnous ... 229
bus ... **275**
busard ... 187
buse ... 187
business ... 178
businessman ... 178
busqué ... 148
buste ... 115
bustier ... 24
but ... 115 230 358
butane ... 115
buté ... **257**
butée ... 27
buteur ... 58
butin ... 62
butineur ... **264**
butoir ... 115 175 358
butor ... 170
butte ... 116 358
buttoir ... 116 358
buvard ... 176
buvette ... 116
byzantin ... **257**
byzantinisme ... 34

C

ça ... 1 **318** **359**
çà ... 2 **318** **359**
cabale ... 159
cabalistique ... 159
caban ... 72
cabane ... 165
cabanon ... 165
cabaret ... 13 230
cabaretier ... 24 **256**
cabas ... 2
cabernet ... 13 230
cabestan ... 72
cabillaud ... 48 359
cabine ... 165
cabinet ... 165 230
câble ... 2
câbleur ... **264**
cabochard ... 233
caboche ... 104
cabochon ... 80
cabot ... 42 230
cabotage ... 165
caboteur ... 174
cabotin ... **257**

cabotinage 165
caboulot 46 230
cabri 30
cabriole 159
cabriolet 13 230
cacah(o)uète 235
cacao 42
cacatoès 10
cacatois 86
cachalot 46 230
cache f 359
cache m 359
cache-cache m 285
cache-col m 285
cache-misère m 285
cache-nez m 285
cache-pot m 285
cache-poussière m 285
cache-sexe m 285
cache-tampon m 285
cachemire m 221
cachet 13 230
cacheter 332
cachette 14
cachot 42 230
cachotterie 116
cachottier 116 262
cachou 281
cacique 179
cacophonie 126
cactus 275
cadastral 289
cadastre m 115
cadavérique 148
cadavre 118
caddie 30 359
caddy 34 359
cadeau 44 277
cadenas 2
cadence 72
cadencer 327
cadet 13 230 263
cadmium 163
cadran 72 359
cadre 147
cadre(s)-cible(s) m 285
cadreur 174
caduc 258
caducée m 27
caducité 22
cæcum 163
caf'conc' m 285
caf(e)tan 72
cafard 176
cafardeux 54
café 19
café(s)-crème m 285
café(s)-théâtre(s) m 285
caféier 24
caféine 22
cafétéria 1
cafetière 115
cafouillage 98
cafouillis 35
cafre 124
cage 143
cageot 144 230
cagibi 30
cagneux 272
cagnotte 116
cagoule 159
cahier 235
cahin-caha 285
cahot 230
cahoteux 272
cahute 235
caïd 237
caillasse 178
caille 98
caillebotis 98
cailleter 332
caillot 42 230
caillou 281
caillouteux 272
caïman 72
caisse 178
caissette 116
caissier 256
caisson 178
cajolerie 142
cajoleur 264
cajou 281
cajun 67
cake 150
cal m 359
calabrais 270
calamine f 163
calamité 22
calamiteux 272
calandre f 72
calanque 72
calao 42
calcaire 11
calcination 179
calcul 159
calculateur 264
calé 22
cale f 159 359
cale-pied(s) m 285
calebasse 178
calèche 104
caleçon 179
calédonien 267
calembour 72
calembredaine 11
calendes 275
calendrier 24
calepin 62
calfatage 124
calfeutrage 53
calibrage 159
calibre 159
calice m 179
calicot 42 230
califat 1 230
calife 124
californien 267
califourchon 159
câlin 257
câlinerie 2
calisson 178
call-girl(s) f 285
calleux 160
calligraphie 160
callipyge 34
callosité 160
calmar 170
calme 259
calmement 73
calomniateur 164
calomnie 164

calorie [f] 35
calorifère [m] 124
calorifique 148
calorifuge 124
calorifuger **328**
calot 42 230
calotin 115
calotte 116
calque [m] 148
calumet 13 230
calvados 179
calvaire 221
calviniste 165
calvitie 181
calypso [m] 34
camaïeu [m] 237
camarade 163
camaraderie 35
camarde [f] 163
camarguais 132 **270**
cambiste 72
cambodgien **267**
cambouis 35
cambrien **267**
cambriolage 72
cambrioleur 174
cambrousse 178
cambrure 223
cambuse 187
came [f] 163
camée [m] 27
caméléon 22
camélia [m] 1
camelot 46 230
camelote 115
camembert 72 230
caméra 1
cameraman 163
camériste 163
camerlingue [m] 132
camerounais 163 **270**
camion 163
camion(s)-citerne(s) [m] **285**
camionnette 166
camionneur 166
camisard 176
camisole 187
camomille [f] 98
camouflage 124
camouflet 124 230
camp 72 233 367
campagnard 176
campagne 72
campagnol 159
campanile [m] 159
campanule [f] 159
campêche 10
campement 73
campeur 174
camphre [m] 126
camping 131
campus **275**
canadair 170
canadien **267**
canaille 98
canal 165 **278**
canalisation 214
canapé 107
canaque 148
canard 176 359
canari 30
canasson 178
canasta [f] 1
cancan 72
cancanier 24 **262**
cancer 170
cancéreux **272**
cancérigène 10
cancre 147
cancrelat 1 230
candélabre 159
candeur 174
candi [inv] 30
candidat 2 230
candidature 115
candide 118
cane 165 359
caneton 80
canette 116
canevas 1 8
caniche 165
caniculaire 221
canicule 159
canif 124
canin **257**
canine 165
caniveau 44 **277**
cannabis [m] 166
cannage 166
canne 166 359
cannelé 166
canneler **331**
cannelle 14
cannelloni 160
cannelure 166
cannibale 166
canoë 237
canon 80
canonique 165
canonisation 214
canonnade 166
canonnière 166
canot 46 230 359
canotage 165
canotier 24
cantabile [m] 159
cantal 159
cantaloup 233
cantate [f] 115
cantatrice 115 **256**
cantharide [f] 117
cantilène [f] 159
cantine 115
cantinier **256**
cantique 148 359
canton 72
cantonade 165
cantonal **289**
cantonnement 166
cantonnier 166
canular 170
canularesque 148
canule [f] 159
canut 230
canyon 97
caoutchouc 233
caoutchouteux **272**
cap 107 359
capable 107
capacitaire 221

capacité 179
caparaçon 179
cape 221 359
capeler 331
capeline 179
capésien 206 267
capétien 205 267
capeyer 335
capharnaüm 126 237
capillaire 160
capillarité 160
capitaine 11
capitainerie 2
capital 289
capital m 159 359
capitale f 159 359
capitalisme 159
capitation 214
capiteux 272
capitole 159
capitonnage 166
capitulaire m 221
capitulation 214
caporal 107 278
capot 46 230
capote 115
câpre f 2 359
capriccio 42
caprice 179
capricieux 272
capricorne m 147
capsule 179
captieux 210
captif 265
captivité 22
capture 223
capuce m 179
capuche 104
capuchon 104
capucin 179
capucine 179
caquelon 148
caquet 148 230
caqueter 332
car 147 170 359
car-ferry m (pl : *car ferries*) 285
carabin 62
carabine 165
caraco 42
caracole f 159
caractère 10
caractériel 260
caractéristique 148
carafe 124
carafon 124
caraïbe 237
carambolage 72
carambouillage 98
caramélisé 159
carapace 179
carat 1 230
caravane 165
caravaneige m 12
caravaning 131
caravansérail 98 279
caravelle 160
carbonaro (pl : *carbonari*) 42
carbone 165
carburant 73 230
carburateur 174
carbure m 221
carcan 72
carcasse 178
carcéral 289
cardan 72
cardeur 264
cardiaque 148
cardigan 72
cardinal 278
cardio-pulmonaire(s) 285
cardio-vasculaire(s) 285
cardiogramme 164
cardiologie 2
cardiologue 132
carême 10
carême(s)-prenant(s) m 285
carénage m 22
carence 72
carencer 327
carène f 10
caréner 330
carentiel 199 260
caressant 178 230
caresse 178
cargaison 187
cargo 42
caribou 110 281
caricatural 289
caricature 221
carie 35
carié 257
carillon 98
carillonneur 166
carlingue 132
carmagnole 159
carmel 159
carmélite f 159
carmin 62
carnage 143
carnassier 262
carnation 214
carnaval 278
carnavalesque 148
carnet 13 230
carnivore 221
carolingien 267
carotène m 10
carotide 115
carottage 116
carotte 116
carpe 221
carpette 116
carquois 148
carrare m 171
carré 22 359
carre f 1 171 359
carreau 171 277
carrefour 171
carrelage 171
carreler 331
carrelet 171 230
carreleur 264
carrément 171
carrier 24
carrière 171
carriole 159
carrosse 178
carrosserie 178
carrousel 179
carroyer 87 334

carrure 171
cartable 147
carte 147 221 359
carte(s)-lettre(s) f 285
cartel 159
carter 170
cartésien 206 267
carthaginois 117 270
cartilage 159
cartilagineux 272
cartographie 126
cartomancie 179
carton 80
carton(s)-pâte(s) m 285
cartonnage 166
cartoon 165
cartouche(s)-amorce(s) f 285
cartouchière 10
caryatide f 97
caryotype m 97
cas 1 8
casanier 262
casaque 148
casbah 187
cascade 147
cascadeur 147
case 187
caséine 22
casemate 187
caserne 187
casernement 187
cash 359
cash-flow m 285
casher 105
casier 187
casino 42
casoar 237
casque 148
casquette 148
cassate f 178
cassation 214
casse m et f 178
casse-cou m 285
casse-croûte m 285
casse-gueule m 285
casse-noisettes m 285
casse-noix m 285
casse-pieds m 285
casse-pipe(s) m 285
casse-tête m 285
casserole 178
cassette 116
casseur 174
cassis 275
cassolette 178
cassonade 165
cassoulet 178 230
cassure 178
castagnettes 275
castel 159
castillan 257
castor 170
castrat 1 230
castration 214
casuel 257
casuistique 148
cataclysme 34
catacombes f 275
catadioptre m 225
catafalque m 124
catalan 159
catalogue 132
catalyse 34
catalyseur 34
catamaran 72
cataphote m 126
cataplasme 115
catapulte f 115
cataracte 115
catarrhe m 172 359
catastrophe 126
catastrophique 126
catch 104
catcheur 264
catéchèse f 104
catéchisme 104
catéchumène 151
catégorie 35
caténaire f 221
cathare 117 359
cathédrale 117
cathétérisme m 117
cathode f 117
cathodique 117
catholicisme 117
catholique 117
catimini 30
catin f 62
catogan 72
cauchemar 170
cauchemardesque 148
cauchois 86
caudal 289
causalité 22
cause 187
causerie 187
causette 116
causse m 178 359
causticité 179
caustique 148
cauteleux 272
cautérisation 214
caution 214
cautionnement 166
cavaillon 98
cavalcade 147
cavale 159
cavalerie 159
cavalier 262
cavalièrement 10
caveau 44 277
caverne 15
caverneux 272
caviar 170
cavité 22
ce 179 305 359
céans 74 359
ceci 179
cécité 10
céder 330
cedex m 15
cédille f 98
cèdre 10
c'est-à-dire 322
ceindre 345
ceinture 65
ceinturon 65
cela 1
célébration 214
célèbre 10

célébrer 330
célébrité 10
celer 331
céleri 30 359
célesta 1
céleste 179
célibat 1 230
célibataire 221
celle 160 359
celle(s)-ci f 322
celle(s)-là f 322
cellier 160 359
cellophane f 126
cellulaire 160
cellule 160
cellulite 115
celluloïd 237
cellulose f 160
celte 15
celtique 148
celui 179
celui-ci 322
celui-là 322
cément 73
cénacle 225
cendre 72 359
cendrée 27
cendrillon 98
cène f 10 359
cénobite 115
cénotaphe m 126
cens 359
censé 359
censément 179
censeur 179
censitaire 179
censure 179
cent 73 292 359
centaine 11
centaure 223
centenaire 221
centième 10
centigrade 72
centime 163
central 289
centrale 159
centralisation 214
centre 72
centrifuge 143
centrifuger 328
centripète 115
centuple 72
centurion 72
cep m 107 359
cépage 143
cèpe m 10 221 359
cependant 73 230
céphalée f 126
céphalo-rachidien(s) 285
céphalopode m 126
céramique f 148
cerbère m 10
cerceau 179 277
cercle 15
cercueil 59
céréale f 159
céréalier 262
cérébral 289
cérébro-spinal m (pl en -aux) 285 289
cérémonial 163 289
cérémonie 163
cérémonieux 163
cerf 179 359
cerf(s)-volant(s) m 285
cerfeuil 98
cerisaie 11
cerise 179
cerne m 179
certain 257
certainement 73
certes 179 359
certificat 1 230
certitude 115
cérumen m 163
cerveau 44 277
cervelas 1 8
cervelet 13 230
cervelle 14
cervical 289
cervidé 22
cervoise 179
ces 179 309 359
césarienne 166
cessation 214
cesse 178
cessez-le-feu m 285
cession 215 359
césure f 187
cet 230 263 308
cétacé m 22 359
ceux 54
ceux-ci 285
cévenol 159
chablis 35
chacal 278
chaconne 166
chacun 257
chagrin 62
chahut 230
chai m 11 359
chaîne 11 359
chaînette 11
chaînon 165
chair f 170 359
chaire f 221 359
chaise 11
chaland 74
chaldéen 151
châle 2
chalet 13 230
chaleur 174
chaleureux 272
châlit m 2
challenge m 160
challenger 170
challenger 328
chaloupe 107
chalumeau 44 277
chalut 230
chalutier 24
chamade f 163
chamailleur 264
chaman m 163
chamarrure 171
chambard 176
chambellan 160
chambranle m 72
chambre 72
chambrée 27
chambrette 14

chameau 44 277
chamelier 24
chamelle 14
chamito-sémitique(s) 285
chamois 229
champ 72 233 359
champenois 270
champêtre 10
champignon 80
champignonnière 166
champion 268
championnat 166 230
champlever 329
chance 179
chancelant 73 230
chanceler 331
chancelier 159
chancellerie 160
chanceux 272
chancre m 72
chandail 98 279
chandeleur f 170
chandelier 159
chandelle 160
chanfrein 65
change 143
changeable 144
changeant 144 230
changement 73
changer 328
chanoine 165
chanson 179
chansonnette 166
chansonnier 256
chant 73 230 359
chantant 73 230
chanterelle f 14
chanteur 264
chantier 24
chantilly 34
chantre m 72
chanvre 72
chaos 151
chaotique 151
chapardeur 264
chape f 107 359
chapeau 44 277
chapelain 64
chapeler 331
chapelet 13 230
chapelier 159
chapelle 160
chapellerie 160
chapelure 159
chaperon 170
chapiteau 44 277
chapitre 107
chapka f 150
chapon 107
chaptalisation 214
chaque 148
char 170
charabia 1
charade 118
charançon 179
charbon 80
charbonnage 166
charbonnier 166
charcuterie 220
charcutier 256
chardon 80
chardonneret 166 230
charentais 270
chargement 73
charger 328
chargeur 174
chariot 42 230
charisme 151
charité 22
charivari 30
charlatan 72
charlatanesque 148
charleston 165
charlotte 116
charmant 73 230
charmeur 264
charmille 98
charnel 15 260
charnière 221
charnu 257
charognard 176
charogne f 170
charolais 270
charpente 72
charpie 35
charretée 171
charretier 171
charrette 171
charroi 85
charron 171
charroyer 87 334
charrue 220
charte 104
charter 170
chartreux 272
chas m 1
chasse 1 178 359
châsse 2 359
chassé(s)-croisé(s) m 285
chasse-goupille(s) m 285
chasse-clou(s) m 285
chasse-mouches m 285
chasse-neige m 285
chasse-pierres m 285
chasse-rivet(s) m 285
chasselas 1 8
chasseur 264
chassie f 220 359
chassieux 211
châssis m 229 359
chaste 104
chasteté 22
chasuble f 80
chat 1 230 359
chat(s)-huant(s) m 285
châtaigne 2
châtaignier 24
châtain 64
château 44 277
château(x) fort(s) m 285
châtelain 257
châtiment 2
chatoiement 224
chaton 80
chatouillement 98
chatouilleux 272
chatoyant 97 230
chatoyer 87 334
chatte 116
chatterton 116
chaud 43 359

chaudière 10
chaudron 80
chaudronnier 166
chauffage 125
chauffard 176
chauffe f 125
chauffe-biberon(s) m 285
chauffe-assiettes m 285
chauffe-bain(s) m 285
chauffe-eau m 285
chauffe-pieds m 285
chauffe-plat(s) m 285
chaufferette 125
chaufferie 125
chaulage 159
chaumage 43 359
chaume 43
chaumière 10
chausse-trappe(s) f 285
chausse-pied(s) m 285
chaussée 27
chausses 178
chaussette 116
chausson 178
chaussure 223
chauve(s)-souris f 285
chauvin 257
chauvinisme 43
chaux 43 231 359
chavirement 73
chéchia f 1
check-list(s) f 285
check-up m 285
cheddite f 119
chef 15
chef(s)-d'œuvre m 285
chef(s)-lieu(x) m 285
cheftaine 11
cheikh 150 359
chelem 163
chemin 62
chemin de fer m 285
chemineau 44 277 359
cheminée 27
cheminement 73
cheminot 46 230 359
chemise 187
chemisette 116
chênaie f 220
chenal 165 278
chenapan 72
chêne 10 359
chêne(s) vert(s) m 285
chêne(s)-liège(s) m 285
chéneau 44 277
chenet 13 230
chenil 159
chenille 98
chenillette 98
chenu 257
cheptel 159
chèque 148 359
chèque(s) barré(s) m 285
chèque(s) postal(aux) m 285
chéquier 148
cher 359
chercheur 264
chère 10 359
chérer 330
chéri 359
chérot 46 230
cherry 34 359
cherté 22
chérubin 62
chétif 265
cheval 278
cheval fiscal m 285
cheval-vapeur m 285
chevaleresque 148
chevalet 13 230
chevalière 159
chevalin 257
chevauchée 27
chevaux fiscaux m pl 285
chevaux-vapeur m pl 285
chevelure 223
chevet 13 230
cheveu 53 280
cheveu(x)-de-Vénus m 285
chevillette 98
chèvre 10
chevreau 44 277
chèvrefeuille m 98
chevreter 332
chevrette 116
chevreuil 98
chevronné 166
chevrotine 115
chewing-gum(s) m 285
chez 25 359
chez-soi m 285
chianti 151
chiasme m 151
chic 147 359
chicane 165
chichement 104
chichi 104
chichiteux 272
chicorée f 27
chicot 46 230
chien 63
chien(s)-loup(s) m 285
chiendent m 72
chienlit f 35
chiffe f 125
chiffon 125
chiffonnier 166
chiffre 125
chignole 159
chignon 80
chihuahua 235
chiite 115
chilien 267
chimère 10
chimérique 148
chimie 35 359
chimiothérapie 117
chimiquement 148
chimpanzé 186
chinchilla m 1
chinois 270
chinoiserie 35
chiot 46 230
chiourme f 97
chipie 35
chipolata f 1
chipotage 115
chips f pl 275
chiqué 148
chique f 148 359

chiquenaude ... 43
chiromancie ... 151
chiropraxie ... 151
chirurgical ... 289
chirurgien-dentiste m ... 285
chistera m ou f ... 1
chlorate m ... 151
chlore ... 151
chloroforme ... 151
chlorophylle f ... 160
chlorure m ... 221
choc ... 147
chochotte f ... 116
chocolat ... 1 230
chocolaté ... 22
chœur ... 151 359
choix ... 86 275
choléra ... 1
cholestérol ... 159
chômage ... 45 359
chômeur ... 256
chope f ... 107
chopine ... 165
choquant ... 148 230
choral m ... 151 359
chorale f ... 151 359
chorégraphie ... 151
chorizo m ... 42
chorus ... 151
chose ... 187
chou ... 281
chou(x)-fleur(s) m ... 285
chou(x)-rave(s) m ... 285
chouan ... 72
chouannerie ... 166
choucas m ... 1
chouchou ... 281
choucroute ... 147
chouette ... 14
choyer ... 87 334
chrême m ... 151 359
chrétien ... 205 267
chrétiennement ... 166
chrétienté ... 151
christianisme ... 163
chromatique ... 151
chrome ... 151
chromo m ou f ... 151
chromosome m ... 187
chronique ... 151
chrono(mètre) ... 151
chronologie ... 151
chronométrer ... 330
chronométreur ... 174
chrysalide f ... 34
chrysanthème m ... 117
chuchotement ... 115
chuintement ... 62
chut ! ... 115 359
chute ... 115 359
ci ... 179
ci-après ... 285
ci-contre ... 285
ci-dessous ... 285
ci-dessus ... 285
ci-devant ... 230 285
ci-gît ... 230 285
ci-inclus(es) ... 285
ci-joint(es) ... 285
cible ... 179
ciboire m ... 221
ciboulette ... 14
ciboulot ... 46 230
cicatrice ... 179
cidre ... 179
ciel (pl : *cieux et ciels*) ... 15 282
cierge ... 179
cieux ... 209
cigale ... 159
cigare ... 179
cigarette ... 14
cigarillo ... 98
cigogne ... 179
ciguë f ... 237
cil ... 159 359
cilice m ... 179 359
cime ... 179 359
ciment ... 73
cimenterie ... 35
cimeterre m ... 171
cimetière ... 10
ciné-club(s) m ... 285
cinéaste ... 22
cinéma ... 1
cinémathèque ... 117
cinémato-graphique ... 126 285
cinéphile ... 126
cinéraire f ... 221
cinglant ... 73 230
cinq ... 148 291 359
cinq-à-sept m ... 285
cinquantenaire ... 221
cinquantième ... 148
cintre m ... 62
cirage ... 179
circoncis ... 270
circonférence ... 124
circonflexe ... 124
circonlocution ... 214
circonscription ... 214
circonspect ... 230
circonspection ... 214
circonstance ... 72
circonstanciel ... 200 260
circonvolution ... 214
circuit ... 35 230
circulaire ... 221
circulation ... 214
circulatoire ... 221
cire f ... 179 359
cireur ... 264
cireux ... 272
cirque ... 148
cirrhose f ... 172
cirrus m ... 171
cisaille ... 98
ciseau ... 44 277
ciseaux ... 275
ciseler ... 331
ciselure ... 223
cistercien ... 204 267
citadelle ... 160
citadin ... 62
citation ... 214
cité(s)-dortoir(s) f ... 285
cité(s)-jardin(s) f ... 285
cité f ... 22
citerne ... 179
cithare f ... 117
citoyen ... 97

citoyenneté 87 166
citronnade 166
citronnelle 166
citrouille 98
cive f 179
civet 13 230
civette 14
civière 10
civil 159
civilisation 214
civilité 22
civique 148
clac ! 147 359
clafoutis 35 275
claie f 220 359
clair 11 359
clair(s)-obscur(s) m 285
claire(s)-voie(s) f 285
clairement 73
clairet 13 230
clairière 10
clairon 11
claironnant 166 230
clairsemé 257
clairvoyant 97 230
clamecer 327 329
clameur 174
clan 72
clandestin 257
clandestinement 73
clandestinité 22
clapet 13 230
clapier 24
clapotis 35 275
claquage 148
claque 148 359
claqueter 332
claquette 116
clarification 214
clarinette 165
clarté 22
classe 178
classement 178
classicisme 179
classique 148
claudication 214
clause 43 359
claustral 289
claustrophobie 126
clavecin 62
claveter 332
clavette 116
clavicule 159
clavier 24
clayette 97
clayonnage 166
clé 22 359
clef 25 359
clématite f 115
clémence 72
clémentine 72
clenche f 72
clepsydre f 34
cleptomanie 35
clerc 15 233 359
clergé 22
clergyman 34
clérical 289
clic ! 147 359
cliché 22
client 73 230
clientèle 10
clignement 73
clignotant 73 230
climat 1 230
climatique 148
climatisation 214
clin 62
clinicien 204 267
clinique 148
clinquant 148 230
clip m 107
clique 148 359
cliques 148 359
cliquet 13 230
cliqueter 332
cliquetis 35
clisse f 178
clitoridien 267
clitoris 275
clivage 143
cloaque 237
clochard 176
cloche 104
cloche-pied (à) 285
clocheton 115
clochette 14
cloison 187
cloisonnement 166
cloître 85
clone m 163
clopin-clopant 230 285
clopinettes 275
cloporte m 107
cloque f 148
clos 47 287
close-combat m 285
clôture 45
clou 281
clouterie 35
clovisse f 178
clown 165
clownerie 35
clownesque 148
club 60
cluse f 187
clystère m 34
coadjuteur 237
coagulation 214
coalisé 22
coalition 214
coassement 178
coauteur 237
cobalt m 115
cobaye 97
cobol 159
cobra 1
coca f 1
coca-cola m 285
cocagne f 147
cocaïne 237
cocarde 147
cocardier 262
cocasse 178
cocasserie 35
coccinelle 182
coccyx 182
coche 104
cocher 24 359
cochère f 10
cochon 268

cochon(s) d'Inde m 285
cochonnaille 98
cochonnet 166 230
cocker 150
cockpit 150 230
cocktail 150 279
coco 42
cocon 147
cocorico 147
cocotier 24
cocotte 116
cocu 147
coda f 1
code 118
codex 275
codicille m 160
coefficient 125 230
coercition 214
cœur 59 359
coexistence 237
coffre 125
coffre(s)-fort(s) m 285
coffret 125 230
cogérer 330
cogito 42
cognac 147
cognassier 178
cognée 27
cognement 73
cohabitation 235
cohérent 230 235
cohéritier 235 262
cohésion 235
cohorte 235
cohue 235
coi (f : coite) 85 147 359
coiffe 125
coiffeur 256
coiffure 223
coin 93 359
coin(s)-de-feu m 285
coin-coin m 285
coincement 85
coincer 327
coïncidence 237
coing 94 359
coït 230
coke 150 359
col 159 359
col(s)-bleu(s) m 285
col(s)-de-cygne m 285
colchique m 148
coléoptère 22
colère 10
coléreux 272
colérique 148 359
colibacille m 160
colibri 30
colifichet 13 230
colimaçon 179
colin 42
colin-maillard m 285
colique 159
colis 35 275
colite f 115
collaborateur 264
collaboration 160
collage 160
collant 160 230
collatéral 289
collation 214
colle 160 359
collecte 160
collecteur 264
collectif 265
collection 214
collectionneur 166
collectivité 160
collège 160
collégial 97 289
collégien 267
collègue 132
collerette 160
collet 160 230
colleter 332
collier 24
collimateur 160
colline 160
collision 160
colloque 148
collusion 160
collutoire m 221
collyre m 34
colmatage 115
colombier 159
colon 159 359
côlon 45 359
colonel 165
colonial 289
colonialisme 163
colonie 35
colonisation 214
colonnade 166
colonne 166
colonnette 116
coloquinte f 148
colorant 230
coloris 35
colossal 178 289
colosse 178
colporteur 264
colt 115 230
columbarium 163
colza m 186
coma 163 359
comateux 272
combat 1 230
combatif 265
combativité 81
combattant 116 230
combattre 352
combien 63 267
combinaison 163
combinard 176
combine 163
comble 81
combustion 80
comédie 35
comédie(s)-ballet(s) f ... 285
comédien 267
comestible 163
comète 10
comices m 275
comics pl 275
comique 148
comité 22
comma m 164 359
commandant 73 230
commande 164 359
commandement 164
commanditaire 221

commando 42
commedia dell'arte f 285
commémoratif 164 265
commémoration 164
commencement 164
commencer 327
comment 73
commentaire 164
commentateur 256
commérage 164
commerçant 164 230
commerce 164
commercer 327
commercial 289
commère 164
commérer 330
commettre 352
comminatoire 221
commis 164
commis voyageur(s) m 87 275
commis-greffier(s) m 285
commisération 214
commissaire 178
commissaire-priseur m 285
commissariat 1 230
commission 215
commissionnaire 166
commissure 178
commode 164
commodément 164
commodité 164
commodore m 221
commotion 214
commun 257
communard 176
communautaire 221
communauté 22
commune 164
communicant 73 230
communication 214
communion 164
communiqué 22
communisme 164
commutateur 174
commutation 214
compact 115 230
compagnie 35
compagnonnage 166
comparaison 187
comparaître 348
comparse 179
compartiment 73
comparution 214
compas 1 8
compassé 178
compassion 215
compatibilité 81
compatible 81
compensation 214
compensatoire 221
compère(s)-loriot(s) m 285
compétence 72
compéter 330
compétition 214
compilation 214
complainte 64
complaisamment 164
complaisance 72
complémentaire 221
complet 13 230 263
complet(s)-veston m 285
complètement 73
compléter 330
complétive 115
complexité 22
complication 214
complice 179
complicité 22
complies f pl 275
compliment 73
compliqué 148
complot 46 230
componction 214
componentiel 199 260
comportement 73
compos(ac)ée 27
composante 72
composite 115
compositeur 256
composition 214
compost m 115
compote 115
compotier 115
compréhension 215
compresse 178
compresseur 174
comprimé 22
compromettant 116 230
compromettre 352
compromis 35
compromission 215
comptabilité 220
comptant 73 230 359
compte 81 221 359
compte(s) courant(s) m 285
compte(s) rendu(s) m 285
compte-fils m 285
compte-gouttes m 285
compte-tours m 285
compteur 81 233 359
comptine 221
comptoir 175
comput 115 230
computer 170
comte 81 359
comté 81 359
comtesse 178
comtois 270
concasseur 178
concaténation 214
concaténer 330
concéder 330
concélébrer 330
concentration 214
concentrationnaire 221
concentré 257
concept 115 230
conception 214
conceptuel 260
concert 230
concerto 42
concession 215
concessionnaire 221
concevoir 340
concierge 179
concile m 159
conciliabule 159
conciliaire 221
conciliateur 264
concis 270

concitoyen 97
conclave [m] 80
concluant 73 230
conclusif **265**
concombre 147
concomitant 73 230
concordance 179
concordat 1 230
concordataire 221
concourir **338**
concours 229 **275**
concret 230 **263**
concrètement 73
concréter **330**
concrétion 214
concrétisation 214
concubin 62
concubinage 165
concupiscence 180
concurremment 3
concurrence 171
concurrencer **327**
concurrent 171 230
concurrentiel 199 **260**
concussion 215
condamnation 214
condensateur 72
condensation 214
condescendance 180
condiment 73
condisciple 180
condition 214
conditionnel 166 **260**
condoléances [f pl] **275**
condor 170
condottiere 116
conducteur **264**
conduit 35 230
conduite 115
cône 45
confection 214
confédération 214
confédérer **330**
conférence 72
conférencier 179 **256**
conférer **330**
confession 215
confessionnal 166 **289**
confetti 116
confiance 72
confidence 72
confidentiel 199 **260**
confins **275**
confirmation 214
confiscation 147
confiserie 35
confiseur 187
confisqué 148
confit 230
confiture 223
conflictuel **260**
conflit 35 230
conformément 73
conformité 22
confort 230
confrère 10
confrérie 35
confus **270**
confusément 73
congé 22
congélateur 174
congeler **331**
congénère 221
congénital **289**
congère [f] 10
congestion 214
congestionné 166
conglomérat 2 230
conglomérer **330**
congratulation 214
congre 147
congrégation 214
congrès 229 **275**
congressiste 178
congruence 237
congrûment 73
conifère [m] 163
conique 165
conjecture 223
conjoindre **345**
conjoint 94 230
conjointement 73
conjonction 214
conjonctivite 115
conjoncture 223
conjugaison 131
conjugal **289**
conjuration 214
connaissance 166
connaître **348**
connecteur 174
connerie 166
connétable 166
connexe 166
connexion 216
connivence 72
connotation 166
connu **257**
conque [f] 148
conquérant 148 230
conquête 10
conquistador [m] 170
consanguin **257**
consanguinité 132
consciemment 3
consciencieux 209
conscient 180 230
conscription 214
conscrit 35 230
consécration 214
consécutif **265**
conseil 98
conseiller 24 **256**
consensus **275**
consentement 73
consentir **337**
conséquemment 3
conséquence 148
conservateur **264**
conservatoire 221
conserve 179
considération 214
considérer **330**
consignation 214
consigne 179
consistant 73 230
consistoire [m] 221
consolateur **264**
console [f] 159 **359**
consolidation 214
consommation 164

consomption 214
consonance 165
consonne 166
consort 230
consorts 275
constable [m] 225
constance 179
constat 1 230
constellation 214
consternation 214
constipation 214
constituant 73 230
constitution 214
constitutionnel 166 260
constriction 214
construction 214
consul 159
consulaire 221
consulat 1 230
consultation 214
contact 115 230
contagieux 272
container [m] 27
contamination 214
conte 80 359
contemplatif 265
contemporain 257
contempteur [m] 264
contenance 72
content 73 230 359
contentement 73
contentieux 210
contention 214
contenu 80
contestataire 221
conteur 80 256 359
contextuel 260
contigu 266
contiguïté 237
continence 72
contingence 143
continuel 260
continûment 73
contondant 73 230
contorsion 215
contorsionniste 166
contour 170
contraceptif 265
contraception 214
contraction 214
contractuel 260
contradicteur 264
contradictoire 221
contraignant 73 230
contraindre 345
contraint 64 230
contrainte 64
contraire 221
contralto [m] 42
contraste 115
contrastif 265
contrat 1 230
contravention 214
contre-amiral(aux) [m] 285
contre-enquête(s) [f] 285
contre-épreuve(s) [f] 285
contre-espionnage [m sg] 285
contre-expertise(s) [f] 285
contre-indication(s) [f] 285
contre-manifestation(s) [f] 285
contre-offensive(s) [f] 285
contre-performance(s) [f] 285
contre-plongée(s) [f] 285
contre-révolution(s) [f] 285
contre-torpilleur(s) [m] 285
contre-allée(s) [f] 285
contre-appel(s) [m] 285
contre-attaque(s) [f] 285
contre-chant(s) [m] 285
contre-courant(s) 285
contre-écrou(s) [m] 285
contre-essai(s) [m] 285
contre-jour(s) [m] 285
contre-pente(s) [f] 285
contre-pied(s) [m] 285
contre-plaqué(s) [m] 285
contre-réforme(s) [f] 285
contre-sujet(s) [m] 285
contre-ut [m sg] 285
contre-vérité(s) [f] 285
contre-visite(s) [f] 285
contre-voie (à) 285
contrebalancer 327
contrebande 72
contrebas 1 8
contrebasse 178
contrebattre 352
contrecœur 58
contrecoup 233
contrée 27
contrefaçon 179
contrefaire 347
contrefort 230
contremaître 11
contremarque [f] 285
contrepartie 35
contrepèterie 115
contrepoids 229
contrepoint 94 230
contrepoison [m] 285
contreprojet [m] 285
contreproposition [f] 285
contresens 275
contresignataire [m] 285
contretemps 275
contretype 34
contrevenant 73 230
contrevent 73 230
contribution 214
contrit 35 230
contrition 214
contrôle 42
contrordre [m] 285
controverse [f] 179
contumace [f] 179
contusion 187
convaincant 147 230
convaincre 344
convalescence 133
convalescent 180 230
convenance 72
conventionnel 166 260
convergence 72
converger 328
conversation 214
conversion 215
converti 30
convertisseur 178
convexe 259

convict 230
conviction 214
convive 80
convocation 214
convoi 85
convoitise 187
convoyer 87 334
convoyeur 97
convulsif 265
convulsion 215
cool [kul] 159 359
coolie m 159 359
coopératif 265
coopérer 330
cooptation 214
coordination 237
coordonné 22
coordonnées 275
copain 64
copal m 159
copartager 328
copeau 42 277
copie 35
copie conforme f 285
copine 165
coposséder 330
copra(h) m 1
copte 147
copule f 159
copyright m 134
coq m 148 359
coq-à-l'âne (du) 285
coquard 148
coquart 176 230
coque f 148 359
coquelicot 42 230
coqueluche 148
coquet 230 263
coqueter 332
coquetterie 116
coquillage 98
coquille 98
coquin 257
cor 170 359
cor au pied m 285
corail 279
corallien 267
coranique 148
corbeau 44 277
corbeille 98
corbillard 176
corde 225
cordeau 44 277
cordée 27
cordeler 331
cordelette 14
cordial 289
cordon 80
cordonnier 166 256
coreligionnaire 166
coriace 179
coriandre f 72
corinthien 117 267
cormoran 72
corne 165
corned-beef m sg 285
cornée 27
corneille 98
cornélien 267
cornemuse 187
corniaud 43
cornichon 80
cornu 359
cornue 220 359
corollaire m 221
corolle f 160
coronaire f 165
coronarien 165 267
corporation 214
corporatisme 115
corporel 257
corps 229 275 359
corps-mort(s) m 285
corpulence 72
corpus 275
corpuscule 159
corral 147 289 359
correct 171 230
correcteur 264
correctionnel 166 260
corrélatif 171 265
corrélation 214
corréler 330
correspondance 72
correspondant 171 230
corrida f 171
corridor 171
corriger 328
corrosif 265
corroyer 87 334
corrupteur 264
corsage 143
corsaire 170
corse 179
corset 13 230
corseter 332
corso 42
cortège 143
cortex m 275
cortisone f 165
corvée 27
corvette 14
coryphée m 126
coryza m 34
cosaque 187
cosinus 275
cosmétique 148
cosmique 148
cosmogonie f 163
cosmonaute 163
cosmopolite 159
cosmos 275
cossard 178
cosse f 178 359
cossu 257
costaud 43
costume 163
cosy 34
cote 42 359
coté 42 359
côte 45 359
côté 45 359
coteau 44 277
côtelette 45
coterie 35
cothurne m 117
côtier 256
cotillon 98
cotisation 214
côtoiement 224
coton 80

cotonnade 166
côtoyer 87 334
cotre m 42
cottage 116
cotte f 116 359
cou 147 281 359
cou(s)-de-pied m 285
couac 147
couard 176
couardise 187
couchant 73 230
couche 104
couchette 14
couci-couça 285
coucou 147 281
coudée 27
coudoyer 87 334
coudrier 24
couenne f 166
couette 14
couffin m 125
couic ! 147
couillonnade 98
couinement 163
coule f 159 359
coulée 27
couleur 174
couleuvre 58
coulis 35 275 359
coulisse 178
couloir 175
coulomb 81 233 359
coulommiers 164
coup 233 359
coup(s) de pied m 285
coup(s) de poing m 285
coupable 107
coupe 107
coupé 107 359
coupe-choux m 285
coupe-cigares m 285
coupe-circuit m 285
coupe-coupe m 285
coupe-feu m 285
coupe-file m 285
coupe-gorge m 285
coupe-jarret(s) m 285
coupe-légume(s) m 285
coupe-papier m 285
coupe-vent m 285
coupée 27 359
coupelle 14
couperet 13 230
couple f 147
couple m 147
couplet 13 230
coupole 159
coupon 80
coupure 170
cour f 170 359
courage 170
couramment 164
courant 73 230
courbatu 115
courbature 170
courée 27
coureur 174
courge 143
courgette 14
courir 338
couronne 166
courrier 24
courroie 86
courroucé 171
courroucer 327
courroux 275
cours m 359
course 225
coursive 179
court(s)-bouillon(s) m 285
court(s)-circuit(s) m 285
court m 359
court-vêtu(e)(s) 285
courtaud 43
courtier 24
courtisan 72
courtois 270
courtoisie 35
couscous 275
cousette 187
cousin 257
cousinage 187
coussin 178
coût 230 359
coûtant 73 230
couteau 44 277
couteau(x)-scie(s) m 285
coutelas 1 8
coûteux 272
coutil m 159
coutume 163
coutumier 256
couturier 256
couvée 27
couvent 73 230
couvert 230
couvre-chef(s) m 285
couvre-feu(x) m 285
couvre-lit(s) m 285
couvre-pied(s) m 285
cover-girl(s) f 285
cow-boy(s) m 285
coyote m 97
crabe 110
crac ! 147 359
crachat 1 230
crachin 62
crack 150 359
cracker 150
craie 11 220 359
craindre 345
craintif 265
cramoisi 257
crampe 72
crampon 72
cramponné 166
cran 72
crâne 2
crâneur 264
crapaud 43
crapule 159
crapuleux 272
craque f 148 359
craqueler 331
craquelure 148
craqueter 332
crash m 105
crasse 178
crasseux 272
crassier 24
cratère m 10

cravate 115
crawl 49
crayeux **272**
crayon 97
crayon(s)-feutre(s) m **285**
crayonnage 166
créance f 22
créancier **256**
créateur **264**
création 214
créativité 22
crécelle 14
crèche 104
crécher **330**
crédence f 72
crédibilité 22
crédit 35 230
créditeur **264**
credo 42
crédulité 22
crémaillère 98
crématoire 221
crématorium 163
crème 10 359
crémer **330**
crémerie 35
crémone f 163
créneau 44 **277**
créneler **331**
créner **330**
créole 159
crêpe 10
crépine 165
crépitement 73
crépon 80
crépu 22
crépuscule 159
crescendo 71
cresson 178
crêt 13 230 359
crétacé 22
crête 10
crétin 62
cretonne 166
creuset 13 230
creux 54
crevaison 187
crevasse 178
crève-cœur m **285**
crève-la-faim m **285**
crève-tonneau m **285**
crever **329**
crevette 116
cri 1
criard 176
crible 225
cric 147 150 359
cricket 230
criée 27
crime 163
criminel **260**
crin 62 359
crinière 10
crinoline 165
crique 148 359
criquet 148 230
crise 187
crispation 214
crissement 178
cristal **289**
cristallin 160
cristallisation 214
critère m 10
critérium 163
criticisme 179
critique 148
croassement 237
croc 233
croc(s)-en-jambe m **285**
croche f 104
crochet 13 230
crocheter **332**
crochu 104
crocodile 147
crocus m **275**
croire **339**
croisade 187
croisé m 187
croisée f 27
croisement 73
croisillon 98
croissance 178
croissant 73 230
croître **350**
croix 231 **275**
croque-mitaine(s) m **285**
croque-monsieur m **285**
croque-note(s) m **285**
croquenot 46 230
croquet 148 230
croquette 148
croqueur **264**
croquignolet 148 230
croquis 35
cross 178 359
cross-country m **285**
crosse 221 359
crotale m 159
crotte 116
crottin 116
croup m 107 359
croupe f 221 359
croupion 107
croustillant 98 230
croûte 115
croyance 97
croyant 97 230
cru **257**
cruauté 22
cruchon 80
crucial **289**
crucifix 179
crucifixion 216
cruciverbiste 179
crudité 22
crue 220 359
cruel **260**
crûment 73
crustacé 22
cryogénie 34
cryothérapie 34
crypte 34
cryptogame m 34
cube 110
cubique 148
cubitus **275**
cueillette 98
cui-cui m **285**
cuiller 170
cuillère 10
cuillerée 220

cuir 170
cuirasse 178
cuisine 187
cuisinier 256
cuisse 178
cuisseau 44 277 359
cuisson 178
cuissot 46 230 359
cuistot 46 230
cuivreux 272
cul 233
cul(s)-blanc(s) m 285
cul(s)-de-basse-fosse m 285
cul(s)-de-jatte 285
cul(s)-de-lampe 285
cul(s)-de-sac m 285
cul-de-bouteille 285
culasse 178
culbute 115
culée 27
culminant 73 230
culot 46 230
culotte 116
culpabilité 159
cultivateur 256
culturel 260
cumin 62
cumul 159
cumulatif 265
cumulo-nimbus m 285
cumulo-stratus m 285
cumulus 275
cupidité 22
cupidon 30
curaçao 179
curare m 170
curatif 265
curé m 22 359
cure-dent(s) m 285
cure-ongles m 285
cure-pipe(s) m 285
curée f 27 359
cureter 332
curie 35
curieux 272
curiosité 22
curling 131
curriculum 171
curry 34
cursif 265
cursus 275
cutané 257
cuti 30
cuti-réaction(s) f 285
cutter 116
cuvée 27
cuveler 331
cuvette 14
cyanure m 97
cybernétique 34
cyclamen 34
cycle m 34
cyclique 34
cyclo-cross m 285
cyclomoteur(s) m 34
cyclone 34
cyclope 34
cyclothymique 34
cyclotourisme 34
cygne 34 359
cylindre 34
cylindrée 34
cylindrique 34
cymbale f 66
cynisme 34
cyprès m 34
cyrillique 34
cystite f 34
cytologie 34
czar 170

d

dactylographie 34
dadais 229 275
dadaïsme 237
dague 132
dahlia m 235
dahoméen 235
daim 62
dais 229 360
dalle 160
daltonien 165 267
dam 163
dame 221
dame(s)-blanche(s) f 285
dame(s)-jeanne(s) f 285
damier 163
damnation 214
damoiseau 187 277
dan 165
dancing 179
dandin 62
dandy 34
danger 143
dangereux 272
dans 72 360
danse 72 360
dard 233 360
datcha f 1
date 115 360
datte 116 360
daube 43
dauphin 126
dauphinois 126 270
daurade 43
davantage 143
de jure 285
dé 22 360
de-ci de-là 285
dead-heat m sg 285
débâcle 2
déballage 160
débarcadère m 221
débarquement 148
débarras 171 275
débat 1 230
débattre 352
débauche 43
débile 159
débilité 22
débit 35 230
déblai 11
déblaiement 224
déblatérer 330
déblayage 97
déblayer 333
déblocage 147
déboire 221
déboisement 187

débôitement 85
débonnaire 166
débordement 73
débosseler 331
débotté 116
débouché 22
déboulé 22
débours 229
debout 230
débraillé 98
débrayage 97
débrayer 333
débris 35 275
début 230
deçà 2
décacheter 332
décadence 72
décaèdre 22
décaféiné 22
décalcification 214
décalcomanie f 35
décalogue 147
décan 72
décapant 73 230
décapeler 331
décarreler 331
décathlon 117
décéder 330
déceler 331
décélérer 330
décembre 72
décemment 3
décence 72
décennie 166
décentralisation 214
déception 214
décérébrer 330
décerveler 331
décès 229 275
décevant 230
décevoir 340
déchaînement 11
décharger 328
dèche 10
déchéance 72
déchet 13 230
déchiqueter 332
déchirement 73
déchirure 223
décibel 159
décidément 73
décimal 289
décisif 265
déclamatoire 221
déclaration 214
déclaveter 332
déclenchement 73
déclic 147
déclin 62
décliqueter 332
décoction 214
décoincer 327
décolérer 330
décollage 160
décolleté 160
décolleter 332
décombres 275
décommettre 352
décongeler 331
déconnexion 216
déconsidérer 330
décontenancer 327
déconvenue 220
décor 170
décorticage 147
décorum 163
décourager 328
décousu 187
découverte 147
décrépi 30 360
décrépit 30 230 360
decrescendo 360
décret 13 230
décret(s)-loi(s) m 285
décréter 330
décrochez-moi-ça m 322
décroître 351
décryptage 34
décuple 147
dédaigneux 272
dédain 64
dédale m 159
dedans 72
dédicace 179
dédicacer 327
dédit 35 230
dédommagement 164
dédommager 328
déductif 265
déesse 178
défaillance 98
défaire 347
défaite 11
défaut 43 230
défécation 214
défectif 265
défection 214
défectueux 272
défense 72
déféquer 330
déférence 72
déférer 330
défi 30
défiance 72
déficeler 331
déficience 179
déficit 179 230
déficitaire 221
défiger 328
défilé 159
définitif 265
définition 214
définitoire 221
déflation 214
défoliant 73 230
défoliation 214
défoncer 327
défoulement 73
défrayer 333
défroncer 327
défunt 67 230
dégager 328
dégaine 11
dégât 2 230
dégazage 186
dégel 15
dégelée 27
dégeler 331
dégénérer 330
dégénérescence 180
dégingandé 257

déglacer 327
déglutition 214
dégorger 328
dégoût 131 230
dégoûtant 73 230
dégradant 73 230
dégradé 22
dégravoyer 87 334
degré 22
dégressif 265
dégrèvement 10
dégrever 329
dégringolade 159
déguenillé 132
déhanché 235
dehors 235
déicide 179
déiste 22
déjà 2
déjauger 328
déjection 214
déjeuner 53
déjuger (se) 328
delà 2
délacer 327
délai 11
délateur 115
délayage 97
délayer 333
delco 42
délégué 132
déléguer 330
délétère 10
délibérément 22
délibérer 330
délicat 230
délicatesse 178
délice m 179
délices f pl 275
délicieux 209 272
délictueux 272
délinquant 148 230
déliquescence 180
délit 35 230
délivrance 72
déloger 328
déloyal 97 289
delta m 1
déluge 143
déluré 257
démagogie 35
demain 64
demande 72
démangeaison 144
démanger 328
démantèlement 10
démanteler 331
démaquillant 98 230
démarcation 147
démarquage 148
démarrage 171
démêlage 10
démêlé 10
déménager 328
déménageur 256
démence 72
démener (se) 329
démenti 30
démentiel 199 260
démentir 337
démesurément 73
démettre 352
demeure 58
demi 30
demi-douzaine(s) f 285
demi-pensionnaire(s) 285
demi-bas m 285
demi-botte(s) f 285
demi-cercle(s) m 285
demi-clef(s) f 285
demi-deuil m 285
demi-dieu (x) m 285
demi-droite(s) f 285
demi-fin(s) m 285
demi-finale(s) f 285
demi-frère(s) m 285
demi-gros m 285
demi-heure(s) f 285
demi-journée(s) f 285
demi-litre(s) m 285
demi-mal (pl : *demi-maux*) m 285
demi-mot (à) 285
demi-pause(s) f 285
demi-pension(s) f 285
demi-queue m 285
demi-sang m 285
demi-sel m 285
demi-sœur(s) f 285
demi-solde(s) m 285
demi-tarif(s) m 285
demi-teinte(s) f 285
demi-ton(s) m 285
demi-tour(s) m 285
demie 35
démissionnaire 221
démocrate-chrétien m 285
démocratie 181
démographie 126
démolisseur 178
démolition 214
démoniaque 148
démonstratif 265
démonte-pneu(s) m 285
démoucheter 332
démurger 328
démuseler 331
dénégation 214
déneiger 328
déni 30
denier 24 262
dénivelé 22
déniveler 331
dénivellation 160
dénominateur 163
dénoncer 327
dénouement 224
dénoyer 87 334
denrée 27
dense 72 360
densité 22
dent 73 230 360
dent(s)-de-lion f 285
dent(s)-de-loup f 285
dentaire 221
denteler 331
dentellerie 160
dentelure 159
dentifrice 179
dénué 22
dénuement 224
déodorant 230

déontologie 22
dépannage 166
dépaqueter 332
dépareillé 98
départ 176 230
départager 328
départir 337
dépeçage 179
dépecer 327 329
dépêche 10
dépeindre 345
dépenaillé 98
dépendance 72
dépens m pl 275
dépense 72
déperdition 214
déphasé 126
dépit 35 230
déplacer 327
déplafonnement 166
déploiement 224
déployer 87 334
dépositaire 221
déposition 214
déposséder 330
dépossession 215
dépôt 42 230
dépotoir 175
dépouillement 98
dépourvu 257
dépoussiérer 330
dépréciation 214
dépressif 265
dépression 215
déprimant 73 230
dépuceler 331
depuis 35
député 22
déraillement 98
dérailleur 98
déranger 328
dérapage 107
dérayer 333
derby 34
derechef 15
déréglé 22
dérèglement 10
dérégler 330
dérision 187
dérive f 170
derm(at)ite 115
dernier 256
dernier(s)-né(s) m 285
dérogation 214
déroger 328
déroute 115
derrick 150
derrière 171
derviche 104
des 25 360
dés embrayer 333
dès 10 360
désaccord 149
désagencer 327
désagréger 328 330
désaliéner 330
désaltérer 330
désamorcer 327
désappointé 108
désargenté 22
désarroi 171
désastreux 272
désavantager 328
désaveu 53 280
descellement 180
descendance 180
descente 180
désemparé 72
désempeser 329
désengager 328
désengorger 328
désengrener 329
désenlacer 327
désennuyer 334
désenrayer 333
désensorceler 331
désentrelacer 327
désert 176 230
désertion 214
désespéré 22
désespérer 330
déshérité 235
déshonneur 235
déshonorant 230 235
déshydrogéner 330
desiderata m pl 275
désinence f 72
désintégrer 330
désintéressé 178
désinvolture 223
désir 170
désireux 272
désobéissance 72
désobligeance 144
désobliger 328
désodorisant 73 230
désœuvré 59
désopilant 73 230
désordonné 166
désormais 229
désoxygéner 330
desperado 42
despotisme 115
desquelles f pl 275
desquels m pl 275
dessaisissement 178
dessécher 330
dessein 65 360
desserrage 171
dessert 178 230
dessiccation 149
dessin 178 360
dessinateur 256
dessous 275
dessous(-)de(-)table m 285
dessous-de-plat m 285
dessus 275
dessus-de-lit m 285
destin 62
destinée 27
destitution 214
destroyer 97
destruction 214
désuet 13 230 263
désuétude 22
détail 98 279
détaillant 98 230
détaxe 115
détection 214
déteindre 345
dételer 331

détente 72
détention 214
détergent 73 230
déterger 328
détérioré 22
détonateur 165
détonation 165
détour 170
détracteur 264
détrempe 72
détresse 178
détriment 73
détritus 275
détroit 86 230
dette 116
deuil 98
deus ex machina m 285
deux 54 291
deux-mâts m 285
deux-pièces m 285
deux-roues m 285
deux-temps m 285
deuxième 188
dévaluation 214
devancer 327
devant 73 230
devanture 223
déveine 12
développement 108
devers 229
dévêtir 337
déviance 179
déviation 214
devin 62
devineresse 178
devinette 116
devis 35 275
dévisager 328
devoir 341
dévolu 257
dévot 230 269
dévotion 214
dévouement 224
dévoyer 87 334
dextérité 22
dey 16 360
diabète m 10
diabétique 259
diable 97
diablotin 62
diabolique 148
diabolo 42
diabolo menthe m 285
diachronie 151
diadème 10
diagnostic m 147
diagonal 289
diagramme m 164
dialecte m 159
dialectique 148
dialogue 132
dialyse f 34
diamant 73 230
diamantaire 221
diamétralement 22
diamètre 10
diantre 72
diapason 187
diaphane 126
diaphragme 126
diapré 22
diarrhée 172
diaspora f 1
diatribe f 110
dichotomie f 151
dictateur 264
dictée 27
diction 214
dictionnaire 166
dicton 147
didacticiel 200
didactique 148
dièdre m 10
dièse m 10
diesel 159
diéser 330
diète 10
diététicien 204 267
dieu 53 280
diffamatoire 125
différemment 3
différence 125
différenciation 214
différend 74 360
différent 73 230 360
différentiel 199 260
différer 330
difficile 159
difficilement 159
difficulté 125
difformité 125
diffraction 214
diffus 270
digérer 330
digeste 221
digital 289
digitale f 159
dignité 22
digression 215
diktat 150 230
dilacérer 330
dilatation 214
dilatoire 221
dilemme m 164
dilettante 116
diligemment 3
diligence 72
dilution 214
dîme 32
dimension 215
diminution 214
dinar m 170
dindonneau 166 277
dîner 24
dingue 62 360
dinosaure m 221
diocèse m 10
diode f 118
diorama 1
diphtérie 126
diphtongue f 126
diplodocus 275
diplomate 221
diplôme 45
diptyque m 34
dire 349
direct 15 230
direction 214
directionnel 166 260
directoire 221
dirigeant 144 230

diriger ... 328
dirimant ... 73 230
discernement ... 180
discipline ... 180
discobole m ... 159
discophile ... 126
discordance ... 72
discorde ... 147
discothèque ... 117
discourir ... 338
discours ... 176 275
discourtois ... 270
discrédit ... 35 230
discret ... 230 263
discrétion ... 214
discrimination ... 214
discursif ... 265
discussion ... 215
disert ... 230
disette ... 116
disgrâce ... 2
disgracieux ... 209 272
disjoindre ... 345
disjoint ... 94 230
disparaître ... 348
disparate ... 115
disparité ... 22
disparition ... 214
dispatching ... 131
dispensaire m ... 221
dispense ... 72
disponibilité ... 22
dispos ... 275
dispute ... 115
disquaire ... 148
disque ... 148
disquette ... 116
dissection ... 214
dissemblable ... 178
dissémination ... 178
dissension ... 215
disséquer ... 330
dissidence ... 72
dissimulation ... 178
dissipation ... 178
dissociation ... 179
dissolu ... 178
dissolution ... 214
dissonance ... 165
dissoudre ... 346
dissuasion ... 187
distance ... 72
distancer ... 327
distillerie ... 160
distinct ... 66 230
distinction ... 214
distinguo m ... 42
distorsion ... 215
distraction ... 214
distraire ... 339
distrait ... 230
distrayant ... 97 230
distribution ... 214
district ... 115 230
dithyrambique ... 117
diurne ... 259
diva f ... 1
divagation ... 214
divan ... 72
divergent ... 73 230
diverger ... 328
divers ... 229
diversement ... 177
dividende m ... 72
divination ... 214
divinité ... 22
divisibilité ... 22
divisionnaire ... 166
divorce ... 179
divorcer ... 327
divulgation ... 214
dix ... 182
dixième ... 188
dizaine ... 186
djebel ... 142
djellaba f ... 160
do ... 42 360
doberman ... 15
docile ... 259
docilité ... 159
dock ... 150
docker ... 150
doctorat ... 1 230
doctrinal ... 289
doctrine ... 165
documentaire ... 221
dodécaèdre ... 22
dodécaphonique ... 126
dodu ... 118
doge ... 143
dogmatique ... 148
dogue ... 132
doigt ... 230
doigté ... 22
dolce vita f sg ... 285
doléances f pl ... 275
dollar ... 160
dolmen ... 15
dolomite f ... 163
domaine ... 11
domaine(s) public(s) m ... 285
domanial ... 289
dôme ... 45
domesticité ... 22
domestique ... 148
domicile ... 159
dominance ... 72
domination ... 214
dominical ... 289
dominion m ... 163
domino ... 42
dommage ... 164
dompteur ... 233
don ... 80 360
donataire ... 165
donateur ... 41
donation ... 214
donation(s)-partage(s) f ... 285
donc ... 147
donjon ... 142
donne ... 41
donneur ... 166
dont ... 82 230 360
doping ... 107
dorade ... 170
dorénavant ... 73 230
dorien ... 267
dormeur ... 264
dorsal ... 289

dorso-palatal(e)(s) **285**
dorso-vélaire(s) **285**
dortoir 175
dorure 223
doryphore m 126
dos 42 229 360
dose 187
dossard 176
dossier 178
dot 115 230
dotation 214
douairière 10
douane 237
doublet 13 230
douce(s)-amère(s) **285**
douceâtre 179
douceur 174
douille 98
douillettement 116
douleur 174
douloureux **272**
douteux **272**
douve f 221
doux **272**
douzaine 186
douze 186
doyen 97
drachme f 151
draconien 165 **267**
dragage 104
dragée 27
dragon 104
dragonnade 166
dragueur 132
drain 64
dramaturge 143
drame 163
drap 233
drap(s)-housse(s) m **285**
drapeau 44 **277**
drayer **333**
dresseur **256**
dressoir 175
dribble m 110
dribbleur 110
drille m 98 360
drink m 150
drisse f 178
drive [dʀajv] m 97
drogue 132
droguerie 132
droit 86 230
droiture 223
drolatique 159
drôle 45
drôlerie 45
drôlesse 178
dromadaire m 221
drop 107
dru **257**
drugstore 221
druide 118
du 118 360
dû m (f *due*) 360
dualité 22
duc 147
ducasse f 178
duché 22
duchesse 178 **256**
duel 15 **260**
duelliste 160
duffel-coat(s) m **285**
dulcinée 27
dûment 73
dumping 60
duo 42
duodénum 163
dupe 107
duplex **275**
duplicata inv 1
duplicité 179
duquel 148
dur **257**
durablement 170
duralumin 62
durant 73 230
durée 27
dureté 22
durillon 98
durit f 35
duvet 13 230
duveter (se) **332**
dynamique 34
dynamo f 34
dynamométrique 163
dynastie 34
dyne f 34
dysenterie 34
dysfonctionnement 35
dyslexie 34
dystrophie 34

e

eau 44 **277**
eau(x)-de-vie f **285** 361
eau(x)-forte(s) **285**
ébahi 235
ébats **275**
ébattre (s') **352**
ébauche 43
ébène f 10
ébéniste 22
éberlué 22
ébiseler **331**
éblouissant 73 230
éblouissement 178
ébonite f 165
éboueur 22
éboulis 35
ébrécher **330**
ébréchure 223
ébriété 22
ébullition 160
écaille 98
écarlate 115
écart 230
écartèlement 147
écarteler **331**
ecchymose f 149
ecclésiastique 149
échafaud 43
échafaudage 143
échalas m 1
échalote f 115
échancrure 223
échanger **328**
échangeur 174
échanson 72
échantillon 98

échantillonnage 166
échappatoire [f] 108
échappée 108
échassier 178
échauffourée [f] 125
échéance 22
échéant 73 230
échec 147
échelle 160
échelon 159
échelonnement 166
écheveau 44 277
écheveler 331
échevin 62
échine 165
échiquier 148
écho 42 361
échoppe 108
éclaboussure 178
éclair 170 361
éclaircie 179
éclat 1 230
éclectique 148
éclipse [f] 179
éclisse [f] 178
éclopé 107
éclosion 187
écluse 187
écœurant 59 230
école 159
écologie 147
économie 163
écope [f] 107
écorce 179
écorcer 327
écorchure 223
écossais 270
écot 46 230 361
écoute [f] 147
écoutille 98
écouvillon 98
écran 72
écran(s)-filtre(s) [m] 285
écrémage 22
écrémer 330
écrêtement 10
écrevisse 178
écrin 62
écrit(s)-parlé(s) [m] 285
écriteau 44 277
écritoire [f] 221
écrivain 64
écrou 22 281
écrouelles 275
écru 257
ectoplasme 147
écu 147
écueil 59
écuelle 160
écume 163
écumoire 221
écureuil 98
écurie 35
écusson 178
écuyer 97 256
eczéma 15
edelweiss [m] 178
éden 15
édification 147
édifice [m] 179
édile [m] 159
édit 35 230
éditeur 256
éditorial 278
édredon 80
éducateur 256
effaçable 179
effacer 327
effarant 125 230
effectif 125 265
efféminé 125
effervescence 180
effet 125 230
effeuillage 98
efficace 179
efficience 72
effigie 35
efflanqué 148
effleurement 125
effluve [m] 125
efforcer [(s')] 327
effort 230
effraction 214
effraie [f] 220
effranger 328
effrayant 97 230
effrayer 333
effroi 85
effrontément 125
effroyable 97
effusion 187
égal 289
égalitaire 221
égalité 22
égard 233
égayer 333
égérie 22
égide [f] 143
églantine [f] 72
église 187
ego 131
égocentrisme 131
égoïne [f] 237
égoïste 237
égorger 328
égotisme 115
égout 230
égoutier 24
égouttoir 116
égrainage 165
égratignure 139
égrenage 165
égrener 329
égrillard 98
égruger 328
égyptien 205 267
eh ! 25
éhonté 235
eider 170
éjection [f] 214
élaboration 214
élagage 131
élan 72
élancer 327
élargissement 178
élasticité 179
eldorado 42
électeur 256
électif 265
élection 214
électorat 1 230

électricité 22
électrique 148
électro-aimant(s) m 285
électroacoustique 22
électrocution 214
électrogène 10
électrolyse f 34
électron 80
électronique 148
électronucléaire 221
élégamment 164
élégance 72
élégiaque 148
élégie f 35
élément 73
élémentaire 221
éléphant 126 230
éléphantesque 148
élévateur 264
élève 10
élever 329
elfe m 15
éligible 143
éliminatoire 221
élision f 187
élite f 115
élixir 170
elle 14 357
ellipse 23 357
elliptique 23
élocution 214
éloge m 143
élogieux 272
élongation 214
élonger 328
éloquence 148
élucubration 214
élytre m 34
émail 279
émanation 163
émancipation 214
émarger 328
émasculation f 214
emballage 160
embarcadère 221
embardée 27
embargo 42
embarquement 148
embarras 171 275
embarrassant 171 230
embatre 352
embattre 352
embauche f 43
embauchoir 175
embêtant 10 230
emblée (d') 27
emblématique 22
emblème m 10
emboîtement 85
embolie f 35
embonpoint 94 230
embotteler 331
embouchure 223
embout 230
embrasse f 178
embrassement 178
embrasure 223
embrayage 97
embrayer 333
embrever 329
embrocation 214
embrouillamini 30
embruns 275
embryon 97
embryonnaire 166
embûche f 104
embuscade 72
éméché 22
émécher 330
émeraude f 43
émergence 72
émerger 328
émeri m 30
émérite 115
émersion 215
émerveillement 98
émetteur 116
émettre 352
émeute 115
émigrant 73 230
émincer 327
éminemment 3
éminence 72
émir 170
émirat 1 230
émissaire 221
émission 215
emmagasinage 164
emmanchure 164
emménagement 164
emménager 328
emmener 329
emment(h)al 164
emmétrer 330
émoi 85
émolument 73
émotif 265
émotion 214
émotionnel 166 260
émoucheter 332
émoulu 257
émoustillant 98 230
empaillage 98
empan m 72
empaquetage 115
empaqueter 332
empâtement 2 361
empattement 116 361
empêchement 10
empêcheur 264
empeigne f 12
empennage 166
empereur 264
empeser 329
empêtré 10
emphase f 126
emphatique 126
empiècement 163
empiéger 328 330
empierrement 171
empiètement 10
empiéter 330
empilement 159
empire m 221
empiriquement 148
emplacement 73
emplâtre m 72
emplette 116
emploi 85
employer 87 334
employeur 97

empoisonnement 166
empoissonnement 178
emporte-pièce m 285
empoussiérer 330
empreindre 345
empreinte f 65
empressement 178
emprise f 187
emprisonnement 166
emprunt 67 230
émule 159
émulsion 215
en 72 357
en-avant 230 285
énarque 148
encablure f 221
encager 328
encaisse f 178
encan 72
encart 176 230
encas 275
encasteler (s') 331
encastrement 147
encaustique f 148
enceindre 345
enceinte 65
encens 275
encensoir 175
encéphale m 126
enchaînement 11
enchanteur 264
enchâssement 2
enchère f 10
enchevêtrement 10
enchifrener 329
enclave f 72
enclin 257
encliqueter 332
enclos 275
enclume f 72
encoche f 72
encoignure 139
encollage 160
encolure 159
encombrant 73 230
encombre m 81
encontre 80
encor(e) 72
encorbellement 160
encornet 13 230
encourageant 144 230
encourager 328
encourir 338
encrassement 178
encre 72 357
encroûtement 72
encyclique f 34
encyclopédie 34
endémique 148
endettement 116
endive f 72
endocrinien 267
endoctrinement 163
endogamie 35
endogène 10
endommager 328
endossement 178
endroit 86 230
enduit 35 230
endurance 72
endurcissement 179
énergétique 148
énergie 165
énergumène 163
énervement 73
enfance 72
enfant 73 230
enfantillage 98
enfantin 62
enfer 170
enfiévrer 330
enfilade 159
enfin 62
enflé 22
enflure 223
enfoncer 327
enfreindre 345
enfuir (s') 339
engageant 144 230
engager 328
engeance f 144
engelure 223
engin 62
engoncer 327
engorger 328
engouement 224
engouffrement 125
engourdissement 178
engrais 11 275
engranger 328
engrenage 143
engrener 329
engrumeler 331
enharmonie 235
énième 10
énigmatique 148
énigme f 22
enivrant 73 230
enjambée 72
enjaveler 331
enjeu 53 280
enjoindre 345
enjôleur 42
enjolivure 223
enjoncer 327
enjouement 224
enkysté 150
enlacer 327
enlèvement 10
enlever 329
enluminure f 163
enneigement 166
enneiger 328
ennemi 166
ennuager 328
ennui 166
ennuyer 334
ennuyeux 98 272
énoncer 327
énonciation 214
énorme 163
énormité 163
enquête 148
enrageant 144 230
enrager 328
enrayage 97
enrayement 97
enrayer 333
enregistrement 73
enrôlement 45
enrouement 224

ensauvager 328
enseignant 12 230
enseigne f 12
enseigne m 12
ensemble 72
ensemencement 179
ensemencer 327
ensevelissement 178
ensilage m 177
ensoleillement 98
ensommeillé 164
ensorceler 331
ensorcellement 179
enstérer 330
ensuite 177
entaille 98
entame f 72
enté 361
enténébrer 330
entente 72
entérite f 72
enterrement 171
entêté 10
enthousiasme m 117
entier 262
entité 22
entomologie 115
entonnoir 166
entorse f 177
entourage 115
entourloupette 14
entournure 223
entr'égorger (s') 328
entracte 147
entraide 11
entrailles 275
entrain 64
entraînement 11
entrapercevoir 340
entrave f 72
entre 72 357
entre-deux m 285
entre-deux-guerres m ou f 285
entre-égorger (s') 322 328
entre-haïr (s') 322 336
entre-manger (s') 322 328
entre-temps adv 285
entrebâillement 98
entrebattre (s') 352
entrechat 1 230
entrecôte f 45
entrée 27
entrefaites 275
entrefilet 13 230
entrejambe m 285
entrelacer 327
entrelacs m 229
entremets 229 275
entremetteur 116
entremettre (s') 352
entremise 187
entrepont 82 230
entrepôt 45 230
entrepreneur 165
entreprise 187
entresol m 177
entretien 63 205
entrevue f 221
entrobliger (s') 328
entropie f 72
entrouvert 230
énucléation 22
énumération 214
énumérer 330
envahi 235
envahissant 230
enveloppe 108
enveloppement 108
envenimé 257
enverger 328
envergure f 223
envers 229
envi 30 361
envie f 35 361
envieux 272
environ 80
environnant 166 230
environnement 166
envisager 328
envoi 85
envol 159
envolée 27
envoûtement 73
envoûteur 174
envoyer 87 334
enzyme m ou f 34
éolien 267
épagneul 58
épais 270 361
épaisseur 174
épaississant 178 230
épanchement 73
épandage m 72
épanneler 331
épanouissement 178
épargne f 139
éparpillement 98
épars 361
épate f 115
épaulard 176
épaule 43
épaulette 14
épave 22
épée 27 361
épeire f 12
épeler 331
éperdument 15
éperon 27
épervier 24
éphèbe m 126
éphémère 126
éphéméride f 126
épi 30
épice f 179
épicéa 1
épicer 327
épicerie 220
épicier 256
épicurien 267
épidémie 220
épieu 53 280
épiglotte f 116
épigone m 163
épigramme f 164
épigraphe f 126
épilation 214
épilepsie 177
épileptique 148
épilogue m 159
épinard 176

épinceler 331
épincer 327
épinceter 332
épine 165
épine(s)-vinette(s) f 285
épinette 14
épineux 272
épingle 62
épinoche f 165
épiphanie 126
épiphénomène 126
épique 259
épiscopat 1 230
épisiotomie 187
épisode m 187
épissure f 178
épistémologie 220
épistolaire 221
épitaphe f 126
épithète f 117
épître f 32
épizootie 186
éploré 22
éployer 87 334
épluchure 223
éponge 143
épongeage 144
éponger 328
épopée 107
époque 148
épouillage 98
épousailles 275
épouse 187
époussetage 178
épousseter 332
époustouflant 73 230
épouvantail 98 279
épouvante 72
époux 272
épreindre 345
épreuve 58
éprouvette 14
epsilon m 163
épucer 327
épuisant 73 230
épuisette 14
épuration 214
épure f 223
équarrissage 148
équateur 174
équation 214
équatorial 148 289
équerre f 171
équestre 148
équidé 148
équilatéral 289
équilibre 148
équinoxe m 148
équipage 148
équipe 148
équipée 27
équipollence f 160
équipotent 148 230
équitable 148
équitation 214
équité f 148
équivalence 72
équivalent 73 230
équivoque f 148
érable m 22
éraflure 223
éraillé 98
ère f 10 357
érectile 159
érection 214
éreintant 65 230
erg m 131
ergol m 131
ergot 46 230
ergoteur 115
ergothérapie 117
ériger 328
ermitage m 15
ermite 115
érogène 10
éros 177
érosion 187
érotique 148
errance 171
errant 171 230
errata m inv 1
erratique 171
erratum m sg 171
erre f 14 361
errements 275
erreur 171
erroné 171
ersatz m 275
érudit 230
érudition 214
éruptif 257
éruption 214
érythème m 34
ès 10 361
ès lettres 285
ès qualités 285
ès sciences 285
esbroufe f 15
escabeau 44 277
escadre 15
escadrille f 98
escadron 147
escalade 159
escalator m 159
escale 159
escalier 24
escalope f 107
escamotable 147
escampette 14
escapade 147
escarbille f 98
escarboucle f 147
escarcelle f 14
escargot 46 230
escarmouche 147
escarpement 147
escarpin 62
escarpolette f 14
escarre f 171
eschatologie 151
escient 180 230
esclandre m 72
esclavage 147
esclavager 328
esclave 15
escogriffe m 125
escompte m 81
escorte 115
escouade f 237
escrime f 163
escroc 47

escroquerie 148
eskimo 150
ésotérique 22
ésotérisme 22
espace 179
espace(s)-temps m 285
espacer 327
espadon 80
espadrille f 98
espagnol 257
espagnolette 14
espalier 24
espèce f 15
espérance 72
espérer 330
espiègle 10
espièglerie 10
espion 268
espionnage 166
espionnite 165
esplanade 165
espoir 175
esprit 35 230
esquif 148 265
esquimau m (f: esquimaude) 148
esquisse f 148
esquive f 148
essai 11 23
essaim 23 62
essaimage 11 23
essanger 328
essart 23 176 230
essayage 23 97
essayer 333
essayiste 23 97
esse f 23 31 178
essence f 23 72
essentiel 23 199 260
esseulé 23 178
essieu 23 53 280
essor 23 170
essorage 23 170
essoreuse 23 178
essoufflement 23 125
essuie-glace(s) m 23 285
essuie-mains m 23 285
essuie-pieds m 23 285
essuyage 23 97
essuyer 334
est 115 230 310
est-allemand(e)(s) 285
est-ce que 322
establishment 105
estafette f 14
estafilade 124
estaminet 13 230
estampe f 72
estampille f 98
esthète 117
esthéticien 204 267
esthétique 117
estimation 214
estime 163
estival 289
estivant 73 230
estoc 147
estocade f 147
estomac 233
estompe f 81
estrade 15
estragon 15
estropié 22
estuaire m 221
estudiantin 257
esturgeon 144
et 27 310 361
et cætera (etc.) 285
étable 22
établi 30
établissement 178
étage m 22
étager 328
étagère 10
étai m 11
étaiement 224
étain 64 361
étal 278 361
étalage 143
étalager 328
étale 159 361
étalement 73
étalon 159
étalon-or m sg 285
étalonnage 166
étamage 163
étamine f 163
étanche 72
étanchéité 22
étançon 179
étang 233
étape 107
état 1 230
état(s)-major(s) m 285
étatique 148
étau 43 276
étayer 333
été 22
éteignoir 175
éteindre 345
éteint 65 230 361
étendard 176
étendue 220
éternel 260
éternellement 160
éternité 22
éternuement 224
éther 117
éthéré 117
éthiopien 117 267
éthique f 117 361
ethnarque 148
ethnie f 117
ethnocentrisme 117
ethnologie 117
éthologie 117
éthylène m 34
éthylisme 34
étiage m 143
étincelant 73 230
étinceler 331
étincelle 14
étiolement 159
étiologie 220
étique 115 361
étiquetage 148
étiqueter 332
étiquette 14
étoffe 125
étoile 159
étoile polaire f 285
étole f 159

étonnamment 166
étonnement 166
étouffée 125
étouffement 125
étouffoir 175
étoupe f 107
étourderie 220
étourdiment 73
étourdissement 178
étourneau 44 277
étrangement 73
étranger 262
étranger 328
étrangeté 22
étranglement 73
étrave f 22
être 10 361
étreindre 345
étreinte 65
étrenne f 14
êtres 10
étrier 24
étrille f 98
étriqué 148
étrivière f 10
étroit 86
étroitesse 178
étrusque 148
étude 115
étudiant 73 230
étui 30
étuve f 22
étuvée 27
étymologie 34
eucalyptus m 275
eucharistique 151
euclidien 267
eugénique 143
euh ! 53 233 361
eunuque 165
euphémisme 126
euphonie 126
euphorie 126
eurafricain 64
eurasien 63 206 267
eurêka ! 1
euristique 148
eurodollar 170
européen 267
euthanasie f 117
eux 54 361
évacuation 214
évaluation 214
évanescence 180
évangélique 148
évangile m 159
évanouissement 163
évaporé 107
évasement 187
évasif 265
évasion 187
évêché 22
éveil 98
événement 73
événementiel 199 260
éventail 98 279
éventaire m 221
éventualité 22
éventuel 260
évêque 10
éviction 214
évidement 163
évidemment 3
évidence 179
évident 73 230
évier m 27
évincer 327
éviscérer 330
évocation 147
évolutif 265
évolution 214
évolutionnisme 166
evzone m 186
ex abrupto 285
ex æquo 285
ex cathedra 285
ex-voto m inv 285
exacerbation 214
exact 115 230
exaction 214
exagération 214
exagérément 73
exagérer 330
exaltation 214
examen 63
examinateur 264
exaspération 214
exaspérer 330
exaucement 179
exaucer 327
excavateur 264
excédant 73 230
excédent m 72
excédentaire 221
excéder 330
excellemment 160
excellence 160
excellent 160 230
excentrique 148
exception 214
exceptionnel 165 260
excès 229 275
excessif 265
excipient 73 230
excision 187
excitation 214
exclamation 214
exclu 257
exclusif 265
exclusivité 22
excommunication 164
excrément 73
excrémentiel 199 260
excréter 330
excroissance 178
excursion 215
excursionniste 165
excusable 187
exeat m 237
exécrable 188
exécrer 330
exécutant 73 230
exécution 214
exégèse f 188
exégète 188
exemplaire 221
exemplarité 22
exemple 72
exempt 230
exemption 214
exercer 327

exercice 179
exergue m 132
exhalaison 235
exhalation 235
exhaussement 235
exhaustif 235
exhéréder 330
exhibition 235
exhibitionnisme 166
exhortation 214
exhumation 235
exigeant 144 230
exigence 72
exiger 328
exigu 266
exiguïté 237
exil 159
existence 179
existentialisme 181
existentiel 199 260
exit m inv 115
exode m 15
exogamie 220
exonération 214
exonérer 330
exorbitant 73 230
exorcisme m 179
exorde m 15
exotique 148
expansif 265
expansion 215
expansionnisme 166
expatriation 214
expectative 115
expédient 73 230
expéditif 265
expéditionnaire 166
expérience 72
expérimentalement 73 285
expérimentateur 264
expert 230
expert(s)-comptable(s) 285
expertise 187
expiatoire 221
expiration 214
explication 214
explicite 179
explicitement 179
exploit 86 230
exploitation 214
exploiteur 264
explorateur 264
exploratoire 221
explosif 265
exponentiel 199 260
exportateur 264
exposant 73 230
exposé 22
exposition 214
exprès adv 10 177 361
express 178 361
expressément 178
expressif 265
expression 215
expressionnisme 166
exprimable 163
expropriation 214
expulsion 215
expurgation 214
expurger 328
exquis 270
exsangue 132
extase f 187
extenseur 177
extensif 265
extension 215
exténué 22
extérieur 174
extériorité 22
extermination 214
externat 1 230
externe 15
extincteur 174
extinction 214
extirpateur 174
extorqueur 174
extorsion 215
extra 1
extra-dry 285
extra-fin(e)(s) 285
extra-fort(e)(s) 285
extra-légal (pl en -aux) 285
extra-muros 285
extra-utérin(e)(s) 285
extraction 214
extradition 214
extraire 339
extrait 11 230
extralucide 179
extraordinaire 237
extrapolation 214
extrasensoriel(le)(s) 285
extravagance 72
extravagant 73 230
extraversion 215
extraverti 30
extrême 10
extrême(s)-onction(s) f 285
extrême-orient m sg 285
extrême-oriental (pl en -aux) 285 289
extrêmement 10
extrémisme 163
extrémité 22
exubérance 72
exulcérer 330
exultation 214
exutoire m 221

f

fa 1 362
fable 124
fabliau m 43
fabricant 147 230
fabrication 214
fabrique 148
fabulation 214
fabuleux 272
fabuliste 159
fac-similé(s) m 285
façade 179
face 179 362
face-à-face 285
facétie 181
facétieux 210 272
facette 14
fâcheusement 2
fâcheux 272
facial 97 289

faciès m 179
facile 179
facilité 22
façon 179
faconde 147
façonnage 166
facteur 285
factice 179
factieux 210
faction 214
factoriel 260
factotum 163
facturation 214
facture 223
facultatif 265
faculté 22
fada 1
fadaise 11
fade 259
fadeur 174
fagot 46 230
fagoté 115
faible 11
faiblesse 14
faïence 237
faille 98
failli 98
faillibilité 22
faillite 115
faim f 62 362
faine f (ou faîne) 11
fainéant 73 230
fainéantise 22
fair(-)play m 285
faire 347
faire-part m 285
faire-valoir m 285
faisable 187
faisan 72
faisanderie 220
faisceau 180 277
faiseur 174
faisselle f 178
fait 11 230 362
faîte m 11 362
faitout 230
faix 11 231 362
fakir 150
falaise 11
falbala m 1
fallacieux 209 272
falot 46 230
falsification 214
famé 163
famélique 148
fameux 272
familial 289
familiarité 22
familier 262
famille 98
famine 163
fan 72 362
fanal 289
fanatique 165
fane f 165 362
fanfare 124
fanfaronnade 166
fanfreluche f 104
fange 143
fangeux 272
fanion 80
fanon 80
fantaisie 220
fantasia f 1
fantasme m 72
fantasque 148
fantassin 178
fantastique 148
fantoche m 72
fantôme 45
faon 74
faquin 148
far 124 170 362
farad 118
faraday 16
faramineux 272
farandole 159
faraud 43
farce 179
farci 257
fard 124 176 362
fardeau 44 277
farfadet 13 230
farfelu 257
faribole f 159
farineux 272
farniente 72
farouche 104
fart m 176
fascicule m 180
fascination 181
fascisme 180
faseyer 335
faste m 124
fastidieux 272
fastueux 272
fat 230 362
fatal 289
fatalement 73
fatalité 22
fatidique 148
fatigant 73 230
fatigue 132
fatras 1 8
fatuité 22
fatum 163
faubourg 176
faubourien 267
faucheur 264
faucille 98
faucon 147
fauconnerie 166
faufilage 159
faune f 165
faune m 163
faussaire 178
fausset 13 230 362
fausseté 22
faute 43
fauteuil 98
fauteur 264
fautif 265
fauve 43 294
fauvette 14
faux 272
faux sens m 285
faux f 231
faux-monnayeur(s) m 285
faux-bourdon(s) m 285
faux-filet(s) m 285
faux-fuyant(s) m 285

faux-semblants m 285
favela f 159
faveur 174
favori 30 273
favorite 115
fayot 97 230
féal 289
fébrile 159
fébrilité 22
fécal 289
fèces f 275
fécond 82
fécondité 22
fécule f 159
féculent 73 230
fed(d)ayin 97
fédéral 289
fédération 214
fédéré 22
fédérer 330
fée 27
féerie 220
feignant (ou *faignant*) 11 139
feindre 345
feinte 65
feldspath m 117
félibre m 124
félicitations 275
félicité 22
félin 257
fellah m 160
félonie 220
felouque 148
fêlure 223
femelle 14
féminin 257
féminité 22
femme 3
femmelette 3
fémoral 289
fémur 170
fenaison 187
fendant 73 230
fenêtre 10
fenil 159
fennec m 147
fenouil m 98
fente 72
féodal 289
féodalité 22
fer 170
fer(s) à cheval m 285
fer(s)-blanc(s) m 285
ferblanterie 220
férié 257
ferme 15
ferment 73 362
fermeture 223
fermi 30
fermier 262
fermoir 175
féroce 179
férocité 22
ferraille 98
ferrailleur 171
ferrement 73 362
ferreux 272
ferronnerie 171
ferronnier 166
ferroviaire 221
ferrugineux 272
ferrure 223
fertile 159
fertilité 22
féru 257
férule 159
fervent 73 230
ferveur 174
fesse 178
fessée 27
festin 62
festival 278
festivité 15
festoiement 224
feston 80
festoyer 87 334
fêtard 176
fête 10 362
fétiche 104
fétide 115
fétu 22
feu 53 280 362
feuillage 98
feuille 98
feuillée f 27 362
feuillet m 13 362
feuilleter 332
feuilleton 80
feuillu 257
feutre 53
feutrine 165
fève 10
février 24
fez m 275
fi ! 30 362
fiabilité 22
fiacre 225
fiançailles 275
fiancer (se) 327
fiasco 42
fiasque f 148
fibre 30
fibreux 272
fibrillation 98
fibrome m 42
fibule f 159
ficelé 159
ficeler 331
ficelle 14
fiche 104
fichier 24
fichu 104
fictif 265
fiction 214
fidéisme 22
fidèle 259
fidélité 22
fiduciaire 192
fief 15
fieffé 125
fiel 15
fielleux 272
fiente f 72
fier 262
fièrement 73
fierté 22
fiesta 1
fièvre 10
fiévreux 272
fifre m 124
figer 328

fignoleur 264
figuier 24
figuratif 265
figure 223
figurine 165
fil 159 362
fil(s) de fer 285
fil-à-fil 285
filaire f 221
filament 124
filandreux 272
filasse f 178
filature 223
file f 159 362
filet 13 230
filetage 115
fileter 332
filial 289
filiation 214
filière 10
filigrane m 163
filin 62
fille 98
filleul 98
film 163
filmothèque 117
filon 159
filou 281
fils 275
filtre 124 362
fin 62 362
fin f 62
finale f 159
finale m 159
finalité 22
finance 72
financer 327
finaud 257
fine 165 362
fine(s)-de-claire 285
finesse 178
finish 105
finition 214
finlandais 270
finnois 166
fiole 159
fioriture 223
firmament 73
firme 163
fisc 147
fiscalité 22
fissile 178
fission 215
fissure 223
fixatif 265
fixe 182
fjord 98
flageolet 144 230
flagorneur 264
flagrant 73 230
flair 170
flamand 74 362
flamant 73 230 362
flambant 73 230
flambeau 44 277
flambée 27
flamboiement 224
flamboyant 97 230
flamboyer 87 334
flamenco 42
flamingant 73 230
flamme 164
flammé 164
flammèche 164
flan 72 362
flanc 74 362
flandrin 62
flanelle 14
flânerie 2
flapi 257
flaque 148 362
flash 362
flash-back m 285
flasque 148
flatterie 116
flatulence 72
fléau 43 276
fléchage 143
flèche 10
flécher 330
fléchette 14
fléchissement 178
flegmatique 148
flegme m 163
flemmard 164
flemme f 164
flétrissure 178
fleur 174
fleuret 13 230
fleurette 14
fleuriste 115
fleuron 80
fleuve 58
flexibilité 22
flexion 216
flibustier 24
flic 147
flingue m 132
flipper 108
flirt 115 230
flocage 147
flocon 147
floconneux 166
flopée 27
floraison 187
floralies 275
flore 221
florentin 257
florilège m 10
florin 62
florissant 178 230
flot 42 230
flottaison 116
flotte 116
flottille 98
flou 281
fluctuation 214
fluet 230 263
fluide 118
fluidité 22
fluor 170
fluorescence 180
flush 362
flûte 115
flûtiste 115
fluvial 289
flux 275
fluxion 216
foc 147 362
focal 289
foehn [føn] m 55

fœtal 25 289
fœtus 25
foi f 85 362
foie m 86 362
foin 93
foire 221
foire(s)-exposition(s) f 285
foireux 272
fois f 86 362
foisonnement 166
fol 257
folâtre 2
folichon 268
folie 220
folio 42
folklore m 221
folksong 150
folle(s)-avoine(s) f 285
follement 160
follet 230 263
follicule m 160
foncer 327
fonceur 264
foncier 262
fonctionnaire 166
fonctionnel 166 260
fond 82 362
fondamental 289
fondateur 264
fondation 214
fonderie 220
fondrière 10
fonds 82 275 362
fongicide 179
fontaine 11
fontanelle f 14
fonte 115
fonts 82 362
football 160
footing 131
for 170 362
forage 143
forain 64
forban 72
forçat 2 230
force 179
forcément 73
forcené 257
forceps 179
forcer 327
forcing 131
forclusion 187
forestier 262
foret m 13 362
forêt f 13 362
forfait 11 230
forfaiture 223
forfanterie 220
forge 143
forger 328
forgeron 80
forjeter 332
forlancer 327
forlonger 328
formalité 22
format 2 230
formateur 264
formel 260
formica 1
formique 148
formol 159
formulaire m 221
formule 159
fornication 214
fors 229 362
forsythia m 34
fort 230 362
forte m inv 115
forteresse 14
fortin 62
fortissimo 178
fortuit 230
fortune 165
forum 163
fosse 178 362
fossé 22 362
fossette 14
fossile 159
fossoyer 87 334
fossoyeur 97
fou 273 281
foucade 147
foudre 221
foudroiement 224
foudroyer 87 334
fouet 13 230
fouettard 116
fougasse f 178
fougère 10
fougue 132
fougueux 272
fouille 98
fouilleur 98
fouillis 35
fouinard 176
fouine 165
fouineur 264
foulard 176
foule 159 362
foulée 27
foulon 159
foulque f 148
foulure 223
four 170
fourberie 220
fourbi 30
fourbu 257
fourche 104
fourchette 14
fourchu 257
fourgonnette 166
fouriérisme 10
fourmi 30
fourmilier 159
fournaise 11
fourneau 44 277
fournée 27
fourni 30 362
fournil 30 159 362
fournisseur 178
fourniture 223
fourrage 171
fourrager 328
fourré 171
fourre-tout m 285
fourreau 44 277
fourrière 171
fourrure 171
fourvoyer (se) 87 334
foutoir 175
fox 275

fox-terrier(s) m 285
fox-trot(s) m 285
foyer 97
frac 147
fracas 1 8
fraction 214
fractionnaire 166
fractionnel 166 260
fracture 223
fragile 143
fragilité 143
fragmentaire 221
frai m 11 362
fraîchement 11
fraîcheur 174
frais (f : *fraîche*) 11 273 362
fraise 187
framboisier 72
franc 74
franc(s)-bourgeois m 285
franc(s)-maçon(s) m 285
franc(s)-comtois m 285
franc(s)-parler(s) m 285
franc(s)-tireur(s) m 285
franc-maçonnerie f 285
franc-jeu m 285
français 270
franche 259
franchise 187
franciscain 257
francisque f 148
franco 42
franco-provençal m (pl *-aux*) 285
francophile 126
francophone 126
frange 143
franger 328
frangin 257
frangipane f 165
franglais 229
franque 259
franquette 148
frappe f 108
frasque f 148
fraternel 260
fraternité 22
fratricide 179
fraude 43
frauduleux 272
frayer 333
frayeur 97
fredaine 11
frégate 115
frein 65
frelaté 22
frêle 10
frelon 159
freluquet 13 230
frémissement 178
frêne 10
frénésie 220
frénétique 148
fréquemment 3
fréquence 72
fréquent 73 230
frère 10
fresque 148
fret 115 230 362
fréter 330
frétillant 98 230
fretin 62
freudien 267
freux 275
friabilité 22
friand 74
friandise 187
fric 147
fric-frac inv 285
fricandeau 44 277
fricassée 27
friche 104
friction 214
frigidité 22
frigorifique 148
frigorifuger 328
frileux 272
frimas 1 8
frime 163
frimousse 178
fringale 159
fringant 73 230
fringues 275
fripier 107
fripon 80
friponnerie 166
fripouille 98
frise 187
frison 268
frisquet 13 230
frissonnement 178
frite 115 362
friture 223
frivole 159
froc 147
froid 257
froideur 174
froidure 223
froissure 223
frôlement 73
fromage 143
fromager 262
froment 73
fronce 179
froncer 327
frondaison 187
fronde 80
front 82 230
frontal 289
frontalier 262
frontière 10
frontispice m 179
fronton 80
frottis 116
froufrou 124 281
froussard 257
fructueux 272
frugal 289
fruit 35 230
fruitier 262
frusques f 275
frustration 214
fuchsia m 104
fucus 275
fuel 159
fugace 179
fugitif 265
fugue 132
führer 170 237 362
fuir 339
fulgurant 230

full 160 362
fulminant 230
fumée 27
fumerolle f 160
fumet 13 230
fumeur 264
fumeux 272
fumigation 214
fumigène 10
fumiger 328
fumoir 175
funambule 159
funèbre 10
funérailles 275
funéraire 221
funeste 259
funiculaire 221
fur et à mesure (au) 285
furet 13 230
fureter 332
fureteur 115
fureur 174 362
furibard 176
furibond 82
furie 220
furieux 272
furoncle 80
furonculeux 272
furtif 265
fusain 64
fuseau 44 277
fusée 27
fuselage 159
fuseler 331
fusible 187
fusil 233
fusil(s)-mitrailleur (s) m 285
fusilier 24
fusillade 98
fusion 97
fusionnement 166
fustiger 328
fût 230
futaie f 11
futaille 98
futé 22
futile 159
futilité 22
futur 170
futurisme 163
fuyard 97

g

g(u)ilde f 132
gabardine 165
gabarit 35 230
gabegie f 220
gabelle 14
gabelou 281
gâchette 14
gâchis 35
gadget 115 230
gadoue 220
gaélique 259
gaffe 125
gag 131
gaga 1
gage 143
gager 328
gageure [gaʒyʀ] f 144
gagne-pain m 285
gagne-petit m 285
gagneur 264
gai 363
gaiement 224
gaieté 224
gaillard 98
gain 64
gaine 11
gala 1
galactique 148
galamment 164
galant 73 230
galanterie 220
galantine 165
galapiat 1 230
galaxie 182
galbe m 131
gale 159 363
galéjade 142
galéjer 330
galène f 10
galère 10
galérer 330
galerie 220
galérien 267
galet 13 230
galetas 1 8
galette 14
galeux 272
galiléen 63
galimatias 1 8
galion 159
galipette 14
gallican 257
gallinacé m 160
gallo-romain(s) 285
gallois 270
gallon 160 363
galon 159 363
galop 47
galopade 107
galopin 107
galvanisation 214
galvaudage 43
gambade 72
gamberger 328
gamelle 14
gamète m 10
gamin 257
gaminerie 220
gamma m 164
gamme 164
ganache f 165
gandin 62
gandoura f 1
gang m 131 363
ganglion 80
gangrène 10
gangrener 329
gangster 15
gangue f 132 363
ganse 131
gant 73 230
garage 143
garance f 179
garancer 327

garant 73 230
garantie 220
garce 179
garçon 179
garçonnet 166 230
garçonnière 166
garde 131
garde à vue **285**
garde(s) du corps m **285**
garde(s)-chiourme(s) m **285**
garde(s)-malade(s) **285**
garde(s)-côte(s) m (agent) **285**
garde-à-vous m **285**
garde-barrière(s) **285**
garde-boue m **285**
garde-chasse(s) m **285**
garde-côte(s) (navire) m **285**
garde-fou(s) m **285**
garde-manger m **285**
garde-meuble(s) m **285**
garde-robe(s) f **285**
gardénia 1
gardian 72
gardien **267**
gardiennage 166
gardon 80
gare 221
garenne 14
gargarisme 131
gargote 131
gargouille 98
garnement 73
garnison 187
garnissage 178
garniture 223
garrigue 171
garrot 171 230
gars 229 **275**
gascon 147
gasoil 159
gaspacho 42
gaspilleur **264**
gastéropode 107
gastrite 115
gastronomie 220
gâteau 44 **277**
gâterie 220
gâteux **272**
gauche 43
gaucher 24
gauchiste 131
gaucho 43
gaudriole f 159
gaufre f 124
gaule 43 159 363
gaullisme 160
gaulois **270**
gauss m 178 363
gave m 131
gavial **289**
gavotte 116
gavroche 104
gaz m 363
gaze f 186 363
gazelle 14
gazette 14
gazeux **272**
gazoduc 147
gazogène 10
gazole 186
gazon 186
gazouillis 98
geai 11 144 363
géant 230
gecko 150
geindre **345**
geisha [gɛʃa ; gɛjʃa] f 105
gel 15
gélatine 165
gelée 27
geler **331**
gélinotte f 116
gélule 159
gelure 223
gémissement 178
gemme f 164
gémonies **275**
gênant 73 230
gencive 179
gendarme 72
gendre 72
gène m 10 363
gêne f 10 363
généalogie 22
général **289**
généralité 22
générateur **264**
génération 214
générer **330**
généreux **272**
générosité 22
genèse 10
genêt 13 230 363
génétique **259**
genette 14
genévrier 24
génial **289**
génie m 221
genièvre 10
génisse 178
génital **289**
géniteur 174
génocide 179
génois **270**
génoise 187
génotype 34
genou **281**
genouillère 2
genre 72
gens heureux m 229
gens pl (*bonnes gens f*) 72 363
gent sg 73 230 363
gentiane 181
gentil **257**
gentilhomme (pl : *gentilshommes*) 235
gentilhommière 164
gentillesse 98
gentiment 73
gentleman (pl : *gentlemen*) 163
gentry f 34
génuflexion 216
géodésie 22
géographie 126
geôle 144
geôlier 144
géométrie 220
géophysique 126
géorgien 63 **267**
géothermique 117

gérance 179
géranium 163
gerbe 15
gerboise 187
gercer 327
gerçure 179
gérer 330
gériatrie 220
germain 257
germanique 148
germe 143
germicide 179
germination 214
gérondif 124
gérontocratie 181
gérontologie 220
gésier 187
gestaltisme [gɛʃtaltism] 131
gestation 214
geste f 143
geste m 143
gestion 143
gestionnaire 166
gestuel 260
geyser m 16
ghanéen 134
ghetto 134
gibbon 110
gibbosité 110
gibecière 193
gibelotte f 116
giberne 15
gibet 13 230
gibier 24
giboulée 159
giboyer 87 334
giboyeux 97 272
gibus 275
giclée 27
gifle 124
gigantesque 148
gigogne 139
gigolo 42
gigot 46 230
gigue 132
gilet 13 230
gin m 30 143 363
gin-fizz m 285
gingembre m 72
gingivite 115
girafe 124
giratoire 221
girl 131
girofle m 124
giroflée 124
girolle f 160
giron m 80
girondin 257
girouette 14
gisant 73 230
gisement 73
gitan 257
gîte f 32
gîte m 115
givre 143
glabre 225
glace 179 363
glacer 327
glaciaire 11 192 363
glacial (pl en -als ou -aux) 289
glaciation 214
glacière 10 193 363
glacis 35
glaçon 179
gladiateur 174
glaïeul m 237
glaireux 272
glaise 11
glaiseux 272
glaive 11
gland 74
glande 72
glaneur 264
glapissement 178
glas 229 275
glaucome 43
glauque 148
glèbe 10
gléner 330
glissade 178
glissando 42
glissière 178
global 289
globe 221
globe-trotter(s) m 285
globule m 159
globuleux 272
gloire 221
gloria m 1
gloriette 14
glorieux 272
gloriole 159
glose f 187
glossaire m 178
glossolalie 159
glotte 116
glouglou 131 281
gloussement 178
glouton 268
gloutonnerie 166
glu 131
gluant 73 230
glucide 179
glucose 147
gluten 165
glycérine f 34
glycine f 34
glycogène 10
gnangnan 72
gnocchi 151
gnognote 115
gnome m 163
gnon 80
gnose f 187
gnostique 148
gnou 131 281
go 131
goal 49 363
goal-average(s) m 285
gobe-mouches m 285
gobelet 13 230
goberger (se) 328
gobeter 332
godet 13 230
godiche 104
godille f 98
godillot 98 230
goéland 22
goélette 22
goémon 237
goguenard 257

goguette 132
goinfrerie 124
goitre 115
golden f 165
golf m 124 363
golfe m 124 363
gomme 164
gommeux 164
gonade f 165
gond 82
gondole 159
gonfleur 124
gong 131
gonocoque m 148
gonzesse 186
gordien 63
goret 10 230
gorge 143
gorgée 143
gorger 328
gorgone f 165
gorgonzola 186
gorille 98
gosier 187
gospel 159
gosse 178 363
gothique 117
gouache 237
gouailleur 264
goudron 80
goudronnage 166
gouffre 125
gouger 328
goujat 1 230
goujaterie 220
goujon 142
goulache m ou f 159
goulag 131
goulasch m ou f 105
goulée 27 363
goulet 13 230 363
goulot 42 230
goulu 257
goulûment 73
goupil 107
goupille 98
goupillon 98
gourbi 30
gourd 176
gourde 131
gourdin 62
gourmand 257
gourme 163
gourmet 13 230 363
gourmette 14
gourou 170 281
gousse 178
gousset 178 230
goût 230
goûter 24
goutte 116
goutte-à-goutte m 285
gouttelette 116
goutteux 116
gouttière 116
gouvernail 98 279
gouvernant 230
gouverne f 15
gouvernement 73
gouverneur 174
goyave f 97
grabat 1 230
grabataire 221
grabuge 143
grâce 221 363
gracieux 209 272
gracilité 22
gradation 214
grade 118
gradient 73 230
gradin 62
graduation 214
graduel 260
graffiti 275
graillon 98
grain 64
graine 11
grainetier 262
graisse 178
gramin(ac)ée 163
grammaire 164
grammatical 289
gramme 164 363
grand 74
grand(s) ensemble(s) m 285
grand(s)-duché(s) m 285
grand(s)-duc(s) m 285
grand-angulaire(s) m 285
grand-chose (pas) 285
grand-croix 285
grand-maman(s) f 285
grand-messe(s) f 285
grand-rue f 285
grand-voile(s) f 285
grandeur 174
grandiloquence 148
grandiose 187
grands-parents m pl 285
grange 143
granit(e) m 115
graniteux 272
granulé 159
graphisme 126
graphite 126
graphologie 126
grappe 108
grappillage 98
grappin 108
gras 270
gras-double(s) 285
grasseyer 335
grassouillet 98 230
gratification 214
gratin 62
gratis 115
gratitude 115
grattage 116
gratte-ciel m 285
gratte-papier m 285
grattoir 116
gratuit 230
gratuité 22
grau m 43 363
gravats 275
grave 363
graveleux 272
gravelle f 14
graves m 363
gravide 259
gravier 24
gravillon 98

gravitation 214
gravité 22
gravure 223
gré 22 363
grec (f : grecque) **258**
gréco-romain(e)(s) **285**
gréco-latin(e)(s) **285**
gredin 62
gréement 224
greffe 125
greffier 125
greffon 125
grégaire 221
grège 143
grégorien **267**
grêle 159
grêlon 159
grelot 42 230
grelottant 116 230
grenade 165
grenadine 165
grenaille 98
grenat 1 230
greneler **331**
grener **329**
grenier 24
grenouillage 98
grenouille 98
grenu **257**
grès 229 363
gréser **330**
gréseux **272**
grésil 159
grésillement 98
grève 10
grever **329**
gréviste 22
gri(s)-gri(s) m **285**
gribouillis 98
grief 15
grièvement 73
griffe 125
griffon 125
griffonnage 166
grigou 131 **281**
grigri 30
grillade 98
grillage 98
grillager **328**
grille 98
grille-pain m **285**
grillon 98
grimace 179
grimacer **327**
grimage 163
grimaud 43
grimoire m 221
grimpette 14
grincer **327**
grincheux **272**
gringalet 13 230
griot 46 230
griotte 116
grippe 108
grippe-sou m **285**
gris **270**
grisaille 98
grisâtre 2
griserie 220
grisou 187 **281**
grive 131
griveler **331**
grivèlerie 220
grivois 86
grivoiserie 220
grizzli 189
grizzly 34
groenlandais **270**
grog 131
groggy 133
grognard **257**
grogne 139
grognon 139
groin 93
grommeler **331**
grommellement 164
grondement 73
grondin 62
groom [gʀum] 163
gros 42 **270** 363
gros-porteur(s) m **285**
groseillier 98
grosse 178
grossesse 178
grosseur 174
grossier **262**
grossièreté 178
grossissement 178
grosso modo **285**
grossoyer 87 **334**
grotesque 148
grotte 116
grouillant 98 230
groupe 107 363
groupuscule 159
gruau 43 **276**
grue 220
gruger **328**
grume f 163
grumeau 44 **277**
grumeler **331**
grutier 24
gruyère 97
guadeloupéen 63
guano 42
gué 132 363
guéable 22
guenille 98
guenon 165
guépard 176
guêpe 10
guère(s) 10 363
guéret 13 230
guéridon 80
guérilla 1
guérillero 98
guérison 187
guérite 115
guerre 14 363
guerroyer 87 **334**
guet 13 230 363
guêtre f 10
guetteur 14
gueule 58 363
gueuleton 132
gueux **272**
gui 30
guichet 13 230
guide 132
guidon 132
guigne 132

guignol 159
guignolet 13 230
guilledou 98 **281**
guillemet 98 230
guillemeter **332**
guilleret 230 **263**
guillotine 98
guimauve f 132
guimbarde 62
guinée 27
guingois 86
guinguette 14
guirlande 72
guise 187
guitare 221
gustatif **265**
guttural 116 **289**
gymkhana m 150
gymnase m 34
gymnastique 34
gynécée m 34
gynécologue 34
gypaète m 10
gypse m 34
gyroscope 34

h

*ha ! 1 357
habeas corpus m 234
habile 234
habileté 22
habilitation 214
habillage m 98
habit 230
habitacle m 115
habitant 73 230
habitat 1 230
habitude 115
habituel **260**
*hableur 2
*hachette 14
*hachis 35 **275**
*hachure 223
hacienda f 1
*haddock 119
*hagard 176
hagiographie 126
*haie 159
*haïku 237
*haillon 98
*haine 11 357
*haineux 54
haïr **336**
*haire f 221 357
*haïssable 237
*haïtien 205 **267**
*halage 159 364
hâle 2 364
haleine 12 357
*halètement 10 357
haleter **332**
*hall 160
hallali 160 234
*halle 160 364
*hallebarde 160
hallucinatoire 221
*halo 159 357
halogène 159 357
*halte 159
haltère m 10
haltérophilie 126
*hamac 147
*hamburger 60
*hameau 44 **277**
hameçon 179
*hammam 164
*hampe 72
*hamster 15
*han ! 72 357
*hanap 107
*hanche 72 357
*handball 160
*handicap 107
*hangar 170
*hanneton 166
*hanse f 177 357
*hantise 72
haoussa 234
hapax 234
*happening m 108
*haquenée 148 357
*hara-kiri(s) m **285**
*harangue 132
*haras 1 8 357
*harcèlement 73
harceler **331**
*hard-top(s) m **285**
*harde f 364
*hardes 364
*hardi **257**
*hardiesse 14
*hardiment 73
*hardware m 221
*harem 163
*hareng 74
*hargne 139
*hargneux **272**
*haricot 46 230
*harissa m 178
*harki 150
harmonica 1
harmonie 220
harmonieux **272**
harmonium 163
*harnachement 73
*harnais 11
*harnois 86
*haro 42
*harpe 107
*harpie 220
*harponneur 166
*hasard 176
*hasardeux **272**
*haschi(s)ch 105
*hase f 187
hassidique 178
hassidisme 178
*hâte 2
*hâtif **265**
*hauban 72
*haubert 230 357
*hausse 178 364
*haut 43 230 357

* h = h aspiré

haut(s)-commissaire(s) m ... 285
haut(s)-de-chausse m 285
haut(s)-de-forme m 285
haut(s)-fond(s) m 285
*hautain 257
*hautbois 86
*hautboïste 237
*haute(s)-contre f 285
*hauteur 174 357
haut-le-cœur m 285
haut-parleur(s) (HP) m 285
*havane 165
*havre 221
*havresac 147
hawaiien 63 267
*hayon 97
*hé ! 22
*heaume 44 364
hebdomadaire 221
hébergement 73
héberger 328
hébétement 22
hébéter 330
hébraïque 234
hébreu m 53
hécatombe f 147
hectare 221
hédonisme 163
hégélien 63 267
hégémonie 220
hégire f 221
*hein ! 65
*hélas ! 159
héler 330
hélianthe m 117
hélice f 179
hélicoptère m 10
hélio-offset f sg 285
héliocentrique 234
héliothérapie f 234
héliotrope m 107
hélium 51
hellène 160 234
helvète 10
helvétique 22
hématie f 181
hématique 148
hématologie 115
hématome 115
hémicycle m 34
hémiplégie f 234
hémisphère m 126
hémistiche m 163
hémoglobine f 163
hémogramme 164
hémophile 126
hémorragie 171 234
hémorroïde f 234
*henné 166
*hennissement 166
hépatique 107
hépatite 115
heptaèdre m 234
héraldique f 148
*héraut 43 230 364
herbager 328
herbe 15
herbeux 272
herbicide m 179
herboriste 234
herbu 234
herculéen 63
hercynien 34 267
*hère m 10 357
héréditaire 221
hérédité 22
hérésie 187
*hérisson 178
héritage 115
hermaphrodite 126
herméneutique 163
hermès m 234
hermétique 148
hermine f 163
herminette (ou *erminette*) 14
*herniaire 221
*hernie f 220
héroïne 234
héroïque 234
*héron 80
*héros 47 364
herpès m 177
herpétologie (ou *erpétologie*) .. 224
*herse 177 361
hertz 234
hésitation 214
hétaïre f 234
hétairie 220
hétéroclite 22
hétérodoxe 182
hétérogène 10
hétérogénéité 22
hétérosexuel 260
hétérozygote 34
*hêtraie 220
*hêtre 10 361
*heu ! 53 361
heur m 58 364
heure f 223 364
heureux 272
heuristique (ou *euristique*) 148
*heurt 230 364
*heurtoir 175
hévéa 1
hexaèdre 234
hexagone 165
hexamètre 188
*hi ! 30 364
hiatus m 234
hibernation 214
hibiscus 234
*hibou 281
*hic 147
*hideux 272
hier 15
*hiérarchie 220
hiératique 97
hiéroglyphe m 126
hilarant 73 230
hilare 221
hilarité 22
hindi 30
hindou 281
hindouisme 234
*hippie 108
hippocampe m 108
hippodrome m 108
hippophagique 126
hippopotame 108
hirondelle 14

hirsute ... 115
hispanique ... 165
histogramme ... 164
histoire ... 221
histologie ... 220
historien ... **267**
historiette ... 14
histrion ... 80
hitlérien ... **267**
*hit-parade m ... **285**
*hittite ... 116
hiver ... 15
hivernal ... **289**
*ho ! ... 42 357
*hobby m ... 110 364
*hobereau ... 44 **277**
*hochet ... 13 230
*hockey ... 150 364
*holà ! ... 2
*hold-up m ... **285**
*holding m ... 131
*hollandais ... **270**
holocauste m ... 147
hologramme ... 164
*homard ... 176
*home m ... 163 364
homélie ... 163
homéopathe ... 117
homéopathie ... 117
homérique ... 148
homicide m ... 179
hominien ... **267**
hommage m ... 164
hommasse ... 178
homme ... 164 364
homme(s)-grenouille(s) m ... **285**
homme(s)-orchestre(s) m ... **285**
homme(s)-sandwich(s ou es) m ... **285**
homogène ... 163
homogénéité ... 234
homographe ... 126
homologation ... 214
homologue ... 132
homonymie ... 34
homophone ... 126
homosexualité ... 22
homosexuel ... **260**
homothétique ... 117
homozygote ... 34
*hongrois ... **270**
hongroyer ... 87 **334**
honnête ... 166
honnêteté ... 166
honneur ... 166
honni ... 166
honorable ... 41
honoraire ... 41
honoraires ... 234
honorariat ... 230
honorifique ... 148
honoris causa ... 234
*honte ... 80
*honteux ... **272**
*hop ! ... 107 364
hôpital ... **278**
hoplite m ... 115
*hoquet ... 148 230 364
hoqueter ... **332**
horaire ... 221
*horde ... 42
*horion ... 80
horizon ... 186
horizontal ... **289**
horizontalement ... 73
horloge ... 234
horloger ... **256**
horlogerie ... 234
*hormis ... 35
hormonal ... **289**
hormone f ... 163
horodateur ... 174 234
horoscope m ... 147
horreur ... 171 234
horrible ... 171 234
*hors ... 176 364
*hors-bord m ... **285**
*hors-concours m ... **285**
*hors-d'œuvre m ... **285**
*hors-jeu m ... **285**
*hors-la-loi ... **285**
*hors-texte m ... **285**
hortensia m ... 1
horticole ... 234
horticulteur ... **256**
hosanna m ... 166
hospice m ... 179 357
hospitalier ... **262**
hospitalisation ... 214
hospitalité ... 22
hostie ... 220
hostile ... 234
hostilité ... 22
*hot dog(s) m ... **285**
hôte ... 45 364
hôtel ... 159 357
hôtel(s)-Dieu m ... **285**
hôtellerie ... 160 234
hôtesse ... 14 **256**
*hotte ... 116 364
*hottentot ... 230 **269**
*hou ! ... 234
*houblon ... 80
*houblonnier ... 166
*houe f ... 221 364
*houille ... 98 364
*houiller ... **262**
*houillère f ... 98 364
*houlette ... 14
*houleux ... **272**
*houppe f ... 108
*houppelande f ... 108
*hourdis m ... 35 364
*hourra ... 160
*housse f ... 178
*houx ... 231 364
hovercraft ... 60 230
*hublot ... 46 230
*hue ! ... 220
*huée ... 27
*huerta f ... 1
*huguenot ... 230 **269**
huile ... 234

* h = h aspiré

huileux 272
*huis clos m 285
huis m 30 229 364
huisserie 178
huissier 178
*huit 30 230 364
*huitaine 115
*huitième 10
huître 32
*hulotte 116
hululement (ou *ululement*) 234
*hum ! 163
humain 234
humainement 73
humanitaire 221
humanité 22
humanoïde 234
humblement 73
humérus 234
humeur f 170 234
humide 234
humidité 22
humilité 22
humoriste 163
humour 170 234
humus 234
*hune 165 364
*huppe 108
*huppé 108
*hure f 223
*hurlement 73
hurluberlu 234
*huron 80
*hurrah 171
*hurricane 171
*hussard 178
*hutte 116 364
hybride 34
hydrate m 34
hydraulique 148
hydravion 34
hydre f 34
hydro-électrique(s) 285
hydrocarbure m 221
hydrocéphale 126
hydrocution 214
hydrofuger 328
hydrogène 10
hydrogéner 330
hydrographique 34
hydrologie 220
hydrolyse f 34
hydromel 234
hydrothérapie 117
hyène 10 364
hygiène 97
hygiénique 22
hygrométrie 34
hymen m 34
hyménée m 27
hymne m et f 164
hyperbole f 234
hyperglycémie 34
hypermétrope 34
hypertension 215
hypertrophie 126
hypnose f 187
hypnotique 148
hypocondriaque 148
hypocrisie 147
hypocrite 147
hypogée m 27
hypoglycémie f 34
hypophyse f 34
hypotension 215
hypoténuse f 187
hypothalamus 117
hypothécaire 221
hypothèque f 117
hypothéquer 330
hypothèse 117
hypothético-déductif(s) 285
hypothétique 117
hystérie 34
hystérique 148

i

iambe m 72
ibérique 148
ibidem 163
ibis m 257
iceberg 179
ichtyologie 151
ichtyosaure 151
ici 30
ici-bas 285
icône f 45
iconoclaste 42
iconographie 126
ictère m 10
idéal (pl *idéals/idéaux*) 289
idéalisation 214
idéalisme 22
idée 27
idem 163
identification 214
identique 148
identiquement 73
identité 27
idéogramme 164
idéologie 22
ides f 30 365
idiomatique 163
idiome m 163
idiosyncrasie 66
idiot 230 269
idiotie 181
idoine 165
idolâtre 2
idole 159
idylle f 160
idyllique 160
if 124 364
igloo m 30
igname f 163
ignare 221
ignifuge 139
ignifuger 328
ignoble 139
ignominie 220
ignominieux 272
ignorance 72
iguane m 163
il 159
île 32 364
iliaque 148
illégalité 160
illégitime 160

illettré 160
illicite 160
illicitement 73
illico 42
illisible 160
illogique 160
illumination 214
illusion 187
illusionniste 166
illusoire 221
illustration 214
îlot 46 230
ilote m 115
image 163
imager 328
imagerie 220
imaginaire 221
imagination 214
imago m ou f 42
imam m 163
imbattable 116
imbécile 259
imbécillité 160
imberbe 62
imbrication 214
imbroglio m 42
imbu 62
imitateur 264
imitatif 265
imitation 214
immaculé 160
immanence 160
immangeable 144
immanquablement 62
immatriculation 214
immature 164
immédiat 164 230
immédiatement 164
immémorial 164 289
immense 72
immensément 164
immerger 328
immérité 164
immersion 215
immeuble 164
immigration 214
imminence 72
immiscer (s') 327
immixtion 214
immobilier 262
immobilité 22
immodéré 22
immolation 214
immondices f 275
immoralité 22
immortalité 22
immortel 260
immuable 164
immunité 164
immunologie 164
impact 62 230
impair 257
imparable 62
imparfait 230
impartial 289
impasse f 178
impassibilité 178
impatiemment 3
impatience 72
impatient 73 230
impavide 62
impeccablement 149
impécunieux 272
impédance 72
impedimenta m pl 275
impénétrabilité 22
impénitent 73 230
impératif 265
impératrice 179
imperceptible 179
imperfection 214
impérial 289 365
impériale 159 365
impérieux 272
impérissable 178
imperméable 259
impersonnel 166 260
impertinence 72
imperturbable 259
impétigo 42
impétrant 73 230
impétrer 330
impétueux 272
impie 220
impiété 22
impitoyable 97
implacable 147
implant 73 230
implication 214
implicite 179
imploration 214
implosion f 187
impolitesse 14
impondérabilité 22
impopularité 62
importance 72
importateur 264
importun 257
imposable 187
imposture 223
impôt 45 230
impotence 72
impraticable 147
imprécation 214
imprégnation 214
imprégner 330
imprenable 163
imprésario m 42
impressionnisme 166
imprévoyance 97
imprimatur m inv 62
imprimerie 220
impromptu 257
improvisation 214
improviste (à l') 62
imprudemment 3
impudence 72
impuissance 178
impulsif 265
impunité 22
imputable 115
imputation 214
imputrescible 180
in partibus 285
in petto 285

in situ **285**
in vitro **285**
in vivo **285**
in-folio **285**
in-pace **285**
in-quarto **285**
inaccessible 182
inaction 214
inadmissible 178
inadvertance 72
inaliénable 165
inamovible 163
inanité [f] 165
inanition 214
inaperçu 179
inappétence 108
inapplicable 108
inapte **259**
inattaquable 116
inattendu 116
inaugural **289**
inca 1
incandescence 180
incantation 214
incapacité 22
incarcération 214
incarcérer **330**
incarnat 1 230
incarnation 214
incartade 147
incendiaire 11
incendie [m] 221
incertitude 115
incessamment 178
inceste [m] 179
incestueux **272**
incidemment 3
incidence [f] 72
incident 73 230
incinération 214
incinérer **330**
incisif **265**
incitation 214
inclinaison 187
inclination 214
inclusif **265**
incoercible 237
incognito 42
incohérent 230
incollable 160
incolore 221
incommensurable 164
incompréhension 215
incompressible 178
inconditionnel 166 **260**
incongru **257**
inconsidéré 22
incontrôlable 45
inconvenant 73 230
inconvénient 73 230
incorporation 214
incorrect 171 230
incorrigible 171
incorruptible 171
incrédule 159
incrimination 214
incroyable 97
incrustation 214
incubation 214
inculpation 214
incunable [m] 163
incurabilité 22
incurable **259**
incurie [f] 220
incursion [f] 215
indécent 73 230
indécis **270**
indéfectibilité 22
indélébile **259**
indélébilité 22
indemne 164
indemnisation 214
indemnité 164
indéniable 165
indépendamment 164
indépendant 73 230
index [m] **275**
indexation 214
indicateur 174
indication 214
indice [m] 179
indicer **327**
indiciaire 192
indicible 179
indifféremment 3
indifférent 73 230
indifférer **330**
indigence [f] 72
indigène 10
indigent 73 230
indignation 214
indigne 139
indigo [m] 42
indissoluble 178
individu 62
individualité 22
individuel 62 **260**
indivis 62
indo-européen(ne)(s) **285**
indo-afghan(e)(s) **285**
indochinois **285**
indolence [f] 72
indolore 42
indu 62
indubitable 62
inducteur 174
inductif 62 **265**
induction 214
indulgence 72
indûment 73
industrie 35
industriel 159 **260**
industrieux 54
inédit 35 230
ineffable 23
inefficace 23
inégal 131 **289**
inéluctable 225
inénarrable 225
inepte 115
ineptie 181
inerte 115
inertie 181
inexact 115 230
inexorable 188
inextinguible 132
inextricable 15
infaillibilité 98
infamant 73 230
infâme 2
infamie 221

infanterie 30
infantile 72
infarctus m 179
infatigable 131
infect 115 230
infectieux 210 272
infection 214
inféodation 214
inférence f 72
inférer 330
inférieur 174
infériorité 22
infernal 62 289
infestation 214
infidèle 10
infidélité 22
infime 62
infini 62
infinité 22
infinitésimal 187 289
infinitif 124
infinitude 62
infirmation 214
infirme 62
infirmerie 35
infirmier 24 256
infirmité 22
inflammable 164
inflammation 214
inflation 214
inflationniste 214
inflexion 216
infliger 328
inflorescence f 180
influence 72
influencer 327
influx m 231
informaticien 63 267
information 214
informatique 148
infortuné 62
infra 62
infra-son(s) m 285
infraction 214
infrarouge 62
infrason 62
infrastructure 223
infructueux 54
infus 229
infusion 187
ingambe 72
ingénierie 220
ingénieur 174
ingénieux 54
ingéniosité 22
ingénu 143
ingénuité 22
ingénument 73
ingérence 72
ingérer 330
ingrat 1 230
ingratitude 62
ingrédient 73 230
inguinal 132 289
ingurgitation 131
inhabité 235
inhabituel 235 260
inhalateur 235
inhalation 235
inhérence 235
inhérent 230 235
inhibiteur 235
inhospitalier 235 262
inhumain 235
inhumation 235
inimité 22
ininflammable 164
ininterrompu 14
inique 148
iniquité 148
initial 181 289
initiation 181
initiative 181
injecteur 174
injection 214
injonction 214
injurieux 54
inlassable 178
inné 166
innéité 22
innocemment 3
innocence 72
innocuité 22
innom(m)é 166
innombrable 166
innommable 166
innovation 166
inoccupé 149
inoculation 147
inodore 221
inoffensif 125 265
inondation 214
inopiné 42
inopinément 73
inopportun 62
inorganisé 187
inoubliable 97
inouï 237
inoxydable 182
input m 62
inquiet 148 263
inquiéter 330
inquisiteur 148
inquisition 214
insalubre 221
insane 177
insanité 22
insatiable 181
inscription 214
insécable 147
insecte 15
insecticide 179
insectivore 221
insémination 214
insensé 72
insérer 330
insertion 214
insidieux 54
insigne m 139
insignifiance 139
insinuation 214
insipide 177
insistance 72
insolation 214
insolemment 3
insolence 72
insolent 73 230
insolite 115
insoluble 225
insolvable 225
insomniaque 148

insomnie 35
insonore 221
insouciance 72
inspecteur 174
inspection 214
inspectorat 1 230
inspirateur 174
inspiration 214
installation 214
instamment 3
instance f 72
instant 73 230
instantanément 73
instar de (à l') 170
instaurateur 174
instigateur 131
instillation 160
instinct 115 230
instinctif 62 **265**
instinctuel 62 **260**
institut 230
instituteur 174
institutionnalisme 181
institutionnel 181 **260**
instructif 147 **265**
instruction 214
instruit 230
instrument 73
instrumental 72 **289**
insu m 177
insubmersible 177
insubordination 214
insubordonné 177
insuffisant 73 230
insulaire 221
insularité 22
insuline f 177
insulte 177
insulteur 174
insurgé 143
insurger (s') **328**
insurrectionnel 181 **260**
intact 115 230
intangible 143
intarissable 178
intégral 22 **289**
intégration 214
intègre 225
intégrer **330**
intégrité 22
intellect 14 230
intellectualisme 14
intellectuel 14 **260**
intelligemment 3
intelligence 14
intelligentsia 14
intelligibilité 14
intempérie f 72
intempestif 72 **265**
intendance 72
intendant 73 230
intense 72
intensément 73
intensification 214
intensité 22
intention 214
intentionnellement 14
inter 170
interallié 62
interarmées inv **275**
interarmes inv **275**
intercalaire 221
intercéder **330**
intercepteur 174
interception 214
intercesseur 178
intercession 215 365
interclubs inv 60
intercommunal 164 **289**
interdiction 214
interdit 35 230
intéressement 14
intérêt 13 230
interface f 179
interférence 72
interférer **330**
intérieur 174
intérim 163
intérimaire 221
intériorité 22
interjection 214
interjeter **332**
interligne 139
interlinéaire 221
interlope 42
interloqué 148
interlude m 62
intermède m 10
intermédiaire 22
intermezzo 189
intermittence 72
internat 1 230
international 181 **289**
interne 165
internement 73
interpellation 14
interpénétrer (s') **330**
interphone m 126
interpolation 214
interprétariat 1 230
interprétation 214
interprète 10
interpréter **330**
interrogateur 171
interrogatif 14 **265**
interrogatoire 221
interroger **328**
interruption 214
intersection 214
intersession f 215 365
interstellaire 14
interstice m 179
interstitiel 199 **260**
interurbain 64
intervalle m 160
interventionnisme 181
interversion 215
intestat 1 230
intestin 62
intestinal **289**
intime 163
intimement 73
intimidation 214
intimité 22
intolérant 73 230
intonation 214
intoxication 214
intra-muros **285**
intra-utérin(es) **285**
intracellulaire **285**
intraduisible 225

intramusculaire 285
intransigeance 144
intransitif 72 265
intraveineux 54
intrépidité 22
intrication 214
intrigant 73 230
intrigue 132
intrinsèque 148
introducteur 174
introductif 124 265
introduction 214
introït m 237
introjection 214
intromission 215
intronisation f 214
introspectif 265
introverti 42
intrus 229
intuitif 124 265
intuition 214
intuitionnisme 181
inusité 187
invaincu 64
invariance 72
invasion 187
invective f 15
inventaire m 221
inventeur 174
inventif 72 265
invention 214
inverse 177
inversement 73
inversion 215
invertébré 62
inverti 62
investigateur 58
investigation 131
investissement 178
investiture 223
invétéré 22
invétérer 330
invincibilité 62
inviolabilité 22
invisible 225
invite f 115
invivable 225
invocation 214
involontairement 73
involution 214
iode m 97
ion 97
ionien 140
ionique 97
iota 97
ipéca m 147
ipséité 22
ipso facto 285
irakien 150 267
iranien 72 267
irascible 180
ire f 170
iris m 177
irisation 187
ironie 35
iroquois 148
irradiation 214
irrationnel 181 260
irréalité 22
irrécupérable 171
irrécusable 171
irrédentisme 171
irréel 171 260
irréligion 143
irrémédiable 225
irréprochable 225
irrespect 115 230
irresponsable 177
irrévérence 72
irréversible 177
irrévocable 147
irrigation 131
irritable 225
irruption 214
isba f 1
islam 163
islamisation 214
isobare f 221
isocèle 179
isolationniste 181
isolement 73
isolément 73
isoloir 175
isomère 10
isomorphe 126
isotherme f 117
isotope m 187
isotrope 187
israélien 63 267
israélite 22
issue 220 365
isthme m 117
italique m 148
item 15
itératif 124 265
itérer 330
itinéraire 221
itinérant 73 230
itou 30
ivoire m 221
ivoirien 72 267
ivraie f 221
ivresse 14
ivrogne 139
ivrognerie 35

j

j'm'en-foutisme m 322
ja(c)quemart 152 230
jabot 46 230
jacasseur 178
jachère f 10
jacinthe f 117
jack m 150
jacobin 62
jacquard 152
jacquerie 152
jactance 72
jade m 118
jadis 177
jaguar 132
jaillissement 98
jais 11 363
jalon 80
jalonnement 73
jalousie 35
jaloux 231 272
jam-session(s) f 285

jamaïquain 237
jamais 11
jambage 72
jambière 72
jambon 72
jambonneau 44 **277**
janissaire 221
jansénisme 177
jante [f] 72
janvier 24
japonais 229
jappement 73
jaquette 148
jardin 62
jardinet 13 230
jargon 131
jarre 171 366
jarret 13 230
jarretelle 14
jarreter **332**
jarretière 10
jars [m] 229 366
jasmin 62
jatte 116
jauge [f] 43
jauger **328**
jaunâtre 2
jaune 43
jaunisse 178
javel [f] 159 366
javeler **331**
javelot 46 230
jazz 189
jazz-band(s) [m] **285**
je 53 366
je-ne-sais-quoi [m] **322**
jean(s) 36 366
jean-foutre [m] **285**
jeep [f] 36
jérémiade [f] 142
jerk 15
jerrican(e) [m] 14
jersey [m] 16
jésuite 187
jet 13 230 363
jetée 27 366
jeter **332**
jeton 80
jeu 53 **280** 366
jeun 67
jeune 58 366
jeûne 57 58 366
jeunot 46 230
joaillier 98
jobard 233
jockey 16
jocrisse [m] 178
jodler 24
jogging 142
joie 86
joindre **345**
joint 94 230
jointoyer 87 **334**
joker 170
joli 142
joliesse 14
joliment 73
jonc 82
joncer **327**
jonchée 27
jonction 214
jongleur 174
jonque [f] 148
jonquille 148
joual **289**
joue 220 366
jouet 13 230
joufflu 125
joug 233 366
jouissance 72
joujou **281**
joule [m] 142
jour 142
journal **278**
journalier 24 **262**
journée 27
journellement 73
joute [f] 142
jouvence 72
jouvenceau 44 **277**
jouvencelle 14
jovial **289**
jovialité 22
joyau 97 **276**
joyeux 97
jubé 22
jubilaire 221
jubilé [m] 22
judaïsme 237
judas 229
judéo-allemand(e)(s) **322**
judéo-espagnol(e)(s) **322**
judiciaire 192
judicieux 54
judo 42
judoka 150
juge-commissaire [m] **285**
jugeote 144
juger **328**
jugulaire [f] 131
juif **265**
juillet 98 230
jujube [m] 142
juke-box(es) [m] **285**
julien 63
jumbo-jet(s) **285**
jumeau 44 **277**
jumelage 142
jumeler **331**
jumelle 14 366
jument 73
jumping 142
jungle 131
junior 140
junte [f] 67
jupe 142
jupe(s)-culotte(s) [f] **285**
jurassien 178 206 **267**
juridictionnel 181 **260**
juridique 148
jurisprudence 72
jurisprudentiel 199 **260**
juriste 142
juron 80
jury 34
jus 229 **275**
jusant 187 230
jusqu'alors **285**
jusqu'au-boutisme [m] **322**
jusque(s) 148
justaucorps 229

juste 142
juste milieu m 285
justesse 14
justice 179
justicier 24
justificatif 147 265
justification 214
jute m 142
juteux 54
juvénat 1 230
juvénile 159
juxtaposition 181

k

k(h)an 150 367
kabbale f 150
kabyle 34
kakemono 150
kaki 150
kaléidoscope 22
kamikaze m 150
kangourou 150 281
kantien 181 205 267
kaolin 62
kapok 150
karaté 150
karatéka 150
karstique 150
kart 150 230
karting 150
kascher (casher ou cacher) 105
kayak 150
kelvin m 150
kenyan 97
képi 150
kératine f 150
kermesse 150 367
kérosène m 10
ketchup 60
khâgneux 54
khalife m 150
khédive 150
khmer 150
khôl m 150 359
kibboutz m 150
kick-(starter)(s) m 285
kidnappeur 174
kidnapping 150
kif 150
kif-kif 285
kilo 150
kilométrage 150
kilométrer 330
kilotonne f 150
kilowatt(s)-heure(s) m 285
kilowatt m 116
kilt m 150
kimono 150
kinésithérapeute 53
kinésithérapie 117
kiosque 150
kippour 150
kir 150
kirsch 105
kit m 150
kitchenette 221
kitsch 105
kiwi 30
klaxon 182
kleptomanie 150
knicker 150
knicker(bocker)s m 285
knock-down 285
knock-out (K.-O.) 285
knout 150 230
koala m 150
koinè f 85
kolkhoz(e) m 150
kopeck m 150
korrigan 150
kouglof m 285
koulak 150
krach m 150 359
kraft 150 230
krak 150
kronprinz 150
krypton 34
kummel 150
kurde 150
kyrie 150
kyrielle 14
kyste m 150

l

la 1 311 368
là 2 311 368
là contre 285
là-bas 322
là-dedans 322
là-dessous 322
là-dessus 322
là-haut 230 322
label 10 368
labeur m 174
labial 97 289
laborantin 62
laboratoire 221
laborieux 54
labour m 170
labrador 41
labyrinthe m 117
lac 147 368
lacer 327
lacération 214
lacérer 330
lacet 13 230
lâche 2
lâcheté 22
lacis 35
laconique 148
lacrymal 34 289
lacrymogène 34
lacs m 229 368
lactaire m 11
lactation 214
lacté 147
lactique 148
lactose m 42
lacunaire 221
lacune 147
lacustre 225
lad 118
ladre 225
lady (pl en -ies ou -ys) 34
lagon 131
lagune 131
lai 11 368
lai m 11 368
laïc 256

laïcité 237
laid 11 368
laideron 224
laie f 220 368
lainage 11
laine f 11
laïque 237
laissé(s)-pour-compte 285
laisse f 11
laisser-aller 285
laissez-passer m 285
lait 11 230 368
laiterie 35
laiteux 54
laitier 24 262
laiton 11
laitue 220
laïus 237
lama 1
lambda m 72
lambeau 72 277
lambin 72
lambrequin 148
lambris m 72
lambswool m 109
lame 163
lamelle 14
lamentable 72
lamentation 214
lamento 72
laminoir 175
lampadaire m 221
lampe 72
lampée 27
lampion 80
lamproie f 86
lance 72
lance-flammes m 285
lance-fusées m 285
lance-grenades m 285
lance-missiles m 285
lance-pierres m 285
lance-roquettes m 285
lance-torpilles m 285
lancée 27
lancer 327
lancinant 179 230
landau 43 276
lande 72
langage 143
langagier 131 262
lange m 143
langer 328
langoureux 54
langouste 131
langoustine 131
langue 132
langue cible f 285
langue mère f 285
langue source f 285
langue(s)-de-bœuf 285
langue(s)-de-chat 230 285
languedocien 132 267
langueur 132
langueyer 335
lanière 10
lanoline f 42
lanterneau 44 277
laotien 63 205 267
lapalissade 178
lapement 73
lapereau 44 277
lapidaire 221
lapin 62
lapis m 229
lapon 80
laps 177
lapsus 177
laquais 11
laqué 148
laque f 148 368
larbin 62
larcin 179
lard 233 368
lare m 170 368
large 143
largesse 14
largeur 143
largo 131
larme 170
larmoyant 97 230
larmoyer 87 334
larron 171
larve 22
laryngite 66
larynx 66
las 229 368
las ! 177 368
lasagne f 187
lascar 147
lascif 180 265
laser [lazɛʀ] 187
lassitude 178
lasso 178
lastex m 15
latence 72
latent 73 230
latéral 22 289
latérite f 22
latex 15
latifundium (pl : *latifundia*) 163
latin 62
latino-américain(e)(s) 322
latitude 118
latitudinaire 221
latrines f 275
latte 116
lattis 30
laudanum 163
laudatif 43 265
laudes f 43
lauréat 1 9 230
laurier 24
lauze f 43
lavabo 42
lavallière 160
lavande 72
lavandière 72
lavasse f 178
lavatory (pl : *lavatories*) 34 224
lave-glace(s) m 285
lave-vaisselle m 285
lavette 14
lavis 229
lavoir 175
laxatif 115 265
laxisme 182
layer 333
layette 97
lazaret 13 230
lazzi m 189

lé 22
leader 36 368
leadership 36
leasing m 36
lèche 10
lèche-bottes m 285
lèche-vitrine(s) m 285
lécher 330
leçon 179
lecteur 174
lecture 15
légal 131 289
légalité 22
légat 1 9 230
légataire 221
légation 214
légendaire 72
légende 72
léger 262
légèreté 224
légiférer 330
légionnaire 221
législateur 174
législatif 265
légitimité 22
legs m 229
léguer 330
légume 131
leitmotiv 12
lemme m 14
lemming m 164
lémures m 170
lendemain 64
lent 73 230
lenteur 174
lentille 98
léonin 62
léopard 233
lèpre 225
lépreux 54
léproserie 35
lequel (f : *laquelle*) 148
lérot 46 230
les 25 368
lès 229 368
lesbienne 166
léser 330
lésion 187
lésionnel 187 260
lesquels (f : *lesquelles*) 260
lessive 178
lest 115 230 368
leste 115 368
léthargie 117
lettre 14
leu m (pl : *lei*) 12 53
leucémie 53
leucocyte m 34
leur 58 312 368
leurre m 58 368
levain 64
levant 73 230
levantin 62
lève-et-baisse m 285
levée 27
lever 329
levier 24
lévitation 214
lévite 22
levraut 43 230
lèvre 225
levrette 14
lévrier 24
levure 170
lexique 182
lez 25 368
lézard 186
lézarde 186
li 30 368
liaison 11
liane 97
liard 97
liasse 97
libation 214
libelle m 14
libellule 14
libéral 22 289
libérateur 174
libératoire 221
libérer 330
liberté 22
libertin 62
libidineux 54
libido f 42
libraire 221
librairie 11
libre 225
libre arbitre m 285
libre choix m 285
libre pensée f 285
libre penseur 285
libre(s)-service(s) m 285
libre-échange m sg 285
libyen 97
lice f 30 179 368
licence 72
licenciement 224
licencieux 54
lichen m 151
licite 179
licol 41
licorne 41
licou 147 281
lido 42
lie 30 220 368
lie-de-vin 285
lied m (pl *lieder*) 36
liège 143
liégeois 144
liéger 328 à 330
lien 63
lierre 14
liesse 14
lieu(x) commun(s) m 285
lieu m 53 368
lieue f 53 220 368
lieutenant 53 230
lieutenant(s)-colonel(s) m 285
lièvre 225
lift 115 230
lifting 131
ligament 73
ligature 131
lignée 27
ligneux 54
lignite m 139
ligueur 132
lilas 1 8
limace 179
limaçon 179

limaille 98
limande 72
limbes m 62 368
lime 163
limier 24
liminaire m 221
limitatif 265
limite 115
limitrophe 126
limogeage 144
limoger 328
limonade 42
limoneux 54
limpide 62
limpidité 62
lin 62
linceul 58
linéaire 221
linge 143
linger 328
lingerie 35
lingot 230
linguistique 132
liniment 73
links m 150
linoléum 163
linotype f 34
linteau 44 277
lionceau 44 277
lippe 108
liquéfaction 214
liqueur 35
liquide 148
liquidité 148
liquoreux 54
lire 30 170 368
lis 177
lisérer 330
liseron 187
lisibilité 22
lisière 187
lisse 30 178 368
liste 177
listing m 177
lit 35 230 368
lit(s)-cage(s) m 285
litanie 35
literie 35
lithographie 117
litière 10
litige m 143
litote f 41
littéraire 221
littéral 22 289
littérature 22
littoral 116 278
liturgie 35
livarot 46 230
lividité 22
living 30
living-room(s) m 285
livraison 11
livre 225
livre d'or m 285
livrée 27
livresque 148
livret 13 230
lloyd m 87 160
lob 118 368
lobby m 34
lobe m 118 368
local 147 289
localité 22
locataire 221
loch 151 368
lock-out m 285
locomotion 214
locuteur 174
locution 214
loden m 15
lœss m 178
lof 124
logarithmique 117
loge 143
loger 328
loggia f 143
logiciel 200
logicien 63 267
logique 148
logis 35
logistique 148
logorrhée f 27
loi 85
loi(s)-programme(s) f 285
loi(s)-cadre(s) f 285
loin 93
lointain 64
loir 175
loisir 187
lombaire 81
lombard 81
lombric m 81
londonien 63 267
long 233
long feu (faire) 124
long-courrier(s) m 285
longanimité 131
longer 328
longeron 143
longévité 22
longitudinal 289
longtemps 229
longue(s)-vue(s) f 285
longueur 132
look 150
looping 131
lopin 62
loquace 148
loque 148 368
loquet 13 230
lord 233
lorgnette 14
loriot 46 230
lorrain 64
lors 229 368
lorsque 148
losange 143
lot 46 230 368
loterie 35
lotion 214
lotissement 178
loto 42
lotte 116
lotus m 177
louange 72
louanger 328
loufoque 148
loukoum m 150
loup 233
loup blanc m 285
loup de mer m 285

loup(s)-garou(s) ᵐ 285
loupe 107
loupiot 46 230
loupiote 115
lourd 233 368
lourdaud 43
loustic 147
loutre ᶠ 225
louveter 332
louvoyer 87 334
loyal 97 289
loyauté 97
loyer 97
lubie 35
lubrifiant 73 230
lubrique 148
lucarne 147
lucidité 22
lucratif 124 265
lucre ᵐ 225
ludique 148
luette 14
lueur 174
luge 143
luger 328
lugubre 131
lui 159
lumbago ᵐ 68
lumière 10
lumignon 139
luminaire ᵐ 221
luminescence 180
lumineux 54
lumpenprolétariat 1 9 230
lunaire 221
lunatique 148
lunch 67
lune 165
lunetier 24
lunette 14 368
lunettes 368
lunule ᶠ 159
lupanar ᵐ 170
lupin 62
lurette 14
luron 80
lustral 177 289
lustre 225
luth ᵐ 117 368
luthérien 117 267
lutin 62
lutrin 62
lutte 116 368
lutteur 116
luxation 214
luxe 182 368
luxuriance 72
luzerne ᶠ 186
lycée 34
lymphatique 66
lymphe ᶠ 66
lymphocyte 66
lynchage 66
lynx 66
lyre ᶠ 34 368
lyrique 34
lys ᵐ 34 368

m

m'as-tu-vu ᵐ 322
ma 1
maboul 159
macabre 147
macadam 163
macaque 148
macareux 55
macaron 80
macaroni 30
macchabée ᵐ 152
macédoine 182
macération 214
macérer 330
mach 151
mâche ᶠ 105
mâchefer ᵐ 224
machette 14
machiavélique 151
mâchicoulis 275
machinal 289
machine 104
machine(s)-outil(s) ᶠ 285
machine(s)-transfert(s) ᶠ 285
machinerie 35
macho 42
mâchoire 221
maçon 179
maçonnerie 35
macramé ᵐ 22
macreuse 53
macrobiotique 148
macrocosme ᵐ 42
macrophotographie 126
madame 163
mademoiselle 14
madère 10
madone 42
madras 275
madré 22
madrigal 131 289
madrilène 10
maelström 237
maestria ᶠ 15
maf(f)ia 97
magasin 62
magasinier 24 256
magazine ᵐ 186
mage ᵐ 143
maghrébin 131
magicien 63 267
magistère ᵐ 10
magistral 25 289
magistrat 25 230
magma ᵐ 131
magnanimité 139
magnat 1 9
magnésie ᶠ 35
magnésium 163
magnétique 148
magnétophone 126
magnétoscope 177
magnificat 1 9
magnificence 72
magnolia ᵐ 139
magnum ᵐ 163
magot 46 230
magouille 98
magyar 34
maharadjah 235
mahométan 235

mai ... 11 369
maïeutique ... 237
maigre ... 11
maille ... 98 369
maillet ... 98 230
maillot ... 98 230
main ... 65 369
main-d'œuvre f sg ... 285
main-forte (prêter) ... 285
mainlevée ... 64
mainmettre ... 352
mainmise ... 64
mainmorte ... 64
maint ... 64 230 369
maintenance ... 72
maintenant ... 73 230
maintien ... 63
maire ... 11 369
mais ... 11 369
maïs ... 237 275
maison ... 187
maisonnée ... 27
maisonnette ... 14
maître ... 11 369
maître mot m ... 285
maître(s) chanteur(s) m 285
maître(s) couple(s) m ... 285
maître(s) d'hôtel m ... 285
maître(s)-autel(s) m ... 285
maîtresse ... 14
maîtresse femme f ... 285
maîtrise ... 11
majesté ... 22
majestueux ... 54 272
majeur ... 170
major ... 142
majoration ... 214
majordome m ... 42
majorette ... 14
majoritaire ... 222
mal (pl : maux) ... 1 5 369
mal-en-point ... 230 285
malabar ... 170
malade ... 1
maladif ... 125 265
maladresse ... 14
maladroit ... 86
malais ... 11
malaise m ... 187
malandrin ... 62
malappris ... 229
malaria f ... 97
malcommode ... 164
maldonne f ... 166
mâle ... 2 5
mâle ... 2 369
malédiction ... 214
maléfice m ... 179
maléfique ... 148
malencontreux ... 54 272
malentendu ... 72
malfaisant ... 73 230
malfaiteur ... 170
malfamé ... 22
malfrat ... 1 9 230
malgache ... 131
malgré ... 22
malhabile ... 10
malheur ... 235
malheureux ... 235 272
malhonnête ... 235
malicieux ... 54 272
maligne ... 139
malin ... 273
malingre ... 62
malintentionné ... 181
malle ... 369
malléabilité ... 22
malléole f ... 22
mallette ... 14
malmener ... 329
malotru ... 42
malouin ... 95
malsain ... 64
malséant ... 73 230
malthusianisme ... 117
malveillant ... 98 230
malversation ... 214
mam'zelle ... 285
maman ... 72
mamelle ... 14
mamelon ... 224
mammaire ... 11
mammifère m ... 164
mammouth ... 117
mamours ... 229
manade f ... 1
manager ... 60
manager ... 328
manant ... 73 230
manche f ... 221
manche m ... 221
manchette ... 14
manchon ... 80
manchot ... 46 230
mandarin ... 62
mandarinat ... 1 9 230
mandarine ... 72
mandat ... 1 9 230
mandat(s)-carte(s) m ... 285
mandat(s)-lettre(s) m ... 285
mandataire ... 222
mandibule f ... 72
mandoline f ... 72
mandragore f ... 42
mandrin ... 62
manécanterie ... 35
manège ... 143
manéger ... 328 à 330
mânes m ... 369
manette ... 14
manganèse m ... 131
mangeaille ... 144
mangeoire ... 144
manger ... 328
mangeur ... 264
mangouste ... 72
manguier ... 132
maniabilité ... 140
maniaco-dépressif(s) ... 285
maniaque ... 221
manichéisme ... 151
manie ... 35
maniement ... 224
maniéré ... 22
manière ... 97
maniérer ... 330
manifestant ... 73 230
manifestation ... 214
manifold m ... 118
manigance ... 72

manigancer 327
manille 98
manioc 140
manipulation 214
manitou 30 281
manivelle 14
manne 166 369
mannequin m 148
manœuvre 59
manœuvrier 59
manoir 170
manomètre m 225
manque 148
mansarde 177
mansuétude 177
mante f 72 369
manteau 44 277
mantille 98
manucure 147
manuel 260
manufacture 147
manuscrit 35 230
manutention 214
maoïste 237
maori 237
mappemonde f 80
maquereau 148 277
maquette 148
maquettiste 148
maquignon 139
maquillage 98
maquis 35
maquisard 148
marabout 230
maraîcher 24 262
marais 11 369
marasme m 163
marathon 117
marâtre 2
maraud 43
marbre 225
marbrier 24
marc 369
marcassin 178
marchand 74
marche 104
marché 27
marchepied 224
mare 369
marécageux 54 272
maréchal 278
maréchal-ferrant m sg 285
maréchaux-ferrants m pl 285
maréchaussée 27
marée 27 369
marelle 14
marémoteur 170
mareyeur 97
margarine 131
margelle 14
marger 328
marginal 289
margoulin 62
marguerite 132
marguillier 98
mari 30 369
marigot 46 230
marijuana 1
marin 62
marin(s)-pêcheur(s) m 285
marina f 1
maringouin 95
marinière 11
marionnette 14
maritalement 73
maritime 163
marjolaine 11
mark 150 369
marketing 150
marmaille 98
marmelade 1
marmite 115
marmoréen 63
marmot 46 230
marmotte 116
marneux 54 272
marocain 64 369
maronite 115
maroquinerie 148
marotte 116
marque 148 369
marqueter 332
marqueterie 148
marquis 35 270
marraine 11 369
marre 369
marri 369
marron 294
marron d'Inde m 285
marronnier 24
mars 177
marseillais 12 270
marsouin 95
marsupial 177 289
marteau 44 277
marteau(x)-pilon(s) m 285
martèlement 73
marteler 331
martial 181 289
martien 181 267
martin(s)-pêcheur(s) m 285
martinet 13 230
martingale f 131
martyr 34 369
martyre m 221 369
marxisme-léninisme m 285
marxiste 182
marxiste(s)-léniniste(s) 285
mas 275 369
mascarade 147
mascotte 42
masculin 62
masochisme 187
masque 148
mass media (ou *médias*) m 285
massacre 178
masse 178 369
massette 14
massicot 178 230
massif 178 265
massue 220
mastic 147
mastication 214
mastodonte 80
mastroquet 148 230
masturbation 214
masure 187
mat 1 230 369
mât 2 230 369

mat inv	1
matador	170
matamore m	170
match (pl : *match(e)s*)	104
matelas	1 8 229
matelot	46 230
matelote	221
matérialité	22
matériau	43 276
matériel	260
maternellement	160
maternité	22
math(s)	117 369
mathématique	117
matheux	117 272
matière	10
matin	1 369
mâtin	2 369
matinée	27
matou	1 281
matraque	148
matriarcal	97 289
matriarcat	97 230
matrice f	179
matricer	327
matriciel	200 260
matricule	159
matrimonial	42 289
matrone	131
matronyme	34
maturité	22
maudit	35 230
maure	43 369
mausolée m	27
maussade	178
mauvais	11 270
mauve	43 294
mauviette	14
maxillaire m	182
maxillo-facial(aux)	285
maxima pl ou f sg	182
maximum m	163
maya	97 369
mayonnaise	97
mazagran	186
mazette !	186
mazout	186 230
mazurka f	186
méandre m	22
méat	1 9 230
mec	15
mécanique	148
mécano	147 369
mécénat	1 9 230
mécène	10
méchamment	3
méchanceté	22
mèche	10
mécher	330
méchoui	22
mécompte	81
méconnaître	348
mécréant	73 230
médaille	98
médecin	179
médecin(s)-conseil(s) m	285
média m	97
médian	72
médiateur	58
médiathèque	117
médiatique	148
médiator	41
médical	147 289
médicament	73
médication	214
médicinal	179 289
médico-pédagogique(s)	285
médico-légal (pl en *-aux*)	285
médico-social (pl en *-aux*)	285
médiéval	22 289
médina	30
médiocrité	22
médique	148
médisance	72
méditerranéen	72
médium	163
médius	97
médullaire	11
méduse	187
meeting	36
méfiance	72
mégahertz (*MHz*)	285
mégalithe m	117
mégalomanie	35
mégalopolis f	177
mégaphone	126
mégarde	131
mégère	131
mégot	131 230
méhari m (pl : *méharis* ou *méhara*)	235
meilleur	58
méjuger	328
mélancolie	35
mélange	131
mélanger	328
mélasse	177
melba inv	1
mêlée	27
mélèze m	186
méli(s)-mélo(s) m	285
mélodieux	54 272
mélodrame	10
mélomane	10
melon	80
mélopée f	27
membrane	72
membre	72
même	10
même (*moi-même* mais *ici même*, *tout de même*)	285
mémento	63
mémoire f	85
mémoire m	85
mémorandum	51
mémorial	97 289
menace	179
menacer	327
ménager	24 262
ménager	328
mendélien	63 267
mendicité	22
menées	27
mener	329
ménestrel m	159
ménétrier	24
menhir m	235
méningite	131
ménisque m	148
ménopause	43

ménorragie 171
menotte 116
mensonge 177
mensonger 24 262
menstruation 214
mensuel 260
mensuration 177
mentalité 22
menteur 58 264
menthe 72 369
mention 72 214 369
mentir 337
menton 72
mentor 41
menu 53
menu filé m sg 285
menu-gros m sg 285
menuet 13 230
menuisier 24 256
méphistophélique 126
mépris 35
mer 15 369
mercantile 159
mercenaire 11
mercerie 35
merci 179
mercure 147
mercuriale f 147
merdoyer 87 334
mère 10 369
mère célibataire f 285
mère(s)-grand f 285
merguez f 186
méridien 72 267
méridional 289
meringue 132
merisier 24
méritoire 85
merlan 72
merle 15
merlin 62
merlu(s) 15
mérovingien 72 267
merveille 98
merveilleux 54 272
mes pl 54
mésalliance 160
mésange 187
mesdames 25
mesdemoiselles 14
mésentente 72
mésolithique 117
mesquin 148
mesquinerie 148
mess 14 369
messager 24 262
messe 14 369
messianisme 187
messie m 35
messieurs 170
mesure 187
métabolique 148
métacarpe m 147
métairie 11
métal 278
métallique 160
métalloïde m 237
métallurgie 131
métamorphose 126
métaphore f 126
métaphysique 34
métastase f 187
métatarse m 177
métayage m 97
météo(rologie) 131
météore m 22
météorite m ou f 22
métèque 148
méthane m 25
méthode 117
méthylène 117
méticuleux 54 272
métier 24
métis (f : *métisse*) 177
métonymie 34
métré 22
mètre 10 369
métrer 330
métrique 148
métro(politain) 64
métronome m 41
métropole 41
mets 11 369
metteur 116
mettre 352
meuble 58
meule 58
meunier 58 256
meursault 230
meurt-de-faim 285
meurt-de-soif 322
meurtrier 24 262
meurtrissure 178
meute 58
mexicain 64
mezza voce 189
mezzanine f 189
mezzo forte 189
mezzo-soprano (pl -s ou -i) 189 385
mi 30 39
mi-août f sg 322
mi-carême f sg 322
mi-chemin (à) 322
mi-clos 322
mi-corps (à) 322
mi-côte (à) 322
mi-jambe (à) 322
mi-temps f 322
mi-voix (à) 322
miasme m 187
miaulement 43
mica 147
miche 221
micheline 221
micmac 147
micro(phone) 126
micro-informatique 148 322
micro-organisme(s) m 322
microbien 63 267
microclimat 230
microcosme m 42
microscope 147
microsillon 177
miction 224
midinette 116
mie 35 369
miel 15
mielleux 54 272
mien 63 267

miette 116
mieux 54
mieux-être m sg 322
mièvrerie 10
mignon 139 268
migraine 11
migrateur 53
mijaurée f 43
mijoteuse 42
mil m 369
mildiou 97 281
milice 179
milieu 58 280
militaire 11
mille 291 369
mille-pattes m 322
millefeuille m 160
millénaire 160
millésime 160
millet 230
milliard 293
millibar 160
millième 160
millier 293
millionième 160
millionnaire 160
mime m 221
mimique 148
mimolette 14
mimosa m 187
minable 221
minaret 13 230
minceur 179
mine 221
minerai 11
minéral 278
minet 13 230
mineur 53
miniature 140
minier 140 262
minimal 289
ministère 10
ministériel 260
minitel 159
minium 163
minois 275
minorité 22
minoterie 35
minuit m 230
minus 177
minuscule 147
minute 221
minutie 181
minutieux 210 272
mirabelle 14
miracle 221
miraculeux 54 272
mirador 235
mirage 144
mire f 30 369
mirliton 80
miro(n)ton 80
mirobolant 73 230 369
miroir 85
misaine f 187
misanthrope 117
mise 187
misérable 225
misère 10
miserere inv 22
miséreux 54 272
miséricordieux 54
misogyne 34
miss 178
missel 159
missile 221
mission 215
missionnaire 11
missive 178
mistral 159
mitaine f 11
mitard 233
mite 30 221 369
miteux 54 272
mitigé 144
mitiger 328
mitochondrie(s) f 35
mitose f 187
mitoyen 97
mitraille 98
mitraillette 14
mitre f 221
mitron 80
mixe(u)r 53
mixtion 214
mixture 221
mnémotechnique 151
mob(ylette) 34
mobile 221
mobilier 24 262
mobilisation 214
mobilité 22
mocassin 178
moche 104
modal 289
modalité 22
mode 221
modelage 144
modèle 221
modeler 331
modéliste 22
modérateur 53
modération 214
modérément 73
modérer 330
moderne 163
modernité 22
modestie 35
modification 214
modique 148
modiste 221
module m 221
modus vivendi 63
moelle 85
moelle épinière f 285
moelleux 54 272
moellon 85
mœurs f pl 59
mohair 235
moi 85 369
moignon 139
moindre 85
moine 85
moineau 44 277
moins 229
moins-perçu(s) m 322
moire f 221
mois 275 369
moisissure 178
moisson 178
moissonneur 166 264

moissonneuse(s)-batteuse(s) f ... 285
moiteur ... 58
moitié ... 22
moka ... 22
mol ... 41 369
molaire ... 11
mole f ... 221 41 369
môle f ... 45 369
môle m ... 45 369
molécule f ... 221
moleskine ... 150
moleter ... 332
molette ... 116
mollah ... 233
mollasson ... 268
mollesse ... 14
mollet ... 13 230
molleton ... 160
mollusque m ... 148
molosse ... 178
môme ... 45
moment ... 73
momentanément ... 73
momie ... 35
mon ... 80 369
monacal ... 147 289
monade f ... 221
monarchique ... 148
monarque ... 148
monastère m ... 10
monastique ... 148
monceau ... 179 277
mondain ... 64
mondanité ... 22
monde ... 221
mondial ... 97 289
monégasque ... 131
monétaire ... 11
mongol ... 159
mongolien ... 63 267
moniale f ... 221
moniteur ... 58 256
monitorat ... 230
monnaie ... 220
monnayage ... 97
monnayer ... 333
monobloc inv ... 147
monocle m ... 225
monoculture ... 223
monogramme m ... 164
monolithe m ... 117
monologue ... 132
monôme ... 45
mononucléaire ... 222
monopole m ... 221
monosyllabe ... 34
monotone ... 221
monotonie ... 220
monseigneur ... 58
monsieur (pl : *messieurs*) ... 14
monstrueux ... 54 272
mont ... 82 230 369
mont(s)-de-piété m ... 285
montagnard ... 233
montagneux ... 54 272
monte-charge m ... 285
monte-en-l'air m ... 285
montée ... 27
montgolfière f ... 221
monticule m ... 221
montmartrois ... 270
montre ... 225
montre(s)-bracelet(s) f ... 285
montreur ... 58 264
monument ... 73
moquerie ... 220
moquette ... 116
moqueur ... 58 264
moraine f ... 11
moral ... 289
moralité ... 22
moratoire m ... 222
morbide ... 221
morbleu ! ... 53
morceau ... 44 277
morceler ... 331
morcellement ... 14
mordancer ... 327
mordicus ... 177
mordoré ... 22
more ... 221 369
morgue ... 132
moribond ... 233
morigéner ... 330
morille f ... 98
mormon ... 80
morne ... 221
morose ... 221
morphème m ... 126
morphine ... 126
morphologie ... 126
morpion ... 97
mors ... 275 369
morse ... 221
morsure ... 177
mort ... 230 369
mort(s)-vivant(s) ... 285
mort-aux-rats f ... 285
mort-né(s) ... 285
mortadelle ... 14
mortaise ... 11
mortalité ... 22
morte(s)-saison(s) f ... 285
mortel ... 260
mortier ... 24
mortuaire ... 11
morue ... 220
morutier ... 24
morveux ... 54 272
mosaïque ... 237
mosan ... 72
mosquée ... 148
mot ... 46 230 369
mot à mot ... 230
motard ... 233
motel ... 159
motet ... 13 230
moteur ... 58
motion ... 214
motocross ... 178
motoculteur ... 58 264
motocyclette ... 116
motocycliste ... 34
mots croisés m pl ... 285
motte ... 116
motus ! ... 177
mou ... 163 281 369
mouchard ... 233
mouche ... 225

moucheron 224
moucheter 332
mouchoir 170
mouclade f 221
moudjahid (pl : *moudjahidin*) 235
moue 220 369
moufle f 225
mouflon 80
mouillage 98
mouise 187
moujik 150
moule f 159
moule m 159
moulin 62
moulinet 13 230
moulinette 116
moulure 223
mourir 338
mouron 80
mousquet 148 230
mousquetaire 148
moussaillon 98
mousse f 221
mousse m 178
mousseline 178
mousseux 54 272
mousson f 80
moustache 104
moustiquaire f 11
moût 230 369
moutardier 24
moutonnier 166
mouture 223
mouvement 73
moyen 63 87
Moyen(-)Âge 87 285
moyen(s)-courrier(s) m 87 285
moyenâgeux 97 272
moyennant 87 166
moyeu 53 87 280
mucosité 147
mucus 177
mue 220 369
muet 13 263
muezzin 189
mufle 225
mufti 30
mugissement 144
muguet 132 230
mugueter 332
mulâtre 2
mulet 13 230
muleta 11
mulot 230
multicellulaire 14
multicolore 221
multinationale 214
multiplex 115
multiplicateur 58 264
multitude 221
municipalité 179
munificence f 179
munition 214
muqueuse 148
mur 369
mûr 369
muraille 98
mûre 223 369
mûrement 224
murène f 10
muret 13 230
mûrier 24
mûrissement 178
murmure 223
musaraigne f 11
musc 147
muscadet 147 230
muscat 230
muscle 147
musculaire 11
musculeux 54 272
muse 187
museau 44 277
musée 27
museler 331
muselière 10
musette 116
musical 289
musicien 204 267
musicothérapie f 117
musique 148
musqué 148
mustang 233
musulman 72
mutation 214
mutilation 214
mutin 62
mutinerie 35
mutisme 221
mutualité 22
mutuel 260
mutuellement 14
mycélien 63 267
mycélium 163
mycénien 34 267
mycologie 34
mycose f 42
myélite f 97
mygale f 34
myocarde 97
myopie 97
myosotis m 97
myriade f 34
myrrhe f 34 235 369
myrte m 34
mystère 34
mystérieux 34 272
mysticisme 34
mystificateur 34 264
mythe 34 369
mythique 117
mythologie 117
mythomanie 117
mytiliculteur 34 256
myxomatose f 34

n

n'est-ce pas 322
n'importe laquelle 285
n'importe qui quoi 285
nabab m 1
nabot 230
nabuchodonosor 151
nacelle 179
nage 144
nageoire 131
nager 328
naguère 132

naïade 97
naïf 237 265
nain 64
naissance 178
naître 348
naïveté 237
naja 142
nancéien 63 267
nanisme 177
napalm 1
naphtaline f 126
naphte m 126
napoléonien 63 267
napolitain 64
nappe 108
narcisse m 177
narco-analyse(s) f 322
narcolepsie 177
narcose f 42
narcotique 148
narghilé 131
narguilé 132
narine 30
narquois 148 270
narrateur 264
narration 171
narthex m 117
narval 289
nasal 289
naseau 44 277
nasillard 98
nasse 178
natal 289
natalité 22
natation 214
natif 125 265
nation 214
national-socialisme m 285
nationalité 214
natte 116
naturel 260
naufrage 43
naufrager 328
nauséabond 233
nausée 27
nautique 43
naval (pl : navals) 289
navarin 62
navet 13 230
navette 116
navigabilité 131
navigant 73 230
navire 221
navire(s)-école(s) m 285
navire(s)-usine(s) m 285
nazi 186
ne 53 370
néanmoins 72
néant 73 230
nébuleux 54 272
nec plus ultra 285
nécessaire 178
nécessité 178
nécessiteux 178 272
nécrologie 35
nécromancie 35
nécropole f 221
nécrose f 187
nectar m 170
néerlandais 11 270
nef f 125
néfaste 221
nèfle f 225
néflier 97
négatif 125 265
négligeable 144
négligent 230
négliger 328
négoce 179
négociant 97 230
nègre (f : négresse) 10
négroïde 237
neige 12
neiger 328
neigeux 54 272
nenni 166
nénuphar 126
néo-natal(e)(s) 322
néo-positivisme m sg 322
néo-réalisme m 322
néolithique 117
néologisme 182
néon 80
néophyte 126
néoprène m 10
néphrétique 126
néphrite f 126
népotisme m 115
nerf 233
nerveux 54 272
nervi 30
nervosité 22
nervure 223
net 115 263
netteté 116
nettoiement 224
nettoyage 97
nettoyer 87 334
nettoyeur 97 264
neuf 125 265
neurasthénie 117
neurochirurgie f 285
neurolinguistique f 285
neurologie 144
neurologue 132
neurone m 53
neuroplégique 148
neuropsychiatrie 151
neurovégétatif(s) 285
neutralisation 214
neutralité 53
neutre 225
neutron 53
neuvaine f 53
névé m 22
neveu 53 280
névralgie 35
névrite 22
névrose 42
névrotique 148
newton m 139
nez 25 275 370
ni 30 370
niais 270
niche 104
nichée 27
nickel 150
nickeler 331
niçois 179 270
nicotine 42
nid 30 370

nid(s)-d'abeilles (forme) ... 285
nid(s)-de-poule m ... 285
nidification ... 214
nièce ... 97
nielle f ... 14
nielle m ... 140
nietzschéen ... 63
nigaud ... 43
nigérian ... 72
nigérien ... 63 267
night-club(s) m ... 285
nihilisme ... 235
nimbe m ... 163
nippes f ... 108
nippon (f : nippon(n)e) ... 80 268
nique ... 148
nirvana m ... 1
nitrate m ... 115
nitroglycérine ... 34
niveau ... 44 277
nivelage ... 144
niveler ... 331
nivellement ... 160
no man's land m sg ... 285
nô ... 45
nobiliaire ... 11
noble ... 225
noblesse ... 14
noce ... 179
nocer ... 327
noceur ... 179 264
nocif ... 125 265
noctambule ... 41
nocturne ... 41
nodal ... 289
nodule m ... 159
noël ... 237
nœud ... 55 370
noirâtre ... 2
noiraud ... 43
noirceur ... 85
noise f ... 187
noisetier ... 24
noisette ... 14
noix ... 231
nom ... 81
nomade ... 118
nombreux ... 54 272
nombril ... 159
nomenclature ... 72
nominal ... 289
nomination ... 214
nommément ... 164
non ... 80
non (pour les adjectifs) ex. :
non violent ... 285
non- (pour les noms) ex. :
non-fumeur(s) ... 322
non-conformisme m ... 322
non-conformiste(s) ... 322
non-contradiction f ... 322
non-activité f ... 322
non-agression f ... 322
non-alignement m ... 322
non-combattant (s) m ... 322
non-comparution f ... 322
non-conciliation f ... 322
non-conformité f ... 322
non-engagé(e)(s) ... 322
non-être m ... 322
non-exécution f ... 322
non-existence f ... 322
non-intervention f ... 322
non-lieu(x) m ... 322
non-paiement m ... 322
non-recevoir m ... 322
non-sens m ... 322
non-stop ... 322
non-violence f ... 322
nonagénaire ... 11
nonante ... 72
nonce ... 179
nonchalamment ... 3
nonchalance ... 72
nonciature f ... 97
nonne ... 166 370
nonnette ... 14
nonobstant ... 73 230
nord ... 233
nord-africain(e)(s) ... 285
nord-américain(e)(s) ... 285
nord-coréen(ne)(s) ... 285
nord-est ... 230 285
noria f ... 1
normal ... 289
normalien ... 63 267
normalisation ... 214
normand ... 233
normatif ... 125 265
norme f ... 41
noroît m ... 86 370
nos pl ... 42
nosologie ... 35
nostalgie ... 35
nota bene ... 285
notabilité ... 115
notaire ... 11
notamment ... 3
notarial ... 289
notariat ... 1 9 230
notation ... 214
note ... 221
notice ... 179
notion ... 214
notoire ... 85
notoriété ... 22
notre ... 41 225 370
nôtre ... 45 370
nouba ... 1
noueux ... 54 272
nougat ... 230
nougatine ... 131
nouille ... 98
nourrice ... 171
nourricier ... 24 262
nourrisson ... 178
nourriture ... 171
nous ... 229
nouveau ... 44 277
nouveau-né(s) m ... 285
nouveau-née(s) f ... 285
nouveauté ... 22
nouvel ... 260
nouvellement ... 14
nouvelliste ... 14
nova f (pl : novæ) ... 1
novateur ... 264
novembre ... 72
novice ... 179
noviciat ... 230
noyade ... 97

noyau 43 87 276
noyer 87 334
noyer 24 87
nu 165 370
nu-tête 285
nuageux 54 272
nuance 179
nuancer 327
nubile 159
nucléaire 11
nucléique 22
nudité 22
nue 220 370
nue(s)-propriété(s) 285
nuée 27
nuisance 187
nuitamment 3
nuitée 27
nul 159
nullard 233
nullement 160
nullité 160
numéraire 11
numéral 289
numérateur 170
numéro 42 370
numerus clausus 285
numismatique 148
nuptial 181 289
nuque 148
nurse 60
nursery 60
nutrition 214
nyctalope 34
nyctalopie 34
nylon 34
nymphe 66
nymphéa m 285
nymphomane 66

O

ô 45
oasis f 177
obédience f 72
obéissance 72
obélisque m 148
obérer 330
obèse 187
obésité 187
objection 15
objectivité 15
objet 13 230
objurgation 109
oblation 214
obligation 214
obligatoire 222
obligeamment 144
obligeant 230
obliger 328
oblique 148
oblitération 214
oblitérer 330
oblong 233
obole f 159
obscène 180
obscénité 180
obscur 109
obscurantisme 72
obscurément 73
obsécration 214
obséder 330
obsèques f 148
obséquieux 54 272
observateur 264
observatoire 222
obsession 109
obsessionnel 215 260
obsidienne f 109
obsolète 109
obstacle 109
obstétrique 109
obstinément 109
obstruction 109
obtempérer 330
obtention 109
obturateur 109
obtus 229
obus 275
oc 41
ocarina m 1
occasion 149
occasionnel 149 260
occident 182 230
occiput 182 230
occitan 182
occlusion 149
occulte 149
occupation 149
occurrence 149
océan 22
océanique 148
ocelot 179 230
ocre 221
octaèdre 10
octane m 163
octante 72
octave f 41
octogonal 41 289
octroi 85
octroyer 87 334
octuor 41
oculaire m 11
oculiste 147
odalisque f 148
ode f 42
odelette 116
odéon 80
odeur 170
odieux 54 272
odorat 230
odoriférant 73 230
odyssée f 34
œcuménique 25
œdème m 25
œdipien 25 267
œil (pl : yeux) 98 282
œil(s)-de-bœuf m 285
œil(s)-de-perdrix m 285
œillère 98
œillet 98 230
œnologie 25
œsophage m 25
œstrogène 25
œuf [œf] (pl : œufs [ø]) 59
œuvre d'art f 285
œuvre f 221
œuvre m 221
off inv 125
offense 125

offertoire m 125
office m 125
officiel 200 **260**
officier 24
officieux 54 **272**
officine f 179
offrande 125
offset 125 230
oflag m 131
ogival **289**
ogive f 143
ogre 42
ogresse 14
oh 42 **357**
ohé ! 235
ohm 235 **364**
ohmmètre 235
oie 220
oignon 139
oïl 237
oindre **345**
oiseau 44 **277**
oiseau(x)-mouche(s) m **285**
oiseau(x)-lyre(s) m **285**
oiseler **331**
oiseleur 224
oiseux 54 **272**
oisif 125 **265**
oisillon 98
okapi 150
oléagineux 54 **272**
oléiculteur 22 **256**
oléoduc 147
olfactif 125 **265**
olibrius 177
olifant 73 230
oligarchie 35
oligo-élément(s) m **285**
olivâtre 2
olive 42
olivette 14
olographe 126
olympiade f 66
olympien 66 **267**
ombilical 81 **289**
ombrager **328**
ombrageux 81 **272**
ombre 81 **364**
ombrelle 14
ombrien 63
oméga 131
omelette 14
omettre **352**
omission 215
omnibus 177
omnidirectionnel(le)(s) **285**
omniscient 180 230
omnium 163
omnivore 221
omoplate f 42
on 80 **313**
on(c)ques 148
on-dit m **322**
onagre m 221
onanisme 42
once f 179
oncle 225
onction 214
onctueux 54 **272**
onde 80
ondée 27
ondin 62
ondoiement 215
ondoyer 87 **334**
ondulatoire 222
onéreux 54 **272**
ongle 225
onglet 230 371
onguent 132 230
onirique 148
oniromancie 35
onomatopée f 27
ontique 80
ontogenèse 115
ontologique 115
onyx m 34
onze 186
opacité 179
opale f 159
opalescent 180 230
opalin 62
opaque 148
open inv 165
opéra 107
opéra bouffe m **285**
opéra(s)-ballet(s) m **285**
opérateur **256**
opération 214
opérationnel 166 **260**
opératoire 170
opérer **330**
opérette 25
ophidien 126
ophtalmie 126
ophtalmologiste 126
opiacé 22
opiacer **327**
opiniâtre 2
opinion 140
opiomane 97
opium 163
opossum 163
oppidum 163
opportun 67
opportunément 108
opposition 108
oppression 108
opprobre m 108
optatif 125 **265**
opticien 204 **267**
optimisme 163
optimum 163
option 214
optionnel 132 **260**
optique 148
optométrie 35
opulence 72
opulent 73 230
opus m 177
opuscule m 147
or 364
oracle m 225
orage m 144
orageux 54 **272**
oraison f 11
oral **289**
oralement 73
orang(s)-outang(s) m **285**
orange 144

orangeade ... 144
oratoire m ... 170
oratorio m ... 97
orbite f ... 42
orchestre ... 151
orchidée f ... 151
ordalie f ... 35
ordinaire ... 11
ordinal ... **289**
ordinateur ... 170
ordination ... 214
ordonnance ... 166
ordonnancer ... **327**
ordonnateur ... 166 **264**
ordonnée f ... 27
ordre ... 221
ordure ... 223
ordurier ... 24
orée f ... 27
oreille ... 98
oreiller ... 98
oreillette ... 98
oreillon ... 98
orémus inv ... 177
ores ... 364
orfèvre ... 10
orfraie f ... 220
organdi ... 30
organe ... 131
organigramme ... 164
organique ... 148
organisateur ... **264**
organiste ... 131
orgasme m ... 131
orge f ... 144
orgeat ... 230
orgelet ... 13 230
orgiaque ... 148
orgie ... 35
orgue m ... 132
orgueil ... 59
orgueilleux ... 54 **272**
orgues f pl ... 132
orient ... 73 230
oriental ... **289**
orifice m ... 179
oriflamme f ... 164
origan ... 72
originaire ... 11
original ... **289**
origine ... 42
originel ... 10 **260**
oripeau ... 44 **277**
ormaie f ... 220
orme ... 41
ormeau ... 44 **277**
ornement ... 73
ornière ... 97
ornithologie ... 117
ornithologue ... 117
ornithorynque m ... 66
oronge f ... 80
orphelin ... 126
orphelinat ... 230
orphéon ... 126
orphique ... 126
orque f ... 148
orteil m ... 12
orthodoxe ... 117
orthodoxie ... 117
orthogonal ... 117 **289**
orthographe f ... 117
orthonormé ... 117
orthopédie ... 117
orthophonie ... 117
ortie f ... 35
ortolan ... 72
orvet ... 13 230
os (sg [ɔs] – pl [o]) ... 357
oscar ... 170
oscillation ... 180
oscillomètre ... 180
oscilloscope ... 180
oseille f ... 98
osier ... 24
osmose ... 187
ossature ... 178
osselet ... 178 230
ossements ... 178
osseux ... 54 **272**
ossuaire m ... 221
ostéite ... 22
ostensible ... 177
ostensoir ... 170
ostentatoire ... 222
ostracisme ... 177
ostréiculteur ... 22 **256**
ostrogot(h) ... 233
otage ... 144
otarie f ... 35
otite f ... 42
oto-rhino-laryngologie f ... **285**
ottoman ... 72
ou ... **314** 364
où ... **314** 364
ouailles ... 98
ouais ! ... 11
ouate f ... 88 371
oubli ... 30 371
oubliette f ... 97
oublieux ... 97 **272**
oued m ... 118
ouest m ... 115
ouest-allemand(e)(s) ... **285**
ouf ! ... 125
oui inv ... 30 371
ouï-dire m ... **285**
ouïe f ... 33 220 371
ouille ! ... 98 364
ouistiti ... 177
ouragan ... 131
ourlet ... 13 230
ours ... 177
ourse ... 177
oursin ... 62
ourson ... 80
oust(e) ! ... 177
out ... 115 230
outil ... 159
outillage ... 98
output ... 115 230
outrage ... 144
outrageant ... 230
outrager ... **328**
outrance ... 179
outrancier ... 24
outre ... 225
outre-mer (DOM) ... **285**
outre-tombe ... **285**
outrecuidance ... 179

outremer m inv ... 170
outsider m ... 170
ouverture ... 223
ouvrage ... 144
ouvrager ... **328**
ouvre-bouteille(s) m ... **285**
ouvre-boîte(s) m ... **285**
ouvrier ... 24 **256**
ovaire m ... 221
ovale ... 159
ovation ... 214
overdose ... 187
ovin ... 62
ovipare ... 221
ovni m ... 30
ovoïde ... 237
ovovivipare ... 221
ovulaire ... 222
ovulation ... 214
ovule m ... 159
oxhydrique ... 235
oxydant ... 34 230
oxydation ... 34
oxyde m ... 34
oxygéné ... 34
oxygène ... 34
oxygéner ... **330**
oxyton ... 34
ozone m ... 186

p

pacage ... 147
pacager ... **328**
pacemaker ... 150
pacha ... 104
pachyderme ... 104
pacification ... 214
pacifique ... 148
pack ... 150
pacotille ... 98
pacte ... 147
pactole m ... 159
paddock ... 150
paella f ... 160
paf ! ... 125
pagaie f ... 215
pagaille ... 98
paganisme ... 131
pagayer ... **333**
page f ... 11
page m ... 11
pager ... **328**
pagination ... 214
pagne ... 139
pagode ... 131
paie ... 220
paiement ... 224
païen ... 63
paillard ... 233
paillardise ... 98
paillasson ... 178
paille ... 98
pailleter ... **332**
paillette ... 14
paillote ... 98
pain ... 64 372
pain d'épice m ... **285**
pair ... 372
paire ... 222 372
pairie ... 220
paisible ... 187
paisseler ... **331**
paître ... **348**
paix ... 231
pal m ... 372
palabre f ou m ... 225
palace m ... 179
palais ... 11 372
palan ... 72
palanquin ... 148
palatal ... **289**
palatin ... 62
pâle ... 372
pale f ... 372
palefrenier ... 224
palefroi ... 224
paléolithique ... 117
paléontologie ... 35
palestinien ... 63 **267**
palestre f ... 225
palet m ... 11 372
paletot ... 224
palette ... 14
palétuvier ... 24
pâleur ... 58
pâlichon ... 80 **268**
palier ... 24
palinodie ... 220
palissade ... 178
palissandre m ... 72
palliatif ... **265**
palmaire ... 11 372
palmarès ... 177
palme ... 163
palmeraie ... 215
palmier ... 24
palmipède ... 118
palois ... **270**
palombe ... 81
pâlot ... 230 **269**
palourde f ... 118
palpitant ... 73 230
palpitation ... 214
palsambleu ! ... 11
paltoquet ... 148 230
paludéen ... 63
paludisme ... 177
pâmoison ... 187
pampa f ... 72
pamphlet ... 126 230
pamphlétaire ... 126
pamplemousse m ... 72
pampre m ... 72
pan ... 72 372
panacée f ... 27
panache m ... 104
panade f ... 118
panafricain ... 64
panama ... 1
panaméricain ... 62
panaris m ... 35
pancarte ... 72
pancrace m ... 179
pancréas m ... 229
pancréatite f ... 22
panda ... 1
pandémonium ... 163
pandit ... 35 230

pandore m 221
panégyrique m 34
panel 159
panetière 10
panier 24
panique 148
panne 166 372
panneau 44 277
panneton 166 372
panonceau 44 277
panoplie f 35
panorama m 1
panoramique 148
panse 177
pansement 73
pansu 72
pantalonnade 132
pantelant 73 230
panteler 331
panthéisme 117
panthéon 117
panthère 117
pantin 62
pantographe m 126
pantois m 86
pantomime f 72
pantouflard 233
pantoufle f 72
paon 74 372
papal 289
papauté 43
papaye [papaj] f 97
pape 107
papelard 233
paperasse 178
paperasserie 35
papeterie 35
papier 24
papier(s)-monnaie(s) m 285
papier(s)-calque m 285
papier(s)-filtre(s) m 285
papille f 98
papillon 98
papillote 98
papou 107 281
paprika m 150
papyrus 34
pâque f 148
paquebot 148 230
pâquerette 148
paquet 148 230
paquetage 148
paqueter 332
par 372
par-ci par-là 322
par-delà 322
par-derrière 322
par-devant 230 322
par-devers 322
parabellum 51
parabole 159
paracentèse f 72
parachever 329
parachute 104
parade 118
paradigme 131
paradis 275
paradoxal 289
paradoxe m 182
parafe m 125
paraffine 125
parafiscal 147 289
parages 144
paragraphe 126
paraître 348
parallaxe f 160
parallèle 160
parallèlement 160
parallélépipède m 285
paralogisme 143
paralysie 34
paralytique 34
paramètre 225
paramétrer 330
parangon 72
paranoïa f 237
parapet 13 230
paraphe m 126
paraphrase 126
paraplégie 35
parapluie 35
parasite 187
parasitose 187
parasol 177
paratonnerre 14
paravent 73 230
parbleu ! 53
parc 147
parc(o)mètre 147
parce que 285
parcellaire 14
parcelle 14
parchemin 62
parcimonieux 54 272
parcourir 338
parcours 10 275
pardessus m 10
pardi ! 30
pardon 80
pardonnable 225
pare-balles m 285
pare-brise m 285
pare-cendres m 285
pare-chocs m 285
pare-feu m 285
pare-soleil m 285
pareil 12 261
parement 73
parent 230
parental 72 289
parenté f 22
parentéral 72 289
parenthèse 117
paréo 42
paresse 14
paresseusement 14
parfait 11 230
parfaitement 73
parfois 86
parfum 68
parfumerie 35
pari 30
paria 97
parieur 97
parisianisme 187
parisyllabique 285
paritaire 222
parité 22
parjure 142
parking 150

parlement ... 73
parlementaire ... 222
parloir ... 170
parlote ... 115
parmentier ... 24
parmesan ... 187
parmi ... 30
parnassien ... 267
parodie ... 35
paroi ... 85
paroisse ... 178
paroissien ... 206 267
parole ... 159
parolier ... 24 262
paronyme ... 34
paroxysme m ... 34
parpaing ... 233
parquet ... 13 230
parqueter ... 332
parrain ... 64
parrainage ... 144
parricide ... 179
parsemer ... 329
part f ... 372
partager ... 328
partance ... 179
partenaire ... 222
parterre m ... 14
parthénogenèse ... 117
parti ... 30 372
partial ... 181 289
participe ... 179
particule f ... 159
particulier ... 24 262
partie ... 35 372
partiel ... 199 260
partir ... 337
partisan ... 72
partitif ... 125 265
partition ... 214
partout ... 230
parturiente ... 97
parure ... 223
parution ... 214
parvis m ... 35
pas ... 275
pas-de-porte m ... 285
paso doble ... 285
passable ... 178
passade ... 178
passage ... 178
passager ... 24 262
passant ... 73 230
passe ... 178
passé ... 178
passe-montagne(s) m ... 285
passe-bande ... 285
passe-droit(s) m ... 285
passe-passe ... 285
passe-plat(s) m ... 285
passe-temps m ... 285
passéisme ... 22
passeport ... 230
passereau ... 44 277
passerelle ... 14
passible ... 225
passif ... 125 265
passing-shot(s) m ... 285
passion ... 178
passionnant ... 73 230
passionnel ... 166 260
passoire ... 222
pastel ... 159
pastèque f ... 148
pasteur ... 170
pastiche m ... 104
pastille ... 98
pastis ... 177
pastoral ... 289
pastoureau ... 44 277
pat inv ... 115 372
patache f ... 104
patachon ... 80
pataquès ... 148
patata... inv ... 1
patate ... 115
patati... inv ... 30
patatras ! ... 177
pataud ... 43
patauger ... 328
patchouli m ... 104
patchwork m ... 150
pâte ... 2 372
pâté ... 2 372
pâtée ... 27 372
patelin ... 224
patenôtre f ... 285
patent ... 73 230
patente ... 115
pater ... 24 372
pater noster ... 285
patère f ... 10 372
paternalisme ... 170
paternel ... 260
paternité ... 22
pâteux ... 54 272
pathétique ... 117
pathogène ... 117
pathologie ... 117
pathos ... 177
patibulaire ... 11
patiemment ... 3
patience ... 181
patin ... 62
patinage ... 10
patine f ... 165
patinette ... 14
patinoire ... 222
patio ... 181
pâtisserie ... 35
patois ... 275
patoisant ... 73 230
patraque ... 148
pâtre ... 225
patriarcat ... 97 230
patriarche ... 97
patricien ... 204 267
patrie ... 35
patrimoine ... 85
patrimonial ... 140 289
patriote ... 97
patron ... 80
patronage ... 143
patronat ... 1 9 230
patronnesse ... 166
patronyme ... 34
patrouille ... 98
patte ... 116 372
pattemouille f ... 285
pattern m ... 116
pâturage ... 10

pâture 223
paume f 43 372
paumelle 43
paumoyer 87 334
paupérisme 43
paupière 43
paupiette 43
pause 43 372
pause(s)-café f 285
pauvreté 22
pavane f 165
pavé 22
pavillon 98
pavlovien 63 267
pavois 86 275
pavot 46 230
paye 97
payer 333
payeur 97 264
pays 34
paysager 34
paysan 34
paysannerie 34
péage 143
péan 72
peau 44 277 372
peau(x)-rouge(s) 285
peaufinage 44
peaussier 44 372
pécari 30
peccadille f 98
péché 22
pêche 104
pêcher 24
pécheur 264
pêcheur 10
pécore f 221
pectoral 15 289
pécule m 147
pécuniaire 11
pédagogie 35
pédale 159
pédalier 24
pédalo 42
pédant 73 230
pédanterie 35
pédérastie 35
pédestre 225
pédiatre 225
pédicule m 159
pédicure 223
pedigree m 27
pédo-psychiatre(s) 322
pédoncule m 159
peeling m 36
pègre f 10
peigne 12
peignoir 170
peinard 12
peindre 345
peine 12 372
peintre 65
peinture 65
péjoratif 10 265
pékinois 150
pelade 131
pelage 143
pélagien 63
pêle-mêle 285
peler 331
pèlerin 62
pèlerinage 143
pèlerine 131
pélican 72
pelisse 178
pellagre f 14
pelle 14
pelle(s)-pioche(s) f 285
pelletée 27 372
pelleter 332
pellicule 14
pelotari 30
pelote 115
peloton 80
pelouse 187
peluche 372
pelucheux 54 272
pelure 223
pelvis 35
pénal 289
pénalité 22
penalty (pl en -ies ou -ys) 34
pénates m pl 115
penaud 43
penchant 73 230
pendant 73 230
pendeloque f 148
pendentif 72
penderie 35
pendule f 221
pendule m 221
pêne m 10 372
pénéplaine 64
pénétrer 330
pénible 225
péniche 225
pénicilline 160
péninsule 62
pénis 177 275
pénitence 72
pénitent 73 230
pénitentiaire 195
penne f 166 372
pennsylvanien 63 267
penny (pl : pennies ou pence) 34
pénombre f 81
penon 80 372
pense-bête(s) m 285
pensée 27
pension 215
pensionnaire 11
pensionnat 230
pensum 163
pentaèdre 225
pentagone 131
pentathlon 117
pentatonique 148
pente 72 372
pentecôtisme 45
pentu 72
pénultième 10
pénurie 35
péon 80
pépé m 22
pépée f 27
pépie f 35
pépiement 224
pépin 62
pépinière 221
pépite f 115
péplum m 163

péquenot 148 230
percale f 147
perce 179 372
perce-neige f 285
percée 27
percepteur 179
perceptible 225
perception 214
percer 327
percevable 225
percevoir 340
perche 104
perchiste 115
perchman 104
perchoir 170
perclus 229
percolateur 170
percussion 215
perdant 73 230
perdreau 44 277
perdrix 231
père 10 372
péremption 214
péremptoire 72
pérennité 166
perfection 214
perfide 118
perfidement 73
perforateur 264
perforation 214
performance 179
perfusion 187
pergola f 131
péricarde m 22
périgée m 27
périgourdin 62
péril 159
périlleux 98 272
périmètre 225
périnée m 27
périodicité 179
périodique 148
péripatéticienne 204
péripétie f 181
périphérie f 126
périphrase 126
périscope m 147
périssoire f 222
péristyle m 34
péritoine m 85
péritonite 115
perle 15 372
permanence 72
perméable 225
permettre 352
permis 270
permis de conduire m 285
permutation 214
pernicieux 209 272
péroné 22
péronnelle 14
péroraison 11
perpétrer 330
perpétuel 260
perpétuité 22
perplexité 182
perron 14
perroquet 13 230
perruche 14
perruque 148
pers 372
persan 72
perse 177 372
persécution 214
persévérance 179
persévérer 330
persienne 166
persiflage 143
persil 159
persillé 98
persistance 179
persona non grata 285
personnage 143
personnalité 22
personne 166
perspective 15
perspicace 177
persuasif 187 265
pertinemment 3
pertinent 73 230
perturbateur 264
pervenche 72
pervers 270 275
perversion 215
perversité 22
pesamment 3
pesanteur 170
pèse-personne(s) m 285
pèse-acide(s) m 285
pèse-bébé(s) m 285
pèse-lettre(s) m 285
pesée 27
peser 329
pessaire m 221
pessimisme 23
peste 221
pesticide m 177
pestiférer 330
pestilence 72
pestilentiel 199 260
pet 13 230
pet(s)-de-loup m 285
pétale m 159
pétanque 148
pétarade 115
pétard 10
pétaudière 43
pète-sec m 285
péter 330
pétillement 98
pétiole m 181
petit 230
petit vieux m 285
petit(s)-bourgeois m 285
petit(s)-beurre m 285
petit(s)-bois m 285
petit(s)-suisse(s) m 285
petit-nègre m 285
petite(s) fille(s) f 285
petitesse 14
pétition 214
petits pois m pl 285
petits-enfants m pl 285
pétrel m 159
pétrin 62
pétrochimie 35
pétrodollar 170
pétrole 159
pétulance 72
pétunia m 140
peu 280 315 372

peuh ! 53 372
peul 53
peuple 53
peuplier 53
peur 170
peureux 54 272
peut-être 285
pfennig m 166
phacochère m 126
phaéton 126
phagocytose f 126
phalange 126
phalanstère m 126
phalène f 126
phalère f 126
phallique 126
phallocrate 126
phalloïde 237
phallus 126
phanérogame 126
phantasme 126
pharamineux 54 272
pharaon 126
phare 126 362
pharisien 126 267
pharmaceutique 126
pharmacie 126
pharmacien 63 267
pharmacopée f 126
pharyngite 34
pharynx m 34
phase 126
phénicien 126 267
phénix 22 372
phénol 126
phénoménal 126 289
phénomène 10
phénoménologie 35
phénotype 34
phi m 126 362
philanthrope 117
philatélie 35
philharmonie f 285
philippine 108
philippique 148
philistin 126
philodendron 63
philologie 126
philosophe 126
philtre 126 362
phlébite 126
phlegmon 126
phobie f 126
phocéen 63
phonème m 10
phonétique 148
phonographe 126
phonothèque 117
phoque 148 362
phosphate m 126
phosphore 221
phosphorescent 180 230
photo 42
photocomposition f 285
photocopie 35
photogénique 148
photographie 35
photogravure f 285
photomaton 80
photon 80
photosynthèse 66
phototrope 126
phrase 187
phraséologie 35
phratrie 126
phréatique 126
phrénologie 126
phrygien 34 267
phtisique 126
phylactère m 221
phylloxéra 182
phylogenèse 126
physicien 204 267
physiologie 34
physionomie 34
physique 148
physiquement 73
phytoplancton 72
phytothérapie 34
pi 30 372
piaillement 98
pian 97
piano 42
piastre f 225
pic 147 372
pic(s)-vert(s) m 285
picador 170
picaillons 98
picard 233
picaresque 148
piccolo 149
pichenette 14
pichet 13 230
pickles m pl 150
pickpocket 150 230
picotement 73
picotin 62
picrate m 115
pictural 289
pidgin 143
pie 35 372
pièce 179
pied 25
pied(s)-bot(s) m 285
pied(s)-de-biche m 285
pied(s)-de-poule m 285
pied(s)-noir(s) 285
pied-à-terre 285
piédestal 278
piège 143
piéger 328 330
piémontais 11 270
pierraille 14
pierre 14
pierre(s) ponce(s) f 285
pierreries 35
pierrot 230
pietà 2
piétaille 98
piété 22
piéter 330
piéton 80
piètre 225
pieu 53 280 372
pieuvre 225
pieux 54 272 372
pif 125
pigeon 144
pigeonnier 144
piger 328
pigment 131

pignon 139
pignouf 139
pilaf 125
pilastre m 225
pilchard 233
pile 221
pileux 54 272
pilier 24
pillage 98
pillard 98
pilon 80
pilonnage 166
pilori 30
pilosité 22
pilote 115
pilotis 35
pilou 281
pilule 221
pimbêche f 62
piment 73
pimpant 62 230
pin 62 372
pin-up f 285
pinacle m 225
pince 179
pince(s)-monseigneur(s) f 285
pince-nez m 285
pince-sans-rire 285
pinceau 44 277
pincée 27
pincer 327
pincette 14
pinçon 179 372
pineau 44 277 372
pinède 10
ping-pong 285
pingouin 95
pingre 62
pinot 46 230 372
pinson 177 372
pintade 115
pintadeau 44 277
pinte f 62
pioche 104
piolet 13 230
pion 80
pioncer 327
pionnier 166 262
pipe 107
pipeau 44 277 372
pipeline m 221
piperade 118
pipette 14
piquage 148 372
pique 148 372
pique-assiette(s) 285
pique-feu m 285
pique-nique(s) m 285
piquet 13 230
piqueter 332
piquette 14
piqûre 148
piranha 235
pirate 115
piraterie 35
pire 221
pirogue 132
pirouette 14
pis 30 372
pis-aller 285
piscicole 180
pisciculture 180
piscine 180
pisé 187
pisse-froid m 285
pissenlit 178 230
pisseux 54 272
pistachier 24
piste 177
pisteur 170
pistil m 177
pistole f 159
pistolet 13 230
pistolet mitrailleur m 285
pistou 177 281
pitance 179
pitchpin 104
piteux 54 272
pithécanthrope 117
pithiviers 229
pitié 22
piton 80 372
pitoyable 97
pitre 225
pitrerie 35
pittoresque 148
pivert 230
pivoine f 85
pivot 46 230
pizza 189
pizzicato 189
placage 147 372
placard 233
place 179
placebo m 42
placenta m 179
placer 327
placet 13 230
placidité 179
plafond 82
plafonnage 166
plafonnier 166
plage 143
plagiaire 222
plagiat 230
plaid 11 118 372
plaidoirie 35
plaidoyer 97
plaie 11 220 372
plaignant 73 230
plain(s)-chant(s) m 285
plain-pied (de) 285
plaindre 345
plaine 11 372
plainte 64 372
plaisamment 3
plaisance 11
plaisancier 24 262
plaisantin 187
plaisir 11
plan 72 372
plan(s)-film(s) m 285
plan m 72
planche 72
planchette 14
plancton 147
planétaire 222
planète f 10
planification 214
planisphère m 126

planning 131
planque f 148
plant 73 230 372
plantain 64
plante 72
plantoir 170
planton 80
plantureux 54 272
plaquage 148 372
plaque 148
plaqué 148
plaquette 14
plasma m 177
plastic m 147 372
plastique 148 372
plastron 80
plat 1 9 230
platane 1
plate(s)-bande(s) f 285
plate(s)-forme(s) f 285
plateau 44 277
platée 27
platement 73
platine f 165
platine m 163
platitude 115
platonique 148
plâtras 229
plâtre 225
plâtreux 54 272
plausible 43
play-back m 285
play-boy(s) m 87 285
plèbe f 10
plébéien 97 267
plébiscite m 180
plectre m 225
pléiade f 97
plein 65 372
plein-emploi m 285
plénier 24
plénitude 22
pléonasme m 187
pléthore f 117
pleur 170
pleure-misère 285
pleurésie 53
pleureur 53 264
pleutrerie 53
plèvre f 10
plexiglas 182
plexus m 182
pli 30 372
plie f 30 220 372
plinthe f 62 372
pliocène 10
plissement 178
pliure 237
plomb 233
plombier 81
plombières f 81
plongée 27
plongeon 144
plonger 328
plouf ! 125
ployer 87 334
pluches f pl 372
pluie 220
plumard 233
plume 163
plumeau 44 277
plumet 13 230
plupart 230
pluralité 22
pluriel 97
plus 177
plus-que-parfait m sg 285
plus-value(s) f 285
plusieurs 229
plutonium m 163
plutôt 45 230 372
pluvieux 54 272
pluviosité 187
pneu 53 280
pneumatique 148
pneumonie 53
pneumothorax m 53
pochard 233
poche 104
poche(s)-revolver(s) 285
pochette 14
pochette(s) surprise(s) f 285
pochoir 170
podium 163
podologue 132
poêle f 372
poêle m 10 372
poêlon 10
poème 10
poésie 22
poète 10
poétesse 256
pogrom(e) m 163
poids 86 275 372
poids lourd m 285
poids mort m 285
poids plume m 285
poignant 85
poignard 233
poigne f 86
poignée f 27 372
poignet m 11 372
poil 372
poil-de-carotte m 285
poilu 85
poinçon 179
poinçonneur 179 264
poindre 345
poing 94 372
point 94 230 372
point de vue m 285
point mort m 285
pointe(s) sèche(s) f 285
pointeau 44 277
pointilleux 98 272
pointu 85
pointure 223
poire 222
poireau 44 277
pois 86 275 372
pois chiche m 285
poison 187
poissard 178
poisse f 178
poisseux 178 272
poisson 178
poisson(s)-scie(s) m 285
poissonnerie 166
poissonneux 54 272
poitevin 53

poitrail 98 279
poitrinaire 11
poitrine 165
poivre 225
poivron 80
poix f 372
poker 150
polaire 222
polarité 22
polaroïd 237
polder m 159
pôle 45
pôle Nord m 285
pôle Sud m 285
polémique f 148
polenta f 63
poli 30
police 179
policer 327
polichinelle m 14
policier 179 256
poliment 73
poliomyélite f 107
polissage 178
polisson 178 268
polissonnerie 166
polit(ic)ologie 147
politesse 14
politicard 233
politicien 179 267
politique 148
polka f 150
pollen m 63
pollueur 170
pollution 214
poltronnerie 166
polyamide m 285
polychrome 151
polyclinique 34
polycopié 34
polyculture 34
polyèdre 97
polyester m 97
polyéthylène 285
polygamie 34
polyglotte 34
polygone m 34
polymère 34
polymorphe 126
polynésien 187 267
polynôme m 45
polype m 34
polyphonie 126
polypore 221
polysémie 34
polystyrène 34
polytechnique 151
polythéisme 22
polyvalent 34 230
polyvinyle m 34
pommade 164
pomme 164 372
pommeau 44 277
pommelé 164
pommeler (se) 331
pommette 164
pompe 81
pompéien 81 267
pompeux 54 272
pompier 81
pompon 81
ponant 73 230
ponce f 179
poncer 327
poncho 104
poncif 179 265
ponction 214
ponctualité 147
ponctuel 147 260
pondaison 11
pondérer 330
poney 16
pont 82 230
pont(s)-levis m 285
ponte 80
pontife 80
pontificat 147 230
pontonnier 166
pool m 372
pop 107
pop-corn m 285
pope 107
popeline f 221
popote 41
populace 179
popularité 22
population 214
populeux 54 272
porc 372
porc(s)-épic(s) m 285
porcelaine 11
porcin 62
pore m 221 372
poreux 54 272
pornographie 126
porphyre m 126
porridge m 171
port 230 372
portail 98 279
portatif 125 265
porte 170
porte(s)-fenêtre(s) f 285
porte-enseigne(s) m 285
porte-à-faux 285
porte-à-porte 285
porte-avions m 285
porte-bagages m 285
porte-bonheur m 285
porte-carte(s) m 285
porte-clef(s) m 285
porte-couteau(x) m 285
porte-drapeau(x) m 285
porte-jarretelles m 285
porte-malheur m 285
porte-monnaie m 285
porte-parole m 285
porte-revues m 285
porte-savon(s) m 285
porte-serviette(s) m 285
porte-voix m 285
portée 27
portée (hors de) 285
portefaix 231
portefeuille m 98
portion 214
portique 148
portraire 339
portrait 11 230
portrait(s)-robot(s) 285
portuaire 222
portugais 131 270

pose 42 372
posément 187
positif 187 265
position 214
positivité 22
posologie 187
posséder 330
possessif 178 265
possession 215
post-partum 285
post-scriptum [PS] 285
poste 177
postérieur 170
postériorité 22
postérité 22
postface [f] 177
posthume 117
postiche [m] 104
postillon 98
postulat [m] 1
posture [f] 221
pot 46 230 372
pot(s)-de-vin [m] 285
pot(s)-pourri(s) [m] 285
pot-au-feu [m] 285
potable 225
potache [m] 104
potage 143
potager 24 262
potasse [f] 178
poteau 42 277
potée 27
potelé 224
potence [f] 179
potentat 230
potentialité 181
potentiel 199
potentiomètre 181
poterie 35
poterne [f] 165
potiche [f] 104
potier 24
potin 62
potinier 24
potion 214
potiron 80
pou 107 281 372
pouah ! 372
poubelle 14
pouce 179 372
poudre 225
poudreux 54 272
poudrier 24
poudrière 221
poudroiement 224
poudroyer 87 334
pouf 125
pouilleux 98 272
poujadisme 142
poulailler 98
poulain 62
poulbot 46 230
poule 372
poulet 13 230
poulette 14
pouliche 104
poulie 35
poulpe [m] 159
pouls 275 372
poumon 80
poupard 372
poupe [f] 107
poupée 27
poupin 62
pouponnière 166
pour 170
pourboire [m] 222
pourceau 44 277
pourcentage 143
pourlécher [se] 330
pourparlers 275
pourpoint 86
pourpre 221
pourquoi 148 372
pourrissement 178
pourriture 171
poursuite 177
pourtant 73 230
pourtour 170
pourvoi 85
pourvu 170
pourvu que 285
poussa(h) 178
pousse 178 372
pousse-café [m] 285
poussée 27
poussette 14 372
poussier 24 372
poussière 10
poussiéreux 54 272
poussif 178 265
poussin 62
poutre 225
poutrelle 14
pouvoir 170
pouvoir 338
præsidium 163
prag(u)ois 131
pragmatique 148
praire [f] 221
prairie 11
praliné 22
praline [f] 165
praticable 225
praticien 179 267
pratique 148
praxis [f] 182
pré 22 372
pré(s)-salé(s) [m] 285
préacheter 332
préalable 225
préambule [m] 72
préau 43 276
préavis 275
prébende [f] 72
précaire 147
précarité 22
précaution 214
précautionneux 54 272
précédemment 3
précédent 73 230
précéder 330
précepte 179
précepteur [m] 170
prêche [m] 10
précieux 54 272
précipice [m] 179
précipitamment 3
précis 270
précisément 187
précision 187

précoce 179
préconçu 179
précontraint 64 230
précurseur 177
prédateur 170
prédécesseur 178
prédestination 214
prédicable 225
prédicat 230
prédiction 214
prédilection 147
prédominance 179
prééminence 179
préemption f 22
préface 179
préfacer 327
préfectoral 147 289
préfecture 147
préférence 179
préférentiel 199 260
préférer 330
préfet 13 256
préfète 10
préfixe 182 372
prégnance f 98
préhensible 235
préhistoire 235
préjudice m 179
préjudiciable 179
préjugé 142
préjuger 328
prélat 1 9
prélèvement 73
prélever 329
préliminaire 222
prélude m 22
prématuré 22
prémices f 372
premier 24
premier(s)-né(s) 285
premièrement 10
prémisse f 178 372
prémonition 214
prémonitoire 222
prenant 73 230
prénatal 289
preneur 264
prénom 81
préoccupation 181
préparation 214
préparatoire 222
prépayer 333
prépondérance 179
préposé 187
préposition 214
prépuce m 179
prérégler 330
prérogative 131
près 372
présage 144
présager 328
presbyte 34
presbytère 34
presbytérien 63 267
presbytie 181
prescience 180
prescription 214
préséance 177
présélection 177
présence 187
présent 187 230
présentateur 256
présentement 73
présentoir 170
préservateur 264
préservatif 187
présidence 179
président 73 230
présidentiel 199 260
présidium 163
présomptif 81
présomption 81
présomptueux 81 272
presqu'île f 148
presque 148
presse 221
presse-bouton 285
presse-citron m 285
presse-fruits m 285
presse-papiers m 285
presse-purée m 285
pressentiment 14
pressentir 337
pressing 178
pression 215
pressoir 170
pressurisé 178
prestance f 179
prestation 214
preste 115
prestement 73
prestidigitateur 256
prestidigitation 214
prestige 143
prestigieux 54 272
presto 42
présure f 187
prêt 10 230 372
prêt(s)-à-porter m 285
pretantaine (ou *prétentaine*) 72
prétendant 73 230
prétendument 73
prétentaine (ou *pretantaine*) 72
prétentieux 210 272
prétention 214
prétérit 115 230
prétérition 214
prêteur 264
prétexte 115
prétoire m 222
prêtre 225
prêtre(s)-ouvrier(s) m 285
prêtresse 14
prêtrise 187
preuve 53
preux 54
prévarication 214
prévenant 73 230
préventif 125 265
prévention 214
préventorium 163
prévenu 22
prévisionnel 166 260
prévôt 45 230
prévôté 45
prévoyance 97
prie-Dieu m 285
prière 221
prieur 97 264
prieuré 22
primaire 222

primat 230
primate m 115
primauté 22
prime 163
primesautier 224 262
primeur f 170
primevère 221
primipare 221
primitif 125 265
primo 42
primogéniture 143
primordial 289
prince 179
prince-de-galles m 285
princeps inv 177
princesse 14
principal 179 289
principalement 73
principauté 43
printanier 62 262
printemps 275
priorat 230
prioritaire 222
priorité 22
prise 187
priseur 170
prisme 187
prisonnier 187 262
privatif 125 265
privation 214
privatisation 214
privauté 43
privé 27
privilège 143
prix 275
probabilité 22
probable 225
probant 73 230
probation 214
probatoire 222
probité 22
problématique 148
problème 10
procédé 22
procéder 330
procédure 223
procédurier 24 262
procès 229
procès-verbal m (pl -aux) 278 285
processeur 178
procession 215
processionnaire 166
processus 178
prochain 64
prochainement 73
proche-oriental m (pl -aux) 285
proclamation 214
procréateur 264
procurateur 170
procuration 214
procureur 256
prodigalité 131
prodige 143
prodigieux 54 272
prodigue 132
prodrome m 42
productif 147 265
production 214
productivité 147
produit 230
proéminence 22
profanation 214
profane 165
proférer 330
professeur 178 256
profession 215
professionnel 178 260
professorat 1 9
profil 159
profit 230
profiterole f 221
profiteur 264
profond 82
profondément 22
profondeur 170
profusion 187
progéniture f 143
progestatif 265
progestérone f 143
programmateur 164
programmation 214
programme 164
progrès 275
progressif 178 265
progression 215
prohibitif 235 265
prohibition f 235
proie 220
projectile 159
projection 214
projectionniste 166
projet 13 230
projeter 332
prolapsus m 285
prolégomènes m 275
prolétaire 222
prolétariat 97 230
prolétarien 63 267
prolifération 214
proliférer 330
prolifique 148
prolixité 182
prologue 132
prolongation 131
prolonger 328
promenade 118
promener 329
promeneur 264
promenoir 170
promesse 14
prométhéen 117
prometteur 14 264
promettre 352
promiscuité 147
promontoire m 222
promoteur 170
promotion 214
promotionnel 181 260
prompt 230
promulgation 214
prône 45
pronom 81
pronominal 289
prononçable 179
prononcer 327
prononciation 214
pronostic 147
pronostiqueur 148
pronunciamiento 63
propagande 131

propagateur 264
propagation 214
propager 328
propane m 163
propédeutique f 148
propension f 215
propergol 131
prophète 126
prophétesse 126
prophétie 181
prophylactique 34
prophylaxie 34
propice 179
propitiatoire 181
proportion 214
proportionnalité 181
proportionnel 181 260
propos 47
proposition 214
propositionnel 181 260
propre 221
propre(s)-à-rien m 285
propreté 22
propriétaire 97
propriété 22
propulseur 177
propulsion 215
propylée m 34
prorata 1
prorogatif 131 265
proroger 328
prosaïque 237
proscenium 180
proscrit 147 230
prose 187
prosélytisme 34
prosodie 42
prospecteur 170
prospectif 125 265
prospection 214
prospective 147
prospectus 177
prospère 221
prospérer 330
prospérité 22
prostate f 115
prosternation 214
prostitution 214
prostration 214
protagoniste 131
prote m 115
protecteur 264
protection 214
protection-mémoire f 285
protectionnisme 181
protectorat 1 9
protège-cahier(s) m 285
protège-dents m 285
protège-tibia(s) m 285
protéger 328 330
protéine f 22
protestant 73 230
protestataire 222
protestation 214
protêt 13 230
prothèse f 117
protide 115
protocolaire 222
protocole m 147
proton 80
protoplasme m 187
prototype m 34
protozoaire m 186
protubérance 179
prou 107 281 372
proue 220 372
prouesse 14
provenance 179
provençal 179 289
provende f 72
proverbial 289
providence 179
providentiel 199 260
province 62
provincial 62 289
provincialisme 177
proviseur 187 256
provisionnel 187 260
provisoire 222
provisoirement 85
provisorat 1 9
provocant 147 230
provocateur 264
provocation 214
proxénète 182
proxénétisme 115
proximité 182
prud'homal(le) 235
prud'homie 35
prud'homme 164
prude 118
prudemment 3
prudence 179
prudent 73 230
pruderie 35
prune 165
pruneau 44 277
prunelle 14
prunier 24
prurigineux 54
prurit m 35
prytanée m 34
ps(it)t ! 117
psalmodie 35
psaume 43
psautier 43
pseudonyme 53
psi 177
psittacisme 177
psittacose 177
psoriasis m 177
psychanalyse 34
psychanalytique 34
psyché f 34
psychédélique 151
psychiatre 151
psychiatrie 151
psychisme 104
psychodrame 151
psychologie 151
psychologue 132
psychomoteur 151 264
psychopathe 151
psychose f 151
psychosomatique 177
psychothérapeute 117
psychothérapie 151
psychotique 151
ptérodactyle 34
ptôse 187
puanteur 72

pub ... 60
pubère ... 221
pubertaire ... 222
puberté ... 22
pubescent ... 180 230
pubien ... 72 267
pubis ... 35
public ... 147
publicain ... 64
publication ... 214
publicitaire ... 222
publicité ... 179
publiquement ... 148
puce ... 179
puceau ... 44 277
pucelage ... 143
pucelle ... 14
puceron ... 179
pudding ... 119
pudeur ... 170
pudibond ... 82
pudibonderie ... 35
pudicité ... 22
puéricultrice ... 179
puériculture ... 223
puéril ... 159
puerpéral ... 15 289
pugilat ... 1 9
pugnace ... 131
puîné ... 22
puis ... 30 372
puisque ... 148
puissamment ... 3
puissance ... 178
puissant ... 73 230
puits ... 30 275 372
pull ... 160
pull-over(s) m ... 285
pullman ... 160
pullulement ... 160
pulmonaire ... 222
pulpeux ... 54 272
pulque m ... 148
pulsation ... 214
pulsion ... 215
pulsionnel ... 177 260
pulvérisateur ... 187
pulvérisation ... 214
puma m ... 1
punaise ... 11
punch m ... 104
punique ... 148
punissable ... 225
punitif ... 125 265
punition ... 214
pupille [pypij] ... 98
pupille [pypil] ... 160
pupitre ... 225
pur ... 170
pur-sang m ... 285
purée ... 27
purement ... 224
pureté ... 224
purgatoire m ... 222
purge ... 143
purger ... 328
purgeur ... 144
purification ... 214
purin ... 62
purisme ... 177
puritain ... 64
puritanisme ... 177
purulence ... 72
pus ... 229
pusillanimité ... 160
pustule f ... 159
pustuleux ... 54 272
putain ... 64
putatif ... 125 265
putois ... 86 275
putréfaction ... 214
putrescible ... 180
putridité ... 22
putsch m ... 105
puy ... 34 372
puzzle m ... 189
pygmée ... 34
pyjama ... 34
pylône ... 34
pyramidal ... 34 289
pyramide ... 34
pyrénéen ... 63
pyrex ... 15 275
pyrite f ... 34
pyrogravure ... 34
pyrolyse ... 34
pyromane ... 34
pyromanie ... 34
pyrotechnie ... 151
pyrotechnique ... 151
pythagoricien ... 117 267
pythie f ... 117
python ... 34 372
pythonisse ... 117

q

qu'en-dira-t-on m ... 322
quadragénaire ... 148
quadrangulaire ... 148
quadrant ... 148 230 359
quadrature ... 148
quadrichromie ... 148
quadriennal ... 148 289
quadrige m ... 148
quadrilatère ... 148
quadrillage ... 98
quadrille m ... 98
quadripartite ... 148
quadrumane ... 148
quadrupède ... 148
quadruple ... 148
quai ... 148
quaker ... 60
qualificatif ... 148 265
qualitatif ... 148 265
qualité ... 148
quand ... 74 316 367
quant ... 73 316 367
quanta m pl ... 148
quantième ... 10
quantification ... 148
quantique ... 148 359
quantitatif ... 148 265
quantité ... 148
quantum ... 163
quarantaine ... 148
quarante ... 148
quart ... 148 230 359

quart d'heure m 285
quart(s)-de-pouce m 285
quarte 148
quarté 148
quarteron 148
quartette m 14
quartier 24
quartier(s)-maître(s) m 285
quarto 148
quartz m 148
quasi 148
quasiment 148
quater 148
quaternaire 148
quatorze 186
quatorzième 186
quatrain 64
quatre 148 291
quatre-cent-vingt-et-un m (jeu) 322
quatre-quarts m 322
quatre-saisons f 285
quatre-temps m 285
quatre-vingts 293 322
quattrocento 148
quatuor 148
que 148
québécois 148 270
quel 148 317
quelconque 148
quelqu'un 148
quelque 148 373
quelque chose 285
quelquefois 148
quelques-uns 322
quémandeur 148 264
quenelle 148
quenotte f 148
quenouille 98
querelle 14
question 148
questionnaire m 221
questure 223
quête 10
quêteur 10
quetsche f 148
queue 55 373
queue leu leu (à la) 285
queue(s)-d'aronde f 285
queue(s)-de-cheval f 285
queue(s)-de-rat f 285
queux 54 373
qui 148 367
qui est-ce qui ? 285
quiche 148
quiconque 148
quidam 148
quiétude 148
quignon 139
quille 98
quincaillerie 148
quincaillier 24
quinconce m 147
quine m 148
quinine f 148
quinquagénaire 148
quinquennal 148 289
quinquet 148 230
quintal 148 278
quinte 148
quintessence 148
quintette m 14
quinzaine 186
quinze 186
quiproquo 42
quittance 179
quittancer 327
quitte 148
quitus 148
quoi 85 148 359
quoique 148 373
quolibet 148 230
quorum m 51
quota m 148
quote(s)-part(s) f 285
quotidien 63 267
quotient 181 230
quotité f 148

r

ra 1 374
rab(e) m 110
rabâchage 2
rabâcheur 2 264
rabais 11
rabatteur 264
rabattre 352
rabbin 110
rabelaisien 63 267
rabiot 46 230
rabique 148
râble 225
rabot 46 230
raboteux 54 272
rabougri 131
racaille 131
raccommodable 164
raccord 149
raccourci 149
raccroc 149
race 179
racé 22
rachat 1 9 230
racheter 332
rachever 329
rachidien 63 267
rachis m 177
rachitique 148
racial 179 289
racine 179
racket [Rakɛt] m 150 374
raclée 27
raclement 147
raclette 14
racolage 143
racoleur 264
racontar 170
radar 170
rade 118
radeau 44 277
radian 72 374
radiateur 170
radiation 214
radical 147 278
radicelle 14
radiesthésie 117
radieux 54 272
radin 62
radio 42

radioactif 265
radioactivité 22
radiodiffusion 187
radioélément m 285
radiographie 126
radiologie 35
radioscopie 35
radiothérapie 117
radis 275
radium m 163
radius m 177
radjah 15
radoub m 110
rafale 159
raffermissement 178
raffinerie 125
raffut 125 230
rafiot 46 230
rafistolage 143
rafle 225
rafraîchissement 11
rage 143
rager 328
raglan m 131
ragondin 131
ragot 46 230
ragoût 230
ragoûtant 131 230
ragtime m 131
rai m 11 374
raid 11 374
raide 11 374
raidillon 98
raie 220 374
raifort m 11
rail m 98
raillerie 98
railleur 98 264
raineter 332
rainette 11 374
rainure 11
raire 339
raisin 11
raison 11
raisonnable 11
raisonnement 11
rajeunissement 178
rajout 230
raki m 150
râle m 2
ralentissement 178
ralliement 224
rallonge 143
rallonger 328
rallye m 34
ramadan 72
ramage 143
ramassage 178
ramassis 35
rambarde 72
ramdam m 131
rame 163
rameau 44 277
ramener 329
ramequin 148
rameur 264
rami m 30 374
ramier 24
ramification 214
ramille f 98
ramonage 143
rampe 72
rancard 374
rancart 230 374
rance 179
ranch 104
rancœur f 59
rançon f 179
rancune 165
rancunier 24 262
randonnée 27
rang 233
rang d'oignon(s) (en) 285
rangée 27
ranger 328
rapace 179
rapatriement 224
râpe 2
râpeux 54 272
raphia m 126
rapiat 1 9 230
rapidité 22
rapiéçage 179
rapiécer 327
rapiécer 327 330
rapiéceter 332
rapière 221
rapine f 165
rappel 159
rappeler 331
rapport 230
rapprochement 108
rapt 115 230
raquette f 148 374
rare 221
raréfaction 214
rarement 73
rareté 224
rarissime 178
ras 1 229 374
rasade 187
rascasse f 178
rase-mottes m 285
rasoir 170
rassemblement 73
rasseoir (se) 342
rasséréner 330
rassis 35 287
rasta 177
rastaquouère m 148
rat 1 230 374
rata m 1
ratafia m 1
ratatouille 98
rate 115
raté 22
râteau 44 277
râteler 331
râtelier 24
ratification 214
ration 214
rationalisme 181
rationnel 181 260
ratissage 143
raton 80
raton laveur m 285
rattachement 116
rattrapage 116
rature 223
rauque 43 374
ravager 328

ravalement 73
ravaudage 43
ravier 24
ravigote f 131
ravin 62
ravine 165
ravioli 30
ravissement 178
ravitaillement 98
rayer 333
rayon 97
rayonnage 97
rayonne 97
rayure 97
raz 275 374
raz(-)de(-)marée m 285
razzia f 189
ré 72 374
réaction 214
réactionnaire 214
réadmettre 352
réajustement 73
réaléser 330
réalisateur 264
réalité 22
réaménager 328
réamorcer 327
réapparaître 348
réarranger 328
réassortiment 178
rébarbatif 125 265
rebattre 352
rebec m 147
rebelle 14
rébellion f 14
reblochon 104
rebond 82
rebondissement 178
rebord 233
rebours 229
rebouteux 54 275
rebuffade 118
rébus m 177
rebut 230
recacheter 332
récapitulation 214
recarreler 331
recéder 330
recel 159
receler 331
recéler 330
receleur 170
récemment 3
recensement 177
recension 215
récent 73 230
recéper 330
récépissé 178
réceptacle 225
récepteur 264
réception 214
réceptionniste 214
récession 215
recette 14
receveur 170
recevoir 340
rechanger 328
rechapage 143
rechargeable 144
recharger 328
réchaud 43
réchauffement 43
rêche 10
rechute 115
récidive 179
récif 179
récipiendaire m 221
récipient 73 230
réciprocité 179
réciproque 148
récit 230
récital 179 278
réclame 163
reclus 270
réclusion 187
recoin 85
récolte 42
recommandation 214
recommencer 327
recomparaître 348
récompense 81
réconciliation 214
recongeler 331
reconnaissance 178
reconnaître 348
reconsidérer 330
reconversion 215
record 374
recordman 163
recorriger 328
recoupement 73
recourir 338
recours 229
recréation 214
récréation 214
recroître 351
recru 147 374
recrû 374
recrudescence 180
recrue 220 374
recrutement 73
rectangle 131
rectangulaire 222
recteur 256
rectification 214
rectiligne 139
rectitude 147
recto 147
recto verso 285
rectorat 230
rectum 163
reçu 179
recueil 59
recueillement 59
recul 147
récupération 214
récupérer 330
récurage 143
récurrence f 179
récursif 177 265
recyclage 34
rédacteur 256
rédactionnel 214 260
reddition 214
redéfaire 347
rédempteur 11
redéployer 87 334
redevance 179
redevoir 341
rédhibitoire 235
rédiger 328

redingote 131
redire 349
redite 115
redondance 179
redoute 115
redoux 275
redressement 14
réducteur 264
réduit 230
réécriture 22
réédition 22
réel 22 260
réélection 22
réemploi 22
réemployer 87 334
réengager 328
réensemencer 327
réessayer 333
refaire 347
réfection 214
réfectoire m 222
référé m 22
référence 179
référencer 327
referendum (ou référendum) 163
référentiel 199 260
référer (se) 330
reflet 13 230
refléter 330
reflex 15 275 374
réflexe 182 374
réflexion 216
reflux 182 272
reforger 328
réformateur 264
réforme 163
refoulement 73
réfractaire 222
refrain 64
réfréner 330
réfrigérateur 170
réfrigérer 330
réfringence 143
refroidissement 178
refuge 143
réfugié 143
refus 275
réfutation 214
regain 64
régal 131 278 374
régalien 63 267
regard 233
régate f 131
regeler 331
régence 179
régénérer 330
régent 73 230
reggae [Rege] m 133
régicide 143
régie 35
régime 143
régiment 73
régional 289
régisseur 256
registre 225
réglage 143
règle 225
règlement 73
réglementaire 222
réglementation 214
régler 330
réglette 14
réglisse f 178
règne 10
régner 330
regorger 328
régression 215
regret 13 230
regrettable 14
régularité 22
réhabilitation 235
réimpression 22
rein 65
réincarcérer 330
réincarnation 22
reine 12 374
reine(s)-claude(s) f 285
reine(s)-marguerite(s) f 285
reinette 14 374
réinsérer 330
réinsertion 177
réintégration 214
réintégrer 330
réinterpréter 330
réitérer 330
reître m 225
rejet 13 230
rejeter 332
rejeton 80
rejoindre 345
rejointoyer 87 334
réjouissance 22
relâche f 1
relais 11
relance 179
relancer 327
relation 214
relativité 22
relaxation 181
relaxe 182
relayer 333
relégation 214
reléguer 330
relent 73 230
relève 10
relever 329
relief 125
religieux 54 272
religion 10
reliquaire m 148
reliquat 148 230
reliure 223
reloger 328
rem m 163
remake [Rimɛk] m 150
rémanence 179
remanger 328
remaniement 224
remarquable 148
remblai m 11
remblaiement 224
remblayer 333
rembourrage 170
remboursement 73
remède 10
remembrement 73
remener 329
remerciement 224
remettre 352

réminiscence ... 180
remise ... 187
rémission ... 215
rémittent ... 73 230
remmener ... 329
remodeler ... 331
rémois ... 86 270
remonte-pente(s) m ... 285
remontoir ... 170
remontrance ... 179
remords ... 229
remorqueur ... 148
rémoulade ... 22
rémouleur ... 170
remous ... 229
rempailleur ... 98 264
rempaqueter ... 332
rempart ... 230
rempiéter ... 330
remplacer ... 327
remplissage ... 178
remployer ... 87 334
remuement ... 224
rémunération ... 214
rémunérer ... 330
renaissance ... 178
renaître ... 348
rénal ... 289
renard ... 233
rencard ... 233
renchérisseur ... 178
rencontre ... 225
rendement ... 73
rendez-vous m ... 285
rêne f ... 10 374
renégat ... 1 9
renflouement ... 224
renforcer ... 327
renfort ... 230
rengager ... 328
rengaine ... 11
rengorger (se) ... 328
rengrener ... 329
rengréner ... 330
reniement ... 224
renifleur ... 170
renne m ... 166 374
renom ... 81
renommée ... 164
renoncer ... 327
renonciation ... 214
renoncule f ... 147
renouveau ... 44 277
renouvelable ... 225
renouveler ... 331
renouvellement ... 14
rénovateur ... 264
renseignement ... 12
rentable ... 225
rente ... 72
rentier ... 24
rentraire ... 339
rentrayer ... 333
rentrée ... 27
renvoi ... 85
renvoyer ... 87 334
réopérer ... 330
repaire m ... 11 374
repaître (se) ... 348
reparaître ... 348
réparation ... 214
repartager ... 328
repartie ... 35
repartir ... 337
répartition ... 214
repas ... 8 275
repassage ... 178
repayer ... 333
repêchage ... 10
repeindre ... 345
repentir ... 72
repentir (se) ... 337
repérage ... 10
repercer ... 327
répercussion ... 215
repère ... 10 374
repérer ... 330
répertoire ... 170
répéter ... 330
répétiteur ... 264
répétition ... 214
repincer ... 327
répit ... 35 230
replacer ... 327
replet ... 13 263
repli ... 30
réplique ... 148
replonger ... 328
reployer ... 87 334
répondant ... 73 230
répons m ... 229
réponse ... 177
report ... 230
reportage ... 143
reporter ... 24
repos ... 47 275
repose-pied m ... 285
repose-tête m ... 285
repoussoir ... 170
répréhensible ... 235
représailles ... 275
répression ... 215
réprimande ... 72
repris de justice m ... 285
reprise ... 187
réprobation ... 214
reproche ... 10
reproduction ... 214
reprographie ... 126
reps m ... 177
reptation ... 214
reptile ... 159
républicain ... 64
république ... 148
répugnance ... 139
répulsion ... 215
réputation ... 214
requête ... 10
requiem m ... 148
requin ... 148
requin pèlerin m ... 285
réquisition ... 214
réquisitoire m ... 170
rescapé ... 147
rescousse ... 178
réseau ... 44 277
réséda m ... 187
resemer (ou ressemer) ... 329
réséquer ... 330
réservation ... 214
réserve ... 187

réservoir ... 170
résident ... 73 230 374
résidentiel ... 199 260
résidu ... 187
résignation ... 214
résiliation ... 97
résille f ... 98
résine ... 187
résineux ... 54 272
résistance ... 179
résolument ... 73
résolution ... 214
résonance ... 179
résorption ... 107
résoudre ... 346
respect ... 230
respectif ... 147 265
respectueux ... 54 272
respiration ... 214
respiratoire ... 170
responsabilité ... 22
resquilleur ... 98
ressac ... 147
ressaisissement ... 178
ressayer ... 333
ressemblance ... 72
ressemelage ... 178
ressemeler ... 331
ressemer (ou resemer) ... 329
ressentiment ... 178
ressentir ... 337
resserrement ... 14
ressort ... 178 230
ressortir ... 337
ressortissant ... 178 230
ressource ... 178
ressourcer (se) ... 327
ressuyer ... 334
restaurant ... 43 230
restauration ... 43
restitution ... 214
restoroute m ... 42
restreindre ... 345
restriction ... 214
resucer ... 327
résultat ... 1 9
résumé ... 22
résurgence ... 72
résurrection ... 214
retable m ... 225
rétablissement ... 178
retard ... 233
retardataire ... 221
reteindre ... 345
rétention ... 214
retentissement ... 178
retenue ... 220
réticence f ... 179
réticule m ... 147
rétif ... 125 265
rétine ... 165
retors ... 10
rétorsion ... 215
retouche ... 104
retour ... 170
retracer ... 327
rétractation ... 214
rétractile ... 159
retraire ... 339
retrait ... 11 230
retraite ... 11
retranchement ... 73
retransmettre ... 352
rétrécissement ... 177
rétreindre ... 345
rétribution ... 214
rétro ... 42
rétroactif ... 22 265
rétrocéder ... 330
rétrograde ... 131
rétrospective ... 147
retrouvailles ... 275
rétroviseur ... 187
rets m ... 374
réunion ... 140
réussite ... 178
revalorisation ... 214
revanchard ... 233
revanche ... 72
rêve ... 10
revêche ... 10
réveil ... 98
réveille-matin m ... 285
réveillon ... 98
révélation ... 214
révéler ... 330
revendicatif ... 147 265
revenu ... 53 374
réverbération ... 214
réverbère ... 221
réverbérer ... 330
révérence ... 179
révérend ... 74
révérer ... 330
rêverie ... 220
revers ... 275
réversible ... 225
revêtement ... 10
revêtir ... 337
rêveur ... 10 264
revient ... 63 230
revirement ... 53
révisionnel ... 166 260
réviviscence ... 180
révocation ... 214
révolte ... 41
révolu ... 42
révolution ... 214
révolutionnaire ... 222
revolver ... 170
revue ... 220
révulsif ... 177 265
révulsion ... 215
rewriter m ... 60
rez-de-chaussée ... 285
rhapsodie ... 172
rhénan ... 172
rhéostat m ... 172
rhésus m ... 172
rhétorique ... 172
rhinite ... 172
rhino-pharyngite(s) f ... 285
rhinocéros ... 172
rhizome m ... 172
rhô ... 45 374
rhodanien ... 267
rhododendron ... 172
rhubarbe ... 172
rhum [ʀɔm] ... 172
rhumatisme ... 172
rhume [ʀym] ... 172

ria f 97
ribambelle f 72
ribonucléique 22
ribote f 115
ric-rac **285**
ricanement 147
richard 233
riche 225
richesse 14
ricin 62
ricochet 13 230
rictus 177
ride 118
rideau 44 **277**
ridelle 14
ridicule 147
riemannien 72 **267**
rien 72
riesling 224
rieur **264**
rififi 30
rifle m 225
rigidité 22
rigole f 131
rigolo (f : *rigolote*) 131
rigorisme 131
rigoureux 54 **272**
rigueur 132
rillettes f 98
rimailleur f 98
rime f 163
rimmel 164
rinçage 179
rince-bouche m **285**
rince-bouteilles m **285**
rince-doigts m **285**
rincer **327**
ring m 131
ripaille 98
ripolin 62
riposte f 41
riquiqui (ou *rikiki*) **285**
rire 221
ris 35 374
risée 27
risette 14
risible 225
risotto 42
risque 148
risque-tout m **285**
ristourne f 177
rite m 115
ritournelle 14
rituel **260**
rituellement 14
rivage 143
rival **278**
rivalité 22
riverain 64
rivet 13 230
rivetage 143
riveter **332**
rivière 221
rixe f 182
riz 30 **275** 374
rizière 186
robe 110 374
robinet 13 230
robinetterie 14
robot 46 230
robotisation f 214
robustesse f 14
roc 147 374
rocade 147
rocaille 98
rocailleux 54 **272**
rocambolesque 148
roche 225
rocher 24 374
rocheux 54 **272**
rock 150 374
rock and roll (*rock'n roll*) m **285**
rocker 150
rocking-chair m **285**
rococo 147
rodage 143
rodéo 42
rôdeur 45 **264**
rogatoire 222
rogne 98
rognon 98
rognure f 98
rogue 132
roi 85
roitelet 13 230
rôle 45
romain 64
roman 72 374
roman m 72 374
romance 179
romancer **327**
romanche m 72
romancier 24 **256**
romand 74 374
romanesque 148
romanichel 104
romantique 148
romantisme 72
romarin 62
rombière f 221
rompu 81
romsteck 150
ronce f 179
ronchonneur 170
rond 82
rond(s)-de-cuir m **285**
rond(s)-point(s) m **285**
ronde 80
rondeau 44 **277** 374
rondelet 13 **263**
rondelle 14 374
rondeur 170
rondin 62
rondo 42 374
ronéo 42
ronflement 73
ronger **328**
rongeur 143
ronronnement 166
röntgen 15
roque m 148 374
roquefort 148 230
roquet 13 230
roquette f 14
rosace f 187
rosaire m 221
rosâtre 225
rosbif 125
rose 187 **294**
rosé 187 374
roseau 44 **277**

rosée ... 27 374
roséole f ... 187
roseraie ... 220
rosette ... 14
rosière ... 221
rosse ... 178
rosserie ... 178
rossignol ... 178
rostre m ... 225
rot ... 46 230 374
rôt ... 45 230 374
rotary ... 34
rotatif ... 125 **265**
rotation ... 214
rote f ... 41 374
rôti ... 30 374
rôtie ... 30 220 374
rotin ... 62
rôtisserie ... 178
rôtisseur ... 170
rôtissoire ... 222
rotonde ... 80
rotor m ... 170
rotule f ... 42
roturier ... 24 **262**
rouage m ... 143
roublard ... 233
rouble m ... 225
roucoulade ... 147
roucoulement ... 73
roue ... 220 374
rouelle ... 14
rouerie ... 220
rouet ... 13 230
rouge ... 143
rouge(s)-gorge(s) ... **285**
rougeâtre ... 144
rougeaud ... 144
rougeoient ... 144
rougeole ... 144
rougeoyer ... 87 **334**
rouget ... 13 230
rougeur ... 143
rouille ... 98
rouissage m ... 178
roulade ... 118
rouleau ... 44 **277**
roulement ... 73
roulette ... 14
roulis ... 35
roulotte ... 116
roumi ... 30
round ... 118
roupie ... 220
rouquin ... 148
rouspéter ... **330**
roussâtre ... 225
roussette ... 178
rousseur ... 178
roussin ... 178
routage ... 143
route ... 131
routier ... 24 **262**
routine ... 165
routinier ... 24 **262**
roux ... **272** 374
royalement ... 97
royalties f ... 97
royaume ... 97
royauté ... 97
ru ... 374
ruade ... 118
ruban ... 72
rubato ... 42
rubéole ... 41
rubicond ... 82
rubis ... 35
rubrique ... 148
rucher ... 24
rude ... 118
rudement ... 73
rudesse ... 14
rudimentaire ... 221
rudiments ... **275**
rudoiement ... 224
rudoyer ... 87 **334**
rue ... 220 374
ruée ... 27
ruelle ... 14
ruf(f)ian ... 72
rugby ... 34
rugbyman ... 34
rugissement ... 178
rugosité ... 131
rugueux ... 132 **272**
ruine ... 165
ruineux ... 54 **272**
ruisseau ... 54 **277**
ruisseler ... **331**
ruissellement ... 178
rumba f ... 163
rumeur ... 170
ruminant ... 73 230
rumination ... 214
rumsteck ... 163
rupestre ... 225
rupin ... 62
rupture ... 223
rural ... **289**
ruse ... 187
rush ... 105
russe ... 178
rustaud ... 43
rustine ... 177
rustique ... 148
rustre ... 225
rut m ... 115
rutabaga m ... 131
rythme ... 34
rythmique ... 34

S

s(c)hako ... 105
s(é)ismique ... 148
s(é)ismologie ... 22
sa ... 1 **318** 359
sa(pa)jou ... **281**
sabayon ... 97
sabbat ... 1 9 230
sabbatique ... 148
sabir ... 170
sable ... 225
sablier ... 24
sablière ... 221
sablonneux ... 54 **272**
sabordage ... 143
sabot ... 46 230
sabotage ... 143
saboteur ... 170

sabra 1
sabre 1
sac 147
saccade 149
saccage 10
saccager **328**
saccharine 152
saccharose m 152
sacerdoce m 177
sacerdotal 177 **289**
sachem 104
sachet 13 230 375
sacoche 41
sacramentaire 222
sacramental 72 **289**
sacre 225
sacrement 73
sacrément 22
sacrifice m 179
sacrificiel 200 **260**
sacrilège m 143
sacripant 73 230
sacristain 64
sacro-iliaque(s) **285**
sacro-lombaire(s) **285**
sacro-saint(s) **285**
sacrum 163
sadique 148
sadomasochisme m **285**
safari m 30
safran 72
saga f 131
sagace 179
sagacité 177
sagaie f 220
sage 143
sage(s)-femme(s) **285**
sagesse 14
sagittaire 222
sagouin 95
saharien 235 **267**
sahélien 235 **267**
sahraoui 235
saie f 220
saignée 11
saignement 11
saillie 98
sain 64 359
saindoux **275**
sainement 11
saint 64 230 359
saint-honoré m **285**
saint-marcellin m **285**
saint-nectaire m **285**
saint-paulin m **285**
sainte-barbe f **285**
sainte-nitouche f **285**
sainteté 22
saisie 220
saisie(s)-exécution(s) f **285**
saisie(s)-arrêt(s) f **285**
saisissement 178
saison 187
saisonnier 24 **262**
saké m 150
salace 179
salade 118
saladier 24
salaire 222
salaison 11
salamalecs m 147
salamandre f 225
salami 30
salariat 1 9 230
salaud 43
sale 375
salement 73
salésien 72 **267**
saleté 22
salière 10
saligaud 43
salin 62
saline 165
salinité 22
salique 148
salissure 178
salivaire 222
salive 221
salle 375
salmigondis m 35
salmis 35
saloir 170
salon 80
saloon 51
salopard 10
salope 41
salopette 14
salpêtre m 225
salpingite 62
salsifis m 35
saltimbanque 62
salubre 225
salubrité 22
salut 230
salutaire 222
salutation 214
salve 159
sam(o)uraï 237
samaritain 64
samba f 72
samovar m 170
sampan(g) 74
sana(torium) 163
sancerre 14
sanctification 214
sanction 214
sanctuaire m 221
sanctus 72
sandale 72
sandalette 14
sandow m 233
sandwich 89
sang 74 359
sang-mêlé m et f **285**
sanglant 73 230
sangle f 225
sanglier 24
sanglot 46 230
sangria f 97
sangsue f 74
sanguin 132
sanguinaire 132
sanguine 132
sanguinolent 132 230
sanhédrin 235
sanitaire 222
sans 72 **319** 359
sans-abri m et f **285**
sans-cœur m et f **285**
sans-culotte(s) m **285**

sans-façon m 285
sans-fil 285
sans-gêne 285
sans-logis m et f 285
sans-soin m et f 285
sans-souci 285
sanscrit 35 230
sanskrit 150 230
sansonnet 13 230
santal 72 289
santé 22
santon 80 359
saoudien 63 267
saoul 375
sape f 107
saperlipopette ! 170
sapeur 170
sapeur(s)-pompier(s) m 285
saphique 126
saphir m 126
sapidité 22
sapience f 72
sapin 62
sapinière 97
sapristi ! 30
sarabande 72
sarbacane f 147
sarcasme m 147
sarcastique 148
sarcelle 14
sarcloir 170
sarcome m 42
sarcophage m 126
sardane f 165
sarde 118
sardine 165
sardinier 24
sardonique 148
sari m 30
sarment 73
sarrasin 187
sarrau 43 276
sarriette 14
sas 177
satané 22
satanique 148
satellisation 14
satellite m 14
satiété 181
satin 62
satinette 14
satire f 30 221 375
satirique 148 375
satisfaction 214
satisfaire 347
satisfecit m inv 147
satrape m 115
saturation 214
saturnales f 275
saturnisme 177
satyre m 34 375
satyrique 148 375
sauce 43
saucer 327
saucière 43
saucisse 43
saucisson 43
sauf 43 265
sauf-conduit(s) m 285
sauge f 43
saugrenu 43
saule m 375
saumâtre 43
saumon 43
saumoné 43
saumure 43
sauna m 43
saupoudrage 143
saur m 41 375
sauret 13 230
saurien 63 267
saurisserie 43
saut 43 230 375
saute 43 375
saute-mouton m sg 285
sauterelle 14
sauterie 220
sauternes m 229
sauteur 264
sautillement 98
sautoir 170
sauvage 43
sauvagement 43
sauvageon 144
sauvagerie 220
sauve-qui-peut m 322
sauvegarde 43
sauvetage 43
sauveteur 170
sauvette 43
sauveur 264
sauvignon 139
savamment 3
savane 165
savant 73 230
savarin 62
savate 115
savetier 24
saveur f 170
savoir 170
savoir-faire m 285
savoir-vivre m 285
savon 80
savonnette 221
savonneux 54 272
savoureux 54 272
savoyard 97
saxe m 182
saxhorn 235
saxifrage f 182
saxo 182
saxon 182 268
saxophone 182
saynète f 16
sbire m 221
scabreux 54 272
scalaire 222
scalène 10
scalp 147
scalpel 147
scandale 147
scandaleux 54 272
scandinave 72
scanner (scanneur) 170
scanographie 126
scansion 215
scaphandre m 126
scapulaire 222
scarabée m 27
scarification 214

scarlatine 147
scarole 41
scatologie 220
sceau 44 277 375
scélérat 180 230
scellement 180
scellés 180
scénario 180
scène 180 359
scénique 180
scepticisme 180
sceptique 180 375
sceptre m 180
schéma 105
schématisation 105
schème m 105
scherzo 151
schilling 105
schismatique 105
schisme 105
schiste 105
schisteux 272
schizoïde 237
schizophrène 151
schizophrénie 151
schlague f 105
schlitte f 105
schnaps 105
schooner 105
schuss m 105
sciage 180
sciatique 180
scie 180 359
sciemment 3
science 180
scientifique 180
scierie 220
scieur 180 375
scintillement 180
scion 180 359
scission 215
scissiparité 180
sciure 180
sclérose 187
scolaire 222
scolarisation 214
scolarité 22
scolastique f 148
scoliose f 187
scolopendre f 225
scoop [skup] m 107
scooter [skutœʀ ; skutɛʀ] 170
scorbut m 115
score 221
scorie f 35
scorpion 97
scotch 104
scout 115 230
scoutisme 177
scrabble 225
scraper 170
scribe m 110
scribouillard 98
script f 115
script m 115
scriptural 289
scrofule f 159
scrofuleux 54
scrotum 163
scrupule 159
scrupuleux 54 272
scrutateur 170
scrutin 62
sculpteur 170
sculpture 223
scythe 34 180 375
se 53 305 359
séance 72
séant 73 230 359
seau 44 277 375
sébacé 177
sébile f 159
séborrhée f 235
sébum 163
sec 147 258
sécable 225
sécant 73 230
sécateur 170
sécession 215
sécessionniste 178
séchage 143
sèche 10 375
sèche-cheveux m 285
sèche-linge m 285
sèchement 10
sécher 330
sécheresse 14
séchoir 170
second 233
secondaire 222
seconde 80
secourir 338
secourisme 163
secours 229
secousse 178
secret 13 263
secrétaire 222
secrétairerie 11
secrétariat 1 9 230
secrètement 10
sécréter 330
sécréteur 22
sécrétion 22
sectaire 222
sectateur 170
secte 30
secteur 170
section 214
sectionnement 73
sectoriel 97 260
séculaire 222
séculier 24
secundo 42
sécurité 22
sédatif 22 265
sédentaire 222
sédentarité 22
sédiment 73
sédimentaire 222
sédimentation 214
séditieux 210 272
sédition 214
séducteur 264
séduction 214
sefar(ad)di (pl : *sefar(ad)dim*) 118
segment 131
segmentation 214
ségrégation 131
ségrégationniste 214
ségréger 328 330
ségréguer 330

seiche f 12 375
séide m 22
seigle m 12
seigneur 12 375
seigneurie 53
sein 65 359
seine f 12 359
seing 65 359
séisme 22
seize 186
séjour 142
sel 359
sélect 115 230
sélectif 125 265
sélection 214
sélectionneur 214
sélénium 163
self f 125
self m 125
self-control m sg 285
self-made-man m 285
selle 14 359
sellerie f 14 359
sellette 14
sellier 14 359
selon 80
sém(é)iotique 97
semailles 98
semaine 11
semainier 11
sémantique f 148
sémaphore m 126
semblable 72
semblant 73 230
semelle 14
semence 179
semer 329
semestre 225
semestriel 260
semeur 170
semi-automatique(s) 285
semi-conducteur(s) m 285
semi-remorque(s) m ou f 285
semi-auxiliaire(s) 285
semi-public(s) m 285
semi-publique(s) f 285
semi-voyelle(s) f 87 285
sémillant 98 230
séminaire m 221
séminal 22 289
séminariste 22
semis m 35
sémite 22
sémitique 148
semoir 170
semonce f 179
semoncer 327
semoule 159
sempiternel 72 260
sénat 1 9
sénatorial 97 289
séné 22
sénéchal 22 289
sénescence 180
sénevé m 22
sénile 22
senior 140
senne f 166 359
sens 177 359
sensation 214
sensationnel 166 260
sensé 177 359
sensément 73
sensibilité 22
sensiblement 73
sensiblerie 220
sensitif 177 265
sensori-moteur(s) m 285
sensori-motrice(s) f 285
sensoriel 177 260
sensorimoteur 177 264
sensualité 177
sensuel 177 260
sente 72
sentence 72
sentencieux 209 272
senteur 170
sentier 24
sentiment 73
sentinelle 14
sentir 337
sépale m 159
séparation 214
séparatisme 22
séparément 73
sépia f 97
sept 15 291
septante 72
septembre 72
septennal 166 289
septennat 166 230
septentrion 97
septentrional 97 289
septicémie 220
septique 148 375
septuagénaire 222
septuor 15
sépulcral 147 289
sépulcre m 225
sépulture 223
séquelle 148
séquence f 148
séquencer 327
séquentiel 199 260
séquestration 148
séquestre m 225
sequin 148
séquoia m 97
sérac 147
sérail 98 279
séraphin 126
serbo-croate(s) 285
serein 65 375
sereinement 12
sérénade 10
sérénité 22
séreux 54
serf 125 359
serge f 143
sergent 73 230
sergent(s)-chef(s) m 285
sergent(s)-major(s) m 285
sériciculture 177
série 220
sériel 97 260
sérieux 54 272
sérigraphie 126
serin 62 375
seringue 132

serment 73 375
sermon 80
sermonneur 166
séro-agglutination f 285
sérologie 220
sérothérapie 117
serpe 170
serpent 73 230
serpentaire m 221
serpentin 62
serpette 14
serpillière 11
serpolet 13 230
serrage 14
serre 14 359
serre-file(s) m 285
serre-joint(s) m 285
serre-livre(s) m 285
serre-tête m 285
serrement 14 375
serrure 14
serrurerie 14
sérum m 163
servage 143
servante 72
serveur 256
serviabilité 97
service 179
serviette 14
serviette(s)-éponge(s) f 285
servilité 22
serviteur 170
servitude 118
servocommande 164
servofrein 65
servomécanisme 147
ses pl 25 359
sésame m 187
session 215 359
sesterce m 179
set m 115
séton 80
setter 14
seuil 98
seul 53
seulement 53
sève 10
sévère 10
sévérité 22
sévices m 275
sevrer 329
sèvres m 275
sex-appeal m sg 285
sex-shop(s) m 285
sexagénaire 182
sexe 182
sexologie 182
sextant 15 230
sexto 15
sextuor 15
sexualité 15
sexuel 15 260
sexy inv 15
seyant 97 230
sforzando 186
sfumato m 42
shah 359
shaker 105
shampooing 105
shérif 359
sherpa m 105
sherry 359
shetland m 105
shilling 105
shimmy m 105
shintô 105
shintoïsme 237
shoot [ʃut] 115
shop(p)ing 105
short 230
show m 49 359
show-business m 285
shunt m 105
si 30 359
sial 289
siamois 86
sibylle f 34
sibyllin 34
sic 147
sicaire m 221
siccatif 181
side-car(s) m 285
sidéral 289
sidérer 330
sidérurgie 220
siècle 225
siège 10
siéger 328 330
sien 63
sierra f 14
sieste 15
sieur 375
sifflement 125
sifflet 125 230
sifflotement 125
sigillographie 126
sigle m 131
sigma m 131
signal 139 278
signalement 139
signalétique 148
signalisation 214
signataire 222
signature 139
signe 139
signet 30 230
significatif 139 265
signification 139
silence 179
silencieux 209 272
silentbloc m 147
silex 15 275
silhouette 235
silicate m 147
silice f 179 359
siliceux 54
silicium 163
silicone f 147
silicose f 187
sillage 98
sillon 98
silo m 42
simagrées f 275
simiesque 148
similaire 222
simili 30
similigravure 223
similitude 118
simonie 220
simoun m 163

simple ... 62
simplement ... 62
simplet ... 62 **263**
simplexe m ... 182
simplicité ... 62
simplification ... 214
simulacre m ... 225
simulation ... 214
simultané ... 22
simultanéité ... 22
simultanément ... 73
sinanthrope ... 117
sinapisme ... 177
sincère ... 10
sincèrement ... 177
sincérité ... 22
sine qua non ... **285**
sinécure f ... 221
singe ... 143
singer ... **328**
singerie ... 220
single m ... 62
singleton ... 62
singularité ... 22
singulier ... 22 **262**
sinisant ... 187 230
sinistré ... 22
sinistre m ... 225
sinistrement ... 73
sinistrose ... 187
sinologie ... 220
sinon ... 80
sinueux ... 54 **272**
sinuosité ... 22
sinus m ... 177
sinusite ... 187
sinusoïde f ... 237
sioniste ... 115
sioux inv ... 233
siphon ... 126
siphonné ... 126
sire ... 221 359
sirène ... 10
siroc(c)o ... 149
sirop ... 47
sirupeux ... 54 **272**
sis ... 35 359
sisal m ... 187
sismique ... 148
sismographe m ... 126
sistre m ... 225 359
site ... 115 375
sitôt ... 45 230 375
sittelle f ... 14
situation ... 214
six ... 182 **291** 359
sixième ... 188
skaï m ... 237
skateboard ... 49
sketch (pl : *sketches*) ... 104
ski ... 150
skieur ... 97 **256**
skif(f) ... 125
skipper ... 60
slalom ... 163
slalomeur ... 170
slang ... 72
slave ... 1
sleeping [slipiŋ] ... 36
slicer ... **327**
slip ... 30
slogan ... 72
sloop [slup] ... 51
slovaque ... 148
slovène ... 10
slow ... 233
smala(h) f ... 233
smart ... 115 230
smash m ... 105
smicard ... 233
smocks m ... 150
smog ... 131
smoking ... 150
snack ... 150
snob ... 41
sobrement ... 73
sobriété ... 22
sobriquet ... 13 230
soc ... 147 375
sociabilité ... 177
social ... 177 **289**
social(aux)-démocrate(s) ... **285**
socialement ... 177
socialisme ... 177
sociétaire ... 222
société ... 22
socio-professionnel(le)(s) ... **285**
sociodrame ... 177
sociogramme ... 177
sociologie ... 220
socle ... 225
socque m ... 152 375
socquette ... 148
socratique ... 148
soda ... 1
sodium ... 163
sodomie ... 220
sœur ... 54
sofa ... 1
software m ... 221
soi ... 85 375
soi-disant (soi = se) ... **285**
soie ... 220 375
soierie ... 220
soif ... 125
soiffard ... 125
soigneux ... 54 **272**
soin ... 85
soir ... 170
soirée ... 27
soit ... 86 375
soixantaine ... 182
soixante ... 182
soja m ... 142
sol ... 375
sol-air ... **285**
sol-sol ... **285**
solaire ... 222
solarium ... 163
soldat ... 1 9
soldatesque ... 148
solde f ... 118
solde m ... 118
soldes ... **275**
sole f ... 41 375
solécisme ... 177
soleil ... 98
solennel ... 166 **260**
solennellement ... 166

solennité 166
solénoïde m 237
solfatare f 221
solfège m 10
solidaire 222
solidarité 22
solide 118
solidité 22
soliloque m 148
solipsisme 177
soliste 177
solitaire 222
solitude 115
solive 42
soliveau 44 **277**
sollicitation 214
solliciteur 170
sollicitude 160
solo 42
solstice m 179
solubilité 22
soluble 225
soluté 22
solution 214
solvabilité 22
solvant 73 230
somatique 148
sombre 81
sombrero 81
sommaire 164
sommairement 164
sommation 164 375
somme f 164
somme m 164
sommeil 98
sommelier 24
sommet 13 230
sommier 11
sommité 22
somnambule 72
somnifère m 10
somnolence 72
somnolent 73 230
somptuaire 222
somptueux 54 **272**
somptuosité 22
son 80 **320**
sonagramme 164
sonagraphe 126
sonar m 170
sonate f 115
sonatine 165
sondage 143
sonde 80
sondeur 170
songe-creux m **285**
songer **328**
songerie 220
songeur 170
sonnaille 98
sonnerie 220
sonnet 13 230
sonnette 14
sonneur 170
sonomètre 10
sonore 221
sonorisation 170
sonorité 22
sonothèque 117
sophisme m 126
sophistiqué 126
sophrologie 126
soporifique 148
soprano 42
sorbet 13 230
sorbetière 10
sorbier 24
sorbonnard 233
sorcellerie 14
sorcier 24 **256**
sordide 118
sorgho m 131
sornette 14
sort 230 375
sorte 115
sortie 220
sortilège 10
sortir **337**
sosie m 221
sot 46 **269** 375
sottement 116
sottise 116
sotto voce **285**
sou 177 **281** 375
soubassement 177
soubattre **352**
soubresaut 230
soubrette 14
souche 104
soucheter **332**
souchever **329**
souci 177
soucieux 54 **272**
soucoupe 147
soudain 64
soudainement 10
soudaineté 10
soudard 233
soude 118
soudoyer 87 **334**
soudure 223
soue f 220 375
soufflage 125
souffle 125
soufflerie 125
soufflet 13 230
souffleter **332**
souffleur **264**
souffrance 125
souffre-douleur m **285**
souffreteux 54 **272**
soufisme 177
soufrage 143
soufre m 221
soufrière 10
souhait 230 235
souille 98
souillon 98
souillure 98
souk m 150
soûl 233
soulagement 73
soulager **328**
soûlerie 220
soulèvement 10
soulever **329**
soulier 24
soumettre **352**
soumission 215
soumissionnaire 178
soupape 107

soupçon 179
soupçonneux 179 272
soupe 107
soupente 72
souper 24
soupeser 329
soupière 10
soupir 170
soupirail 98 279
souplesse 14
source 179
sourcier 24
sourcil 159
sourcilleux 98 272
sourd 233
sourd(s)-muet(s) m 285
sourdement 73
sourdine 165
souriceau 44 277
souricière 10
sourire 221
souris 275
sournois 86 270
sous 375
sous-alimentation f 285
sous-alimenté(e)(s) 285
sous-commission(s) f 285
sous-développement 285
sous-ensemble(s) m 285
sous-estimation(s) f 285
sous-lieutenant(s) m 285
sous-préfecture(s) f 285
sous-bois m 285
sous-brigadier(s) m 285
sous-chef(s) m 285
sous-cutané(e)(s) 285
sous-directeur(s) m 285
sous-emploi(s) m 285
sous-employer 87 334
sous-entendu(s) m 285
sous-fifre(s) m 285
sous-jacent(e)(s) 285
sous-location(s) f 285
sous-main m 285
sous-marin(e)(s) 285
sous-multiple(s) 285
sous-officier(s) m 285
sous-payer 333
sous-préfet(s) m 285
sous-produit(s) m 285
sous-prolétariat m 285
sous-rémunérer 330
sous-seing m 285
sous-sol(s) m 285
sous-tension(s) f 285
sous-titrage(s) m 285
sous-traitance f 285
sous-traitant(s) m 285
sous-vêtement(s) m 285
souscripteur 170
souscription 214
soussigné 178
soussigné(e)(s) 285
soustraction 214
soustraire 339
soutane 165
soute 115
soutenance 179
soutènement 10
souteneur 170
souterrain 64
soutien 63 267
soutien(s)-gorge m 285
souvenance 179
souvenir 170
souvent 73 230
souverain 64
souverainement 11
souveraineté 11
soviet 230
soviétique 148
soya 97
soyeux 97 272
spacieux 54 272
spadassin 178
spaghetti m 14
spahi 235
spalter m 170
sparadrap 233
spartakisme 150
sparterie f 220
spartiate 181
spasme m 177
spatial 181 289
spatialité 181
spatio-temporel(s) 285
spatule f 159
speaker 36
speakerine 36
spécial 289
spécialement 73
spécialité 22
spécieux 54 272
spécification 214
spécificité 22
spécifique 148
spécimen 163
spectacle 225
spectaculaire 222
spectateur 256
spectral 22 289
spectre 22
spectroscopie 220
spéculateur 256
spéculatif 147 265
spéculation 214
spéculum 163
speech 36
spéléologie 220
spermatozoïde m 237
sperme 177
sphère f 126
sphéricité 126
sphérique 126
sphéroïde 126
sphincter 126
sphinx 126 275
spinal 177 289
spinnaker 60
spiral 289 375
spirale 375
spire f 221
spirite 115
spiritisme 177
spiritual m 159
spiritualisme 177
spiritualité 22
spirituel 260
spiritueux 54
spiroïdal 237 289
spleen 36

splendeur 170
splendide 72
splendidement 73
spoliation 214
spondée m 27
spongieux 54 272
sponsor 177
spontané 22
spontanéité 22
spontanément 73
sporadique 148
spore f 221 375
sport 230 375
sportif 125 265
spot 115 230
spoutnik 150
sprat m 115
spray 16
springbok m 150
sprint 115 230
sprinter 60
spumeux 54
squale m 148
square 148
squash 105
squatter 148
squaw 148
squelette 148
stabilisateur 264
stabilité 22
stabulation 214
staccato 149
stade 177
staff 125
stage 143
stagflation 214
stagiaire 222
stagnation 214
stakhanovisme 150
stalactite f 147
stalag 131
stalagmite f 131
stalinien 63 267
stalle f 160
stance f 179
stand m 72
standard 233
standardisation 214
standing 131
staphylococcie 149
staphylocoque 126
star f 10
starlette 14
starter 235
starting-block(s) m 285
station 214
station(s)-service 285
stationnaire 222
stationnement 166
statique 148
statisticien 204 267
statistique 148
stator 170
statoréacteur 170
statu quo 375
statu (quo) 148
statuaire 222
statue 220 375
statuette 14
stature 223
statut 230 375
statutaire 222
steak 150
steamer 36
stéarine f 22
steeple 36
steeple-chase(s) m 285
stèle f 285
stellaire 14
stencil m 177
sténodactylo 34
sténographie 126
sténose f 187
sténotypiste 34
stentor 170
stéphanois 86 270
steppe f 14
stère m 10
stéréophonie 126
stéréoscope 147
stéréotype m 34
stérer 330
stérile 159
stérilement 73
stérilet 13 230
stérilisation 214
stérilité 22
sterling 131
sterne f 165
sternum m 51
stéthoscope m 117
steward 89
stick 150
stigmate m 131
stimulation 214
stimulus m 177
stipulation 214
stochastique 104
stock 150
stock-car(s) m 285
stoïcien 237 267
stoïque 237
stomacal 147 289
stomatite f 115
stop 107
stoppage 108
stoppeur 170
store m 170
stout m 115
strabisme 177
stradivarius 177
strangulation 214
strapontin 62
strasbourgeois 270
strass m 178
stratagème m 10
strate f 115
stratège m 10
stratégie 220
stratification 214
strato-cumulus m 285
stratosphère 126
stratus m 177
streptococcie 182
streptocoque m 148
streptomycine f 34
stress m 14
strict 115 230
stricto 285
stridence 179
strident 73 230

strie ... 220
strip-tease m sg ... 285
strip-teaseuse(s) f ... 285
stroboscope m ... 147
strombolien ... 63 267
strontium m ... 181
strophe f ... 126
structural ... 289
structuration ... 214
structure ... 170
strychnine f ... 151
stuc ... 147
studieux ... 54 272
studio ... 42
stupéfaction ... 214
stupéfait ... 230
stupéfiant ... 73 230
stupeur ... 170
stupide ... 118
stupidité ... 22
stupre m ... 225
style ... 34
stylet ... 34 230
styliste ... 34
stylisticien ... 204 267
stylo ... 34
stylo(s)-feutre m ... 285
stylographe ... 126
su ... 177
suaire m ... 221
suave ... 1
suavité ... 22
subalterne ... 165
subconscient ... 180 230
subdéléguer ... 330
subit ... 35 230 375
subitement ... 73
subito ... 42
subjectif ... 15 265
subjectivité ... 15
subjonctif ... 142
sublimation ... 214
sublime ... 163
sublunaire ... 222
submerger ... 328
submersion ... 215
subordination ... 214
suborneur ... 170
subreptice ... 179
subrogatoire ... 222
subroger ... 328
subséquemment ... 3
subséquent ... 148 230
subside m ... 109
subsidiaire ... 109
subsistance ... 179
subsonique ... 109
substance ... 179
substantiel ... 199 260
substantiellement ... 73
substantif ... 72 265
substantivation ... 214
substitut ... 230
substitution ... 214
substrat m ... 230
subterfuge m ... 143
subtil ... 159
subtilement ... 224
subtilité ... 22
suburbain ... 64
subvention ... 214
subversif ... 177 265
suc ... 147
succédané ... 149
succéder ... 330
succès ... 149
successeur ... 149
successif ... 149 265
succession ... 215
successivement ... 182
successoral ... 182 289
succinct ... 66 230 375
succinctement ... 182
succion ... 182
succulent ... 149 230
succursale ... 149
sucer ... 327
sucette ... 177
suçon ... 179
sucre ... 147
sucrerie ... 220
sucrier ... 24 262
sud ... 118
sud-américain(e)(s) ... 285
sud-africain(e)(s) ... 285
sud-est ... 230 285
sud-ouest ... 230 285
sudation ... 214
sudiste ... 115
sudorifique ... 148
sudoripare ... 221
suédois ... 86 270
suée ... 27
sueur ... 170
suffisamment ... 3
suffisance ... 187
suffisant ... 73 230
suffixe ... 182
suffocant ... 73 230
suffocation ... 214
suffrage ... 143
suffragette ... 14
suggérer ... 330
suggestif ... 133 265
suggestion ... 133
suggestivité ... 133
suicidaire ... 222
suicide ... 177
suie f ... 220
suif m ... 125
suiffeux ... 54
suint ... 230
suisse ... 178
suite ... 115
sujet ... 13 230
sujétion ... 214
sulfamide m ... 118
sulfatage ... 143
sulfate m ... 115
sulfite m ... 115
sulfure m ... 170
sulfureux ... 54 272
sulfurique ... 148
sulky m ... 34
sultan ... 72
sultanat ... 1 9
sultane ... 165
sumérien ... 63 267
summum ... 51
sunlight m ... 230
sunnite ... 166

super 375
superbe 170
supercherie 220
superfétatoire 222
superficie 179
superficiel 200 260
superficiellement 14
superflu 177
supérieur 170
supérieurement 224
supériorité 22
superlatif 125
superman 163
supermarché 22
supernova [f] 42
superposition 214
supersonique 148
superstitieux 210 272
superstition 214
superstrat 230
superstructure 170
supervision 187
suppléance 179
suppléant 73 230
supplément 73
supplémentaire 222
supplétif 108 265
supplication 214
supplice [m] 179
supplique [f] 148
support 230
supposition 214
suppositoire 222
suppôt 45 230
suppression 215
suppuration 214
supputation 214
supra 1
supranational 181 289
supraterrestre 14
suprématie 181
suprême 10
suprêmement 10
sur 375
sûr 375
sur-le-champ 285
sur-moi 285
surabondamment 3
surabondance 72
suraigu 11 266
suralimentation 214
suranné 165
surate [f] 115
surcharger 328
surchauffe [f] 125
surchoix 86
surcompensation 214
surcroît 86
surdité 22
surdoué 22
sureau 44 277 375
surélever 329
sûrement 73
surenchère 72
suréquipement 148
suret 13 230
sûreté 115
surexcitation 181
surexposition 181
surf 60
surface 179
surfacer 327
surfaire 347
surfait 11 230 375
surfin 62
surgeler 331
surgeon 144
surglacer 327
surhomme 235
surhumain 235
surin 62
surintendance 72
surjection 214
surjeter 332
surlendemain 64
surmenage 143
surmener (se) 329
surmoi 85
surmulot 46 230
surmultiplication 214
surnager 328
surnaturel 260
surnom 81
surnombre 81
surnuméraire 222
suroît 86
surpayer 333
surpeuplement 53
surplis 35
surplomb 81
surplus 229
surpopulation 214
surprise 187
surproduction 214
surprotéger 328 330
surréalisme 171
surréel 260
surrégénérateur 170
surrénal 289
sursaut 43 230
sursemer 329
surseoir 343
sursis 35
sursitaire 222
surtaxe 182
surtout 230
surveillance 98
survêtement 10
survie 35
survivance 72
survol 159
sus 177
sus-dominante(s) [f] 285
sus-tonique(s) [f] 285
susceptibilité 180
susceptible 180
susdit 35 230
susmentionné 177
susnommé 164
suspect 230
suspens 177
suspense [m] 72
suspensif 72 265
suspension 215
suspicieux 209 272
suspicion 216
sustentation 214
susurrement 177
suture 223
suzerain 186
suzeraineté 11

svastika m 150
svelte 115
sveltesse 14
swahili 235
sweater [switœʀ ; swɛtœʀ] 36
sweatshirt m 285
sweepstake 36
swing 131
sybarite f 34
sycomore m 34
syllabaire m 34
syllabe 34
syllabique 148
syllabus 160
syllogisme 143
sylphe m 126
sylphide f 34
sylvain 64
sylvestre 34
sylvicole 34
sylviculture 34
symbiose 66
symbole 66
symbolique 66
symétrie 34
symétrique 148
sympathie 66
sympathique 117
symphonie 66
symphonique 148
symphyse f 66
symposium m 163
symptomatique 66
symptôme 66
synagogue f 132
synapse f 34
synchrone 66
synchronique 151
synchronisme 151
synclinal 66 289
syncopal 66 289
syncope 66
syncrétisme 66
syndic 66
syndical 66 289
syndicat 1 9
syndrome m 66
synecdoque f 148
synesthésie 117
synodal 34 289
synode 34
synonyme 34
synonymie 34
synopsis m ou f 34
synoptique 148
synovie f 34
syntacticien 204 267
syntactique 66
syntagmatique 66
syntagme m 131
syntaxe 66
syntaxique 148
synthèse 117
synthétique 148
synthétiseur 66
syphilis 126
syphilitique 34
syriaque 148
syrinx m ou f 62
systématicien 204 267
systématique 148
systématisation 214
système 34
systémique 148
systole f 34
systolique 148

t

t 230
t(h)éorbe m 117
T.V.A. (taxe à la valeur ajoutée) 285
ta 1 376
tabac 233
tabagie 220
tabatière 221
tabellion 14
tabernacle m 225
tablature 223
table 225
tableau 44 277
tablée 27
tabletier 24
tablette 14
tabletterie 14
tablier 24
tabou 110 281
tabouret 13 230
tabulaire 222
tabulateur 264
tabulatrice 179
tac 147
tache 376
tâche 2 5
tâche 376
tâcheron 80 268
tacheter 332
tacheture 221
tachisme 151
tachycardie f 151
tacite 179
taciturne 179
tacle m 225
tacot 46 230
tact 115 230
tacticien 204 267
tactile 159
tactique 148
tænia m 15
taffetas 229
tafia m 1
tagliatelles f pl 275
tahitien 205 267
taïaut ! 237
taie 11 220 376
taïga 237
taille 98
taille(s)-douce(s) f 285
taille-crayon(s) m 285
tailleur 98
taillis 98
tain 64
taiseux 54
talc 147
talent 73 230
talentueux 54 272
talion 97
talisman 72
talkie(s)-walkie(s) m 285

talmud 131
talmudique 148
taloche 225
talon 80
talonnade 166
talonnette 14
talonneur 170
talus 229
tam(s)-tam(s) m 285
tamanoir 170
tamarin 62
tamaris 177
tambouille 98
tambour 72
tambour(s)-major(s) m 285
tambourin 62
tamis 35
tampon 72
tamponnement 73
tamponnoir 72
tan 72 376
tan(n)in 62
tancer 327
tanche 72
tandem m 72
tandis 35
tandis que 285
tangage 143
tangence 72
tangentiel 199 260
tangibilité 22
tango 42
tangon 80
tanière 97
tank 150
tanker 170
tannage 166
tannerie 166
tanneur 166
tant 73 230 376
tant mieux 285
tante 72 376
tantième 10
tantinet 13 230
tantôt 230
tao 42
taoïsme 237
taon 1 376
tapage 143
tapager 328
tapageur 170
tape 107
tape-à-l'œil 285
tapecul 233
tapinois 86
tapioca 147
tapir 170
tapis 35 376
tapis-brosse(s) m 285
tapisserie 178
taque f 148
taquet 13 230
taquin 62
taquinerie 220
taratata ! 1
taraud 43 376
tard 376
tardif 125 265
taré 22
tare f 221 376
tarentelle 14
tarentule f 72
targette 14
targui 132
targum 51
tarière 221
tarif 125
tarifaire 222
tarification 214
tarissement 178
tarot 46 230 376
tarse m 177
tartan 72
tartare 221
tarte 115
tartelette 14
tartine 165
tartre m 225
tartreux 54 272
tartuf(f)e 125
tas 1 229 376
tasse 178
tasseau 44 277
tassement 178
taste-vin m 285
tatar 170
tatillon 98
tâtonnement 166
tâtons 275
tatouage 143
taudis 35
taule 43 376
taupe 43 376
taupinière 97
taureau 44 277
taurillon 98
tauromachie 220
tautologie 220
taux 43 275 376
tavelure 221
taverne 165
tavernier 24
taxation 181
taxe 182
taxi 182
taxidermie 220
taxinomie 220
taxiphone 126
taxonomie 182
tayaut ! 97
taylorisme 16
tchador 104
tchèque 104
te 53
te(c)k 150
té m 22 376
team 36
technicien 151 267
technicité 151
technicolor 151
technocratie 181
technologie 151
teckel 150
tectonique 148
tee-shirt(s) (ou *T-shirt(s)*) m 285
téflon m 80
tégument 131
teigne f 12
teigneux 139 272
teindre 345

teint 65 230 376
teinture 65
teinturier 24 256
tel 376
télé 22
télé-communication 214 285
télé-enseignement 285
télécommande 164
téléférique 148
télégramme 164
télégraphe 126
téléguidage 132
téléinformatique f 285
télématique 148
télémètre 225
télémétrer 330
téléobjectif 15
télépathie 117
téléphérique 126
téléphone 126
téléphonique 148
télescope 107
télescopique 148
téléscripteur 170
télésiège 143
téléspectateur 256
téléviseur 170
télévisuel 187 260
télex 182 275
tell 14 376
tellement 14
tellurique 148
téméraire 222
témérité 22
témoignage 139
témoin 93
tempe 72
tempera f 72
tempérament 73
tempérance 72
température 72
tempérer 330
tempête 72
tempétueux 54 272
temple 72
tempo 72
temporaire 72
temporal 72 289
temporalité 72
temporel 72 260
temporisation 214
temps 72 376
tenable 225
tenace 179
ténacité 22
tenaille f 98
tenancier 24 256
tendance 72
tendanciel 200 260
tendancieux 209 272
tender 60
tendeur 58
tendinite 72
tendon 72
tendre 225
tendresse 14
tendron 80
ténèbres f 275
ténébreux 54 272
teneur 58
ténia m 140
tennis 166
tennisman 166
tenon 80
ténor 170
tension 215
tensoriel 97 260
tentaculaire 11
tentacule m 72
tentateur 72 264
tentation 214
tentative 72
tente 72 376
tenture 72
ténu 22
tenue 233
ter 376
tératogène 10
tercet 13 230
térébenthine f 117
tergal 131 289
tergiversation 214
terme 163 376
terminaison 187
terminal 289
terminologie 220
terminus 177
termite m 115 376
termitière 10
ternaire 11
terne 165
ternissure 178
terrain 14
terrasse 14
terrassement 14
terre 14 376
terre(-)à(-)terre 285
terre-neuvas m 285
terre-plein(s) m 285
terreau 44 277
terrestre 14
terreur 14
terreux 54 272
terri(l) 14
terrible 14
terrien 63 267
terrine 14
territoire 222
territorial 14 289
territorialité 14
terroir 170
terrorisme 14
tertiaire 195
tertio 181
tertre 225
tes pl 25
tessiture f 178
tesson 178
test 115 230
testament 73
testamentaire 222
testateur 58
testicule m 147
testimonial 15 289
testostérone f 285
têt 10 230 376
tétanos 177
têtard 233
tête 10
tête-à-queue m 285

tête-à-tête m 285
tête-bêche 285
tétée 27
téter 330
tétine 165
téton 80
tétraèdre m 225
tétras 22
tette f 14
têtu 10
teuton 53
teutonique 53
texte 115
textile 115
textuel 260
texture 115
thaï 237
thalamus 117
thalassothérapie 117
thaler m 117
thalidomide f 117
thalle m 117 376
thanatologie 117
thaumaturge 43
thé 22 376
théâtral 117 289
théâtre 117
thébaïde 237
théier 24
théière 117
théiste 117
thématique 148
thème 117
théocratie 181
théodicée f 117
théodolite m 117
théogonie 117
théologal 117 289
théologien 63 267
théorème 117
théorétique 148
théoricien 63 267
théorie 117
théorique 148
théosophe 126
thérapeute 53
thérapeutique 53
thérapie 117
thermal 117 289
thermes m 117 376
thermie 117
thermique 148
thermodynamique 117
thermomètre 117
thermonucléaire 117
thermos m ou f 117
thermostat 1 9
thésaurisation f 43
thesaurus 43
thèse 117
thêta 117
thibaude f 43
thon 117 376
thonier 117
thora (ou *torah*) f 117
thorax 182 275
thrène m 117
thriller 60
thrombose f 117
thuriféraire 117
thuya m 97
thym 66 376
thymus m 117
thyroïde 237
tiare f 170
tibia m 97
tic 147 376
ticket 150 230
tiède 10
tiédeur 170
tien 63
tiercé 179
tierce f 179
tiercer 327
tiers (f : *tierce*) 273
tiers-temps m sg 285
tige 143
tignasse 139
tigre 225
tigresse 14
tilbury 34
tilde m 115
tilleul 98
tilt m 115
timbale 62
timbre 62
timbre(s)-amende(s) m 285
timbre(s)-poste m 285
timide 115
timidité 22
timon 80
timonerie 220
timoré 22
tinette 14
tintamarre 62
tintement 73
tintouin 62
tique f 148 376
tir 376
tirade 115
tirage 143
tiraillement 98
tirailleur 98
tire f 221 376
tire-au-flanc m 285
tire-bouchon(s) m 285
tire-d'aile (à) 285
tire-fesse(s) m 285
tire-fond m 285
tire-lait m 285
tire-veille m 285
tirelire f 221
tiret 10 230
tirette 14
tireur 58 256
tiroir 170
tiroir(s)-caisse(s) m 285
tisane 187
tison 187
tisonnier 24
tissage 178
tisserand 74
tissu 178
titan 72
titane m 163
titanesque 148
titre 225
titulaire 222
toast m 49
toboggan 72
toc 147 376

tocard ... 233
toccata f ... 182
tocsin ... 62
toge f ... 143
tohu-bohu m sg ... 285
toi ... 85 376
toile ... 85
toilettage ... 14
toilette ... 14
toise f ... 187
toison ... 187
toit ... 86 376
toiture ... 223
tôle f ... 45 376
tolérance ... 72
tolérer ... 330
tôlerie ... 220
tôlier ... 24
tollé ... 22
toluène m ... 10
tom(m)ette ... 14
tomahawk ... 235
tomate ... 115
tombal ... 81 289
tombe ... 81
tombeau ... 44 277
tombée ... 81
tombereau ... 44 277
tombola f ... 81
tome m ... 41 376
tomme f ... 164 376
tommy m (pl : *tommies*) ... 34
tomographie ... 126
ton ... 80 376
tonal ... 159
tonalité ... 22
tondeur ... 264
tonicité ... 22
tonique ... 148
tonne ... 166
tonneau ... 44 277
tonnelet ... 13 230
tonnelle ... 14
tonnellerie ... 14
tonnerre ... 14
tonsure ... 177
tonte ... 80
tonus ... 177
top ... 107 376
topaze f ... 186
tope ! ... 107 376
topinambour m ... 72
topique ... 148
topo m ... 42
topographie ... 126
topologie ... 220
toponyme ... 34
toponymie ... 34
toquade ... 148
toquante ... 148
toquard ... 148
toque ... 148 376
torah f ... 233
torche ... 221
torchère ... 10
torchis ... 35
torchon ... 80
tord-boyaux m ... 87 285
tore m ... 376
toréador ... 170
torero ... 42
torgnole ... 139
toril m ... 159
tornade ... 41
toron ... 80
torpédo ... 41
torpeur ... 170
torpille ... 98
torpilleur ... 98
torréfaction ... 214
torrent ... 73 230
torrentiel ... 199 260
torride ... 376
tors ... 376
torsade ... 177
torse m ... 41
torsion ... 215
tort ... 230 376
torticolis ... 35
tortillard ... 98
tortionnaire ... 181
tortue ... 41
tortueux ... 54 272
torture ... 223
torve ... 41
tory (pl : *tories*) ... 34
tôt ... 45 230 376
total ... 278 289
totalement ... 73
totalisateur ... 58
totalitaire ... 11
totalité ... 22
totem ... 163
totémique ... 148
toton ... 80
touareg ... 131
toubib ... 110
toucan ... 72
touche ... 225
touche-à-tout ... 230 285
toue f ... 220
touffe ... 125
touffu ... 125
toujours ... 229
toundra f ... 1
toupet ... 13 230
toupie ... 35
touque f ... 148
tour f ... 376
tour m ... 376
tourangeau ... 44 277
tourbe f ... 110
tourbeux ... 54 272
tourbier ... 24
tourbillon ... 98
tourbillonnement ... 98
tourelle ... 14
touret ... 13 230
tourie f ... 220
tourillon ... 98
tourisme ... 187
touristique ... 148
tourmaline f ... 163
tourment ... 73
tourmente ... 72
tourmentin ... 62
tourne-disque(s) m ... 285
tournebroche m ... 225
tournedos m ... 229
tournée ... 27
tournemain ... 64

tournesol 177
tourneur 170
tournevis 177
tourniquet 148 230
tournis m 177
tournoi 85 376
tournoiement 224
tournoyer 87 334
tournure 223
tourte 115
tourteau 44 277
tourtereau 44 277
tourterelle 14
tourtière 97
tous m pl 177
toussotement 178
tout 230 321
tout à coup 285
tout à fait 230
tout à l'heure 285
tout de suite 285
tout-à-l'égout m 285
tout-fou(s) 285
tout-petit(s) 285
tout-puissant(s) 285
tout-venant m sg 285
toute-puissance f 285
toutefois 86
toutes f pl 115
toutou 115 281
toux 275
toxicomane 182
toxine f 182
toxique 182
trac 147 376
traçage 179
tracas 1 8
tracasserie 178
trace 179
tracer 327
traceur 179
trachée 27
trachée(s)-artère(s) f 285
trachéite f 151
trachome 151
traçoir 179
tract 115 230
tractation 214
tracteur 170
traction 214
tradition 214
traditionaliste 181
traditionnel 181 260
traditionnellement 73
traducteur 256
traduction 214
traduisible 187
trafic 147
tragédie 35
tragédien 63 267
tragi-comédie(s) f 285
tragi-comique(s) 285
tragiquement 148
trahison 235
train 64 376
train-train 285
traînard 233
traîne 11
traîne-misère 285
traîne-savates 285
traîneau 11 277
traînée 27
traîneur 170
training 131
traire 339
trait 11 230 376
traite 11
traité 22
traitement 11
traiteur 170
traître 11
traîtresse 14
traîtreusement 53
traîtrise 187
trajectoire f 222
trajet 13 230
tralala m 1
tram m 163 376
trame f 163 376
tramontane f 80
tramway 16
tranche 72
tranchée f 27
tranchet m 11
tranchoir 170
tranquille 160
tranquillement 148
tranquillité 160
transaction 214
transactionnel 187 260
transafricain 64
transalpin 62
transat f 115
transat m 115
transatlantique 148
transbordeur 170
transcendance 180
transcendantal 180 289
transcontinental 147 289
transcripteur 170
transcription 214
transe f 72
transept m 115
transférer 330
transfert m 230
transfiguration 214
transformateur 170
transformation 214
transformationnel 260
transfuge 143
transfusion 187
transgression 215
transhumance 235
transi 72
transiger 328
transistor 72
transit 115 230
transitaire 222
transitif 72 265
transition 214
transitoire 222
translatif 72 265
translation 214
translit(t)ération 214
translittérer 330
translucide 177
translucidité 22
transmetteur 14
transmettre 352
transmissibilité 178
transmission 215

transocéanique ... 148
transparaître ... **348**
transparence ... 72
transparent ... 73 230
transpercer ... **327**
transpiration ... 214
transplant ... 73 230
transplantation ... 214
transport ... 230
transporteur ... 170
transposition ... 214
transsaharien ... 235 **267**
transsibérien ... 63 **267**
transsubstantiation ... 181
transvasement ... 187
transversal ... 177 **289**
transversalement ... 73
trapèze m ... 186
trapéziste ... 186
trapézoïdal ... **289**
trappe ... 108
trappeur ... 170
trappiste ... 108
trapu ... 107
traque f ... 148 376
traquenard ... 148
traqueur ... 148
trattoria f ... 97
traumatisme m ... 43
traumatologie ... 43
travail ... 98 **279**
travailleur ... 98 **264**
travailliste ... 98
travée f ... 27
travel(l)ing m ... 224
travers m ... 229
traverse ... 177
traversée ... 27
traversier ... 24
traversin ... 62
travestissement ... 73
traviole ... 42
trayeur ... 97
trébuchet ... 13 230
tréfilage ... 143
tréfilerie ... 220
trèfle m ... 10
tréfonds m ... 229
treillage ... 98
treillager ... **328**
treille ... 98
treillis ... 98
treize ... 186
treizième ... 12
treizièmement ... 186
trekking ... 150
tréma m ... 22
tremble m ... 72
tremblement ... 73
tremblote ... 72
tremblotement ... 73
trémie f ... 35
trémolo ... 22
trémoussement ... 178
trempage ... 72
trempe f ... 72 376
trempette ... 14
tremplin ... 72
trench-coat(s) m ... **285**
trentaine ... 11
trente ... 72
trente(-)et(-)un (sur son) ... **285**
trente-et-quarante m ... **285**
trépan ... 72 376
trépanation ... 214
trépas ... 1 8
trépidation ... 214
trépied ... 25
trépignement ... 139
très ... 10 376
trésor ... 170
trésorerie ... 35
trésorier ... 24 **256**
tressage ... 14
tressaillement ... 98
tresse ... 14
tréteau ... 44 **277**
treuil m ... 98
trêve ... 10
tri ... 30
triade ... 97
triage ... 97
trial m ... 97
triangle ... 97
triangulaire ... 222
triangulation ... 214
triathlon ... 117
triatomique ... 148
tribal ... 376
tribalisme ... 163
tribord ... 233
tribu f ... 110 376
tribulation ... 214
tribun ... 67
tribunal ... **278 289**
tribune ... 165
tribut m ... 376
tributaire ... 222
tricentenaire ... 179
tricéphale ... 126
triceps m ... 177
triche f ... 225
tricherie ... 35
tricheur ... 170
trichromie ... 151
trick m ... 150 376
tricolore ... 221
tricorne ... 165
tricot ... 46 230
tricoteur ... **256**
tricycle m ... 34
trident m ... 73
tridimensionnel ... 215 **260**
trièdre f ... 225
triennal ... 166 **289**
trière ... 10
trieur ... 170
triforium ... 163
trigonométrie ... 35
trilatéral ... **289**
trilingue ... 132
trille m ... 98
trillion ... 98
trilogie ... 35
trimaran ... 72
trimardeur ... 170
trimbal(l)age ... 62
trimestriel ... **260**
trimmer ... 60
trimoteur ... 170
tringle ... 62

trinitaire 222
trinité 22
trinitrotoluène 10
trinôme 45
trinquet 148 230
trio 42
triomphal 81 289
triomphalement 126
triomphateur 81 264
triomphe m 81
trip m 107
tripaille 98
tripartite 115
tripartition 214
tripatouillage 98
tripatouilleur 98
tripe 107
triperie 220
tripette 14
triphasé 126
tripier 24
triplace 179
triple 225
triplement 73
triplés 275
triplette 14
triplex 15
tripode 41
triporteur 170
tripot 46 230
tripotage 143
triptyque m 34
trique f 148 376
trirème f 10
trisaïeul (pl en *-ïeuls* ou *-ïeux*) 237 285
trisannuel 166 260
triste 115
tristesse 14
triton 80
trituration 214
triumvirat 230
trivalent 73 230
trivial 289
trivialement 73
trivialité 22
troc 147 376
trocart 230
troène m 10
troglodyte m 34
troglodytique 34
trogne f 139
trognon 139
troïka f 237
trois 86 291
trois-mâts m 285
trois-quarts m 285
troisième 10
troisièmement 73
troll m 376
trolley 16
trolleybus 16
trombe f 81
trombine 81 376
tromblon 81
trombone m 81
trompe 81
trompe-l'œil m 285
trompe-la-mort 230 285
tromperie 35
trompeter 332
trompette f 14
trompette m 14
trompettiste 81
trompeur 264
trompeusement 53
tronc 82
tronçon 179
tronçonnage 179
tronçonneuse 53
trône 45
trop 47 376
trop-perçu(s) m 285
trop-plein(s) m 285
trope m 41
trophée m 126
tropical 147 289
tropique m 148
tropisme m 163
troquet 13 230
trot 46 230 376
trotskiste 150
trotte 116
trotteur 170
trottinette 14
trottoir 170
trou 115 281
troubadour 170
trouble 225
trouble-fête 285
trouée 27
troufion 80
trouille 98
troupe 107
troupeau 44 277
troupier 24
troussage 178
trousse 178
trousseau 44 277
trouvaille 98
trouvère m 221
troyen 97
truand 74
truanderie 35
trublion 80
truc 147 376
trucage 147
truck 150 376
truculence 72
truculent 73 230
truelle 14
truffe 125
truffier 24 262
truie 220
truisme m 163
truite 115
trumeau 44 277
truquage 148
truqueur 148 264
trusquin 148
trust [tRœst] 60
trusteur 60
tsar 170
tsarine 165
tsigane 165
tu 115
tub 60
tuba m 1
tube 110
tubercule m 147
tuberculeux 54 272

tuberculine f ... 147
tuberculose ... 187
tubulaire ... 222
tubuleux ... 54
tubulure ... 223
tudesque ... 15
tue-mouche(s) m ... 285
tue-tête (à) ... 285
tuerie ... 220
tueur ... 264
tuf ... 125
tuile ... 159
tuilerie ... 35
tulipe ... 107
tulle m ... 160
tuméfaction ... 214
tumescence ... 180
tumescent ... 180 230
tumeur ... 170
tumoral ... 289
tumulaire ... 222
tumulte ... 115
tumultueux ... 54 272
tumulus ... 177
tuner m ... 15
tungstène m ... 67
tunique ... 148
tunisien ... 63 267
tunnel ... 159
turban ... 72
turbin ... 62
turbine ... 165
turbo ... 42 376
turbocompresseur ... 14
turbopropulseur ... 170
turboréacteur ... 170
turbot ... 46 230 376
turbotière ... 221
turbulence ... 72
turbulent ... 73 230
turc ... 147
turf ... 60
turfiste ... 60
turgescent ... 180 230
turlututu ! ... 115
turne f ... 165
turpitude ... 30
turquerie ... 148
turquoise ... 148
tussor(e) m ... 178
tutélaire ... 222
tutelle ... 14
tuteur ... 264
tutoiement ... 224
tutoyer ... 87 334
tutti quanti ... 285
tutti inv ... 116
tutu ... 115
tuyau ... 97 276
tuyautage ... 97
tuyauterie ... 97
tuyère ... 97
tweed m ... 36
tweeter ... 36
twist ... 36 230
tympan ... 66
tympanon ... 66
type ... 34
typhoïde ... 237
typhon ... 126
typhus ... 126
typique ... 34
typiquement ... 34
typographe ... 34
typologie ... 34
tyran ... 34 376
tyranneau ... 44 277
tyrannicide ... 30
tyrannie ... 30
tyrannique ... 148
tyrolien ... 72 267
tzar ... 72
tzigane ... 72

u

ubac m ... 147
ubiquité ... 148
ubuesque ... 148
ukase m ... 150
ulcération f ... 214
ulcère m ... 10
ulcérer ... 330
ulcéreux ... 54 272
ultérieur ... 170
ultimatum ... 163
ultime ... 163
ultra ... 1
ultra-chic(s) ... 285
ultra-court(s) ... 285
ultramoderne ... 42
ultrason ... 177
ultraviolet ... 13 263
ululement ... 73
un ... 67
unanime ... 163
unanimement ... 73
unanimité ... 22
underground [œndœRgRaud ; œ̃dɛRgR(a)und] ... 60
une ... 165 364
uni ... 30
unicellulaire ... 14
unicité ... 22
unidirectionnel ... 214 260
unification ... 214
uniformément ... 73
uniformité ... 22
unilatéralement ... 73
unilingue ... 132
uniment ... 73
union ... 140
unionisme ... 140
unipare ... 221
unique ... 148
uniquement ... 148
unisson ... 178
unitaire ... 222
unité ... 22
univers ... 229
universalité ... 22
universaux ... 231
universel ... 260
universitaire ... 222
université ... 22
univocité ... 179
univoque ... 148
uppercut m ... 115
upsilon m ... 80
uranifère ... 10

uranium ... 163
urbain ... 64
urbanisme ... 163
urbanité ... 22
urbi et orbi ... **285**
urée f ... 27
uretère m ... 221
urètre m ... 225
urgence ... 72
urger ... **328**
urinaire ... 222
urinoir ... 170
urique ... 148
urne f ... 165
urologie ... 220
urticaire f ... 11
uruguayen ... 97
us m ... 177
usage ... 187
usinage ... 187
usité ... 22
ustensile ... 177
usuel ... 187 **260**
usufruit ... 230
usuraire ... 222
usurpateur ... **264**
usurpation ... 214
ut ... 115 230 364
utéro-vaginal (pl en *-aux*) ... **285**
utérus m ... 177
utilement ... 73
utilisateur ... **264**
utilité ... 22
utopie ... 220
uvulaire ... 222
uvule f ... 159

V

v(')lan ! ... 72
va-et-vient m inv ... **285**
va-nu-pieds ... **285**
va-t-en-guerre m ... **285**
va-tout m ... **285**
va-vite (à la) ... **285**
vacance ... 72
vacancier ... 24 **262**
vacant ... 73 230
vacarme ... 147
vacataire ... 222
vacation ... 214
vaccin ... 182
vaccination ... 181
vache ... 221
vacher ... 24
vacherin ... 62
vachette ... 14
vacillement ... 98
vacuité ... 22
vadrouille ... 98
vagabond ... 82
vagabondage ... 143
vagin ... 62
vaginal ... **289**
vague ... 132
vague à l'âme m ... **285**
vaguelette ... 132
vaguemestre ... 132
vahiné f ... 235
vaillamment ... 3
vaillance ... 98
vaillant ... 98 230
vaille que vaille ... **285**
vain ... 64 377
vaincre ... **344**
vainement ... 11
vainqueur ... 148
vair ... 11 377
vairon ... 11
vaisseau ... 44 **277**
vaisselier ... 24
vaisselle ... 14
val (pl *vals* et *vaux*) ... **278**
valablement ... 73
valence f ... 72
valériane f ... 97
valet ... 13 230 377
valeter ... **332**
valétudinaire ... 222
valeur ... 170
valeureux ... 54 **272**
valide ... 159
valise ... 187
vallée ... 27 377
vallon ... 80
vallonné ... 166
vallonnement ... 166
valorisation ... 214
valse ... 177
valve ... 159
vamp f ... 72
vampire m ... 72
van ... 72 377
vanadium ... 53
vandale ... 72
vanille ... 98
vanilline ... 98
vanité ... 115
vaniteux ... 54 **272**
vannage ... 143
vanne ... 166
vanneau ... 44 **277**
vannerie ... 35
vantail m ... 72 377
vantard ... 233
vapeur ... 170
vaporeux ... 54 **272**
vaporisation ... 214
var ... 170
varan ... 72 377
varappe f ... 108
varech ... 151
vareuse ... 53
variance ... 72
variante ... 72
variation ... 214
varice ... 179
varicelle ... 14
variété ... 22
variole ... 41
variqueux ... 148 **272**
varlope f ... 41
vasculaire ... 147
vase ... 187
vasectomie ... 35
vaseline ... 187
vaseux ... 54 **272**
vasistas m ... 54
vasoconstricteur(s) m ... **285**
vasodilatateur(s) m ... **285**

vasodilatation(s) [f] 285
vasque [f] 148
vassal 178 278
vassalité 22
vaste 177
vaticination 214
vau-l'eau [(à)] 43 285 377
vaudeville [m] 98
vaudevillesque 98
vaudou 43 281
vaurien 63
vautour 43
veau 44 277 377
vecteur 15
vectoriel 15 260
vedettariat 14 230
vedette 14
védique 148
végétal 278
végétarien 63 267
végétatif 125 265
végéter 330
véhémence 235
veille 98
veillée 98
veilleur 98 256
veilleuse 98
veinard 12
veine 12 377
veineux 12 272
veinule 12
vêlage 10
vélaire 222
veld(t) [m] 115
vélin 62
velléitaire 22
velléité 22
vélo 42
véloce 41
vélocité 22
vélodrome 42
velours 229
velouté 22
velu 53
velum 163
venaison 11
vénal 289
vénalité 22
vendanger 328
vendangeur 256
vendetta [f] 14
vendeur 170
venelle [f] 14
vénéneux 54 272
vénérer 330
vénérien 63 267
veneur 170
vénézuélien 186 267
vengeance 144
venger 328
vengeur 170
véniel 140 260
venimeux 54 272
venin 62
vénitien 205 267
vent 73 230 377
vente 72
venteux 54 272
ventilateur 170
ventilation 214
ventouse 187
ventral 72 289
ventre 221
ventricule [m] 147
ventriloque 148
ventripotent 73 230
venue 220 377
vêpres [f] 275
ver 377
véracité 22
véranda 72
verbal 289
verbeux 54 272
verbiage 143
verbiager 328
verdâtre 225
verdeur 170
verdict 115 230
verdoyer 87 334
verdure 223
véreux 54 272
vergé 22 377
verge [f] 143
verger 24 377
vergeture [f] 143
verglacé 131
verglacer 327
verglas 1 8
vergogne [f] 41
véridique 148
vérificateur 170
vérification 214
vérin 62
vérisme 53
véritable 225
vérité 22
verlan 72
vermeil 98 261
vermicelle [m] 14
vermifuge 143
vermillon 98
vermine 163
vermisseau 44 277
vermoulu 170
vermout(h) 117
vernaculaire 222
verni 30 377
vernis 35 377
vernissage 178
vérole 41
verrat 14 230
verre 14 377
verrière 14
verroterie 14
verrou 14 281
verrouillage 98
verrue 220
vers 377
versant 73 230
versatile 177
versatilité 22
versement 73
verset 13 230
versificateur 170
version 215
verso 42
vert 230 294 377
vert-de-gris [m] 285
vertébré 22
vertèbre [f] 225
vertical 147 289

verticalement 73
verticalité 22
vertigineux 54 272
vertu 115
vertueux 54 272
verve f 221
verveine 12
vésicule f 187
vespa 177
vespéral 177 289
vesse(s)-de-loup f 285
vesse f 14
vessie 14
vestale f 177
vestiaire m 221
vestibule m 177
vestige m 143
vestimentaire 222
vêtement 73
vétéran 72
vétérinaire 222
vétille f 98
vêtir 337
veto 42
vétuste 177
vétusté 22
veuf 53 265
veule 58
veulerie 58
veuvage 53
vexation 15
vexatoire 15
viabilité 22
viable 225
viaduc 147
viager 24
viande 72
viatique m 148
vibraphone 126
vibration 214
vibrato 42
vibrion 97
vibrisse f 178
vicaire m 221
vicariat 97 230
vice 179 377
vice versa 285
vice-amiral(aux) m 285
vice-présidence(s) f 285
vice-président(s) m 285
vicieux 54 272
vicinal 179 289
vicissitude 178
vicomte 81
victime 163
victoire 222
victorieux 54 272
victuailles f 98
vidange 72
vidanger 328
vide 118
vide-ordures m 285
vide-poches m 285
vidéo 42
vidéocassette 14
videur 264
vie 35
vieil 98 261
vieillard 98
vieillesse 98
vieillissement 98
vieillot 98 269
vielle 14
vierge 143
vieux 54 273
vif 125 265
vif-argent m sg 285
vigie 35
vigilance 72
vigile 143
vigne 139
vigneron 139
vignette 139
vignoble 139
vigogne f 131
vigoureux 54 272
vigueur 132
viking 150
vil 377
vilain 64
vilebrequin 148
vilenie 35
villa 160
villageois 86 270
ville 377
ville(s)-dortoir(s) f 285
villégiature 143
vin 62 377
vinaigrette 14
vindicatif 62 265
vindicte f 62
vineux 54 272
vingt 62 230 377
vingtaine 221
vinicole 147
vinylique 34
viol m 41 377
violacé 42
violacer 327
violation 214
viole f 41 377
violemment 3
violence 72
violent 73 230
violet 13 263
violeter 332
violette 14
violon 80
violoncelle 14
vipère 10
virage 143
virago f 131
viral 289
virée 27
virginal 289
virginité 22
virgule 131
viril 159
virilement 73
virilité 22
virole f 41
virologie 35
virtualité 22
virtuel 260
virtuellement 14
virtuosité 22
virulence 72
virus 177
vis 177 377
vis-à-vis 285
visa 187

visage 143
viscéral 180 **289**
viscère m 180
viscosité 22
visée 27 377
viseur 170
visibilité 22
visière 10
vision 80
visionnaire 222
visite 187
visiteur **264**
vison 187
visqueux 148 **272**
visserie 178
visuel 187 **260**
vitalité 22
vitamine f 30
vite 30
vitesse 14
viticole 98
vitrail 98 **279**
vitreux 54
vitrification 214
vitrine 30
vitriol 97
vitupération 214
vitupérer **330**
vivace 179
vivacité 22
vivarium 51
vivement 73
viveur 170
vivipare 221
vivisection 214
vivoir 170
vivres m **275**
vivrier 24
vizir 186
vocable 225
vocabulaire 222
vocal 147 **289**
vocalique 148
vocalisateur 170
vocatif 147
vocation 214
vocifération 214
vociférer **330**
vocodeur 170
vodka f 150
vœu 59
vogue 132
voici 179
voie 86 377
voilà 2
voile 85
voilette 14
voilier 24
voilure 223
voire 222
voirie 35
voisinage 187
voiture 223
voiture(s)-restaurant(s) f **285**
voiture(s)-bar(s) f **285**
voix 86 **275** 377
vol 41 377
volage 143
volaille 98
volant 73 230
volatil 42 377
volatile m 377
volcan 72
volcanique 148
volcanologue 132
volée f 27
volet m 11
voleter **332**
voleur 170
volière 221
voliger **328**
volition 214
volley 16
volley-ball **285**
volleyer **335**
volleyeur 97 **264**
volontaire 222
volontariat 1 9 230
volonté 22
volontiers 229
volt m 115 377
voltaïque 237
voltamètre 225
voltampère 72
volte f 41 377
volte-face f **285**
voltige f 143
voltiger **328**
volubile 30
volubilité 22
volume 42
volupté 22
voluptueux 54 **272**
volute f 42
vomitif 42 **265**
voracement 73
voracité 22
vos pl 42 377
vosgien **267**
vote 41
votif 42 **265**
votre 41 377
vôtre 45 377
vous 229
vousoyer 87 **334**
voussoyer 87 **334**
voussure 178
voûte 115
voûté 22
vouvoiement 224
vouvoyer 87 **334**
vox populi f **285**
voyage 97
voyager 87 **328**
voyageur 97 **264**
voyance 97
voyelle 97
voyeur 97 **264**
voyou 97 **281**
vrac 147
vrai 11
vraiment 11
vraisemblance 72
vrille 98
vrombissant 81 230
vu que **285**
vue 377
vulcanisation 214
vulgaire 131
vulgarisation 214

vulgarité 22
vulnérabilité 22
vulnérable 225
vulnéraire 222
vulve f 159
vumètre 225

W

wagnérien 63 267
wagon(s)-citerne(s) m 285
wagon(s)-restaurant(s) m 285
wagon(s)-bar(s) m 285
wagon(s)-lit(s) m 285
wagonnet 13 230
walkman m 89
wallon 80
wapiti m 30
wassingue f 132
water-closet(s) (W.-C.) m 285
water-polo m 285
watergang 74
wateringue f 132
waters 89
watt m 89
wattman (pl : *wattmen*) 89
welter 15
western m 15
westphalien 126 267
whisky (pl : *whiskies*) 89
whist 30 230
white spirit(s) m 285
wigwam m 163
windsurf 60
wisigoth 117
wolfram m 1

X

xénon 188
xénophobie 126
xérès 188
xérographie 126
xérophtalmie 126
xi 182
xylographe m 126
xylophage m 126
xylophone m 126

Y

y 34 364
ya(c)k 97
yacht 97 230
yang m 97
yankee 97
yaourt 97 230
yard m 97
yearling 36
yéménite 97
yen 97 364
yéti m 97
yeux pl 54
yiddis(c)h 105
yin m 97
yod 97
yog(h)ourt 97 230
yoga 97
yogi 97
yole f 97
yougoslave 97
youyou 97 281
ypérite f 34

Z

zazou 186 281
zèbre 10
zébrer 330
zébrure 22
zébu 186
zélateur 170
zélé 22
zèle 10
zélote 186
zen 186
zénith 117
zéphyr 34
zeppelin 186
zéro 186
zeste m 115
zêta 10
zézaiement 224
zézayer 333
zibeline 186
zigzag 186
zinc 62
zincifère 179
zingage 143
zingueur 132
zinnia m 166
zinzin 62
zizanie 35
zloty m 34
zodiacal 147 289
zodiaque m 148
zombi(e) m 81
zona m 186
zonage 186
zonard 233
zone 186
zonure 223
zoo 42
zoolâtre 42
zoologie 42
zoom [zum] m 186
zoomorphe 42
zoophilie 42
zoophobie 42
zouave m 186
zut ! 186
zygomatique 34
zygote m 34

Cet ouvrage est composé en Gill Sans et en *Perpetua*.
Le Gill Sans est un caractère « bâton » ; son dessin associe la simplicité
des formes géométriques à une vivacité du trait
qui rend sa lecture fluide et agréable.
Il est utilisé pour le texte courant, pour énoncer « la règle »
et pour la commenter.

ABCDEFGHIJKLMNOPQRSTUVWXYZ
abcdefghijklmnopqrstuvwxyz

ABCDEFGHIJKLMNOPQRSTUVWXYZ
abcdefghijklmnopqrstuvwxyz

Le *Perpetua* est un caractère « à empattement » ; son italique, raffiné,
rappelle l'écriture et la littérature.
Il est utilisé pour les exemples et dans les listes.

ABCDEFGHIJKLMNOPQRSTUVWXYZ
abcdefghijklmnopqrstuvwxyz

ABCDEFGHIJKLMNOPQRSTUVWXYZ
abcdefghijklmnopqrstuvwxyz

Ces deux caractères, bien que très différents, furent créés
par le même dessinateur, Éric Gill, dans les années 20.
Ils se complètent ainsi grâce à certaines caractéristiques
communes dues à la main de leur créateur.

Conception graphique et réalisation :
c-album — Laurent Ungerer, Jean-Baptiste Taisne, Muriel Bertrand, Bruno Charzat
Maquette de couverture : Marc Roberge
Flashage : Touraine Compo

Les Éditions Hurtubise HMH bénéficient du soutien du Gouvernement du Canada par l'entremise
du Programme d'aide au développement de l'industrie de l'édition (PADIÉ).

Achevé d'imprimer par Grafica Editoriale Printing, Bologna - Italie
Dépôt légal n° 69304 - Février 2006